四川省哲学社会科学高水平研究团队、四川省特色马克思主义学院 资助项目
四川省哲学社会科学基金"习近平文化思想研究"重大专项项目（项目批准：
SCJJ24ZD09）阶段性成果。

造思政金课　亮育人底色

大中小学思政教育一体化建设探索与实践论集

主　编　阎　钢　潘　坤
副主编　张会全　张伟坤
　　　　肖　平　张红霞

中国出版集团
中译出版社

图书在版编目（CIP）数据

造思政金课　亮育人底色：大中小学思政教育一体化建设探索与实践论集 / 阎钢, 潘坤主编 . -- 北京：中译出版社, 2024.11. -- ISBN 978-7-5001-8110-1

Ⅰ . G641；G631

中国国家版本馆 CIP 数据核字第 2024Q2U934 号

造思政金课　亮育人底色：
大中小学思政教育一体化建设探索与实践论集
ZAO SIZHENG JINKE LIANG YUREN DISE:
DAZHONGXIAOXUE SIZHENG JIAOYU YITIHUA JIANSHE TANSUO YU SHIJIAN LUNJI

出版发行：中译出版社
地　　址：北京市西城区新街口外大街 28 号普天德胜大厦主楼 4 层
电　　话：010-68002876
邮　　编：100088
电子邮箱：book@ctph.com.cn
网　　址：www.ctph.com.cn

责任编辑：张　旭
文字编辑：李雪梅

印　　刷：三河市国英印务有限公司
规　　格：787 毫米 × 1092 毫米 1/16
印　　张：19.5
字　　数：374 千字
版　　次：2024 年 11 月第 1 版
印　　次：2024 年 11 月第 1 次

ISBN 978-7-5001-8110-1　　　　定价：78.00 元

序　言

　　在由阎钢教授、潘坤教授主编的《造思政金课　亮育人底色：大中小学思政教育一体化建设探索与实践论集》即将付梓出版之时，受阎钢教授委托，我代为写一篇"序"，盛情之下有些勉为其难。

　　2019年3月18日，习近平总书记在北京人民大会堂主持召开"全国学校思想政治理论课教师座谈会"，阎钢教授与我同是座谈会的亲临者。总书记在此次会议上作了长达1小时45分钟的重要讲话，全程脱稿，为来自全国大中小学160多位思想政治理论课教师，上了一堂精彩绝伦的"金课"。讲话结束后，总书记亲切地与我们每一位教师一一握手，殷殷嘱托。

　　总书记在"3·18"重要讲话中明确指出："在大中小学循序渐进、螺旋上升地开设思政课非常必要，是培养一代又一代社会主义建设者和接班人的重要保障。"在党的二十大报告中，总书记更进一步指出："用社会主义核心价值观铸魂育人，完善思想政治工作体系，推进大中小学思政教育一体化建设。"

　　此后几年，阎钢教授牢记总书记嘱托，带领其研究团队持续聚焦我国大中小学思政教育一体化这一研究主题，并大规模地进行田野调查，获得多项立项。其撰写的研究成果专报"关于抓好大中小学思政课建设的建议"，获得中央教育工作领导小组的肯定性批示。

　　随后，阎钢教授与潘坤教授，就习近平总书记于2022年6月8日莅临四川省眉山市永丰村和三苏祠视察之机，与眉山市教育体育局密切联动，紧扣总书记关于国家粮食安全和坚定文化自信的重要讲话精神，基于眉山这座"千年诗书城、人文第一州"历史文化平台，积极开展大中小学思想政治教育一体化建设工作，严格遴选优质中小学成员单位，于2023年12月，率先联合组建了"四川省眉山市大中小学思想政治教育一体化建设研究中心"，并依托该中心积极开展常态化的教研交流、教学观摩、课题申报、师资培训以及同备一堂课、同上一堂课等系列活动，扎实推动了"纵向衔接、横向贯通"的眉山市大思政育人格局的形成。

2024年1月，以"四川省眉山市大中小学思想政治教育一体化研究中心"的相关团队人员为骨干的，由阎钢教授领衔的"四川省大中小学思政教育一体化建设"研究团队获批"四川省高水平哲学社会科学团队""四川省哲学社会科学重点研究基地"。2024年6月，团队又成功获批"四川省哲学社会科学基金'习近平文化思想研究'重大专项项目"（项目批准号：SCJJ24ZD09）。

为将相关建设经验及时准确地升华为理论指引，形成实践促进理论升华、理论反哺实践创新的良性循环工作局面，在阎钢教授和潘坤教授的主持下，完成了这部《造思政金课 亮育人底色：大中小学思政教育一体化建设探索与实践论集》。该书总体上具有以下三方面的特色亮点：

一是责任主体一体化。该书的编撰人员涵盖了眉山市教育和体育局工作人员、眉山市教科所教研人员以及眉山市大中小学思政教育一线力量，分别从不同主体视角出发畅论眉山市大中小学思政教育一体化这一主题，充分体现了教育主管部门、教育科研机构和各级各类学校共担建设主体责任。

二是实践主旨一体化。该书大中小学三部分篇章中，在相关实践经验的介绍探讨中，都贯穿始终地体现和彰显了贯彻落实习近平总书记关于大中小学思政教育一体化的讲话精神和来川莅眉的指示精神，彰显了眉山市相关工作实践主旨的一体化特色。

三是研究主题一体化。就本书的一线教学工作人员所撰写的论文来看，虽有立足于"各自守好一段渠、种好责任田"的"各言其是"，但又呼应了当前大中小学思政教育一体化建设中诸如人工智能、红色资源、文化自信、粮食安全等共同的热点主题，呈现出"共言其是"的研究主题一体化特点。当然，囿于时间仓促和编撰水平等因素，本书还有不少不足和缺憾，留待各位领导、专家与读者批评指正。

最后，衷心地希望该书的出版，能为各级教育主管部门、各级各类学校等在持续推进大中小学思政教育一体化建设，深挖红色资源、优秀传统文化等地方育人资源，共同打造优质教育教学品牌，建立健全长效工作机制等方面，提供值得借鉴的经验以及可复制、可推广、可持续的模式，为新时代大中小学思政教育一体化战线能产出更多有层次、有质量、有特色的成果做出有价值的贡献。

卢黎歌

2024年9月28日于西安交通大学

目 录

高 校 篇

1

中 学 篇

小 学 篇

高校篇

略论新时代大中小学思政课一体化建设的态势、问题及对策建议

阎　钢[①]

习近平总书记 2022 年 4 月 25 日在考察中国人民大学时明确指出："青少年思想政治教育是一个接续的过程，要针对青少年成长的不同阶段，有针对性地开展思想政治教育。"又说："鼓励各地高校积极开展与中小学思政课共建，共同推动大中小学思政课一体化建设。"[②]2024 年 5 月 11 日，习近平总书记在对"学校思政课建设作出重要指示"中，再一次强调"坚持思政课建设与党的创新理论武装同步推进，构建以新时代中国特色社会主义思想为核心内容的课程教材体系，深入推进大中小学思想政治教育一体化建设。"[③]这就为新时代办好学校思政课奠了基、立了标，也为我们探寻和研究大中小学思政课一体化建设的现实状况夯实了基础，确立了信心。

一、大中小学思政课一体化建设发展态势良好

自 2019 年"全国学校思政课教师座谈会"以来，在习近平总书记亲自谋划、亲自部署、亲自推动下，各地各级各类学校坚持用习近平新时代中国特色社会主义思想铸魂育人，大力推动思政课改革创新，思政课面貌发生重要变化。目前，通过对近 13 万份（含高校 5.4 万余份、中小学 7.2 万余份）有效回收问卷的分析显示，大中小学思政课一体化建设发展

---

①　作者简介：阎钢，教授，四川大学锦江学院马克思主义学院院长，四川省哲学社会科学高水平研究团队（四川大中小学思政教育一体化建设研究团队）负责人、首席专家。本文为 2021 年度四川省社会科学规划思政专项研究课题——新时代大中小学"螺旋上升开设思政课"的实践与探索研究（项目编号：SC21SZ009）的阶段性成果。

②　习近平. 坚持党的领导，传承红色基因，扎根中国大地，走出一条建设中国特色世界一流大学新路［N］. 人民日报，2022-04-26.

③　习近平. 不断开创新时代思政教育新局面，努力培养更多让党放心爱国奉献担当民族复兴重任的时代新人［N］. 人民日报 2024-05-12.

态势良好。

（一）大中小学教师和学生对学校开设思政课态度积极、认识正确，立德树人成效明显

调查表明，大中小学教师和学生，对近年来思政课建设给予积极肯定。从受访的中小学各学科一线教师来看，75%的小学教师、99.2%的初中教师、82.13%的高中教师认为，办好思政课"很重要"；96.84%的高校思政课教师认为，螺旋上升开好思政课"有必要"。从受访的学生来看，超过90%的各阶段学生对党中央加强思政课建设，进一步发挥思政课作用表示高度赞许。调查结果显示，90.26%的受访大学生明确表示对思政课"有兴趣"，其中53.81%的大学生表示"有兴趣，与专业学科同等重要"，反映出大学生对思政课的重视程度是明显的；当问及受访高中学生"如何评价自己在'思想政治'课上的表现"时，82.96%的受访学生认为自己的表现是努力认真的；初中、小学阶段的学生对道德与法治课程同样持积极态度：数据显示90.32%的初中受访学生表示对道德与法治课有兴趣，85.46%的受访小学生表示喜欢道德与法治课，其理由是道德与法治课内容丰富、寓教于乐（84.38%），形式多样、有吸引力（70.79%），喜欢老师、生动有趣（62.4%）。

（二）广大学生家长对近年来的学校思政课持肯定态度

85.18%的小学生家长认为，在小学开设道德与法治课程"有利于小学生理想信念的培养"；认为"有利于小学生身心健康培养"和"有利于小学生行为规范培养"的小学生家长，分别为84.84%和84.62%。97.84%的初中生家长认为，开设道德与法治课"非常必要"（58.65%）或者"必要"（39.19%）。97.27%的高中生家长对高中"思想政治"课持支持态度，其中53.54%的家长认为"非常有必要"，43.73%的认为"有必要"。

（三）社会各界普遍认为思政课立德树人成效明显

调查结果显示，85%的小学生、90.32%的初中生、96.86%的高中生、88.05%的大学生认为，思政课对于自己成长进步有较大帮助。尤其是受访的中小学各学科一线教师和学生家长普遍反映，思政课遵循"铸魂育人"方向、落实立德树人根本任务，在促进学生形成正确世界观、人生观、价值观，掌握"思想政治"道德与法治知识，提高综合素养等方面，发挥着不可替代的作用。

二、当前思政课一体化建设仍然存在值得关注的问题

调查发现，近年来加强大中小学各阶段思政课建设成效明显，但也仍然存在一些短板、

弱项甚至空白点，还需绵绵用力、久久为功，特别是一些值得关注的问题亟待解决。

（一）小学思政课的教师数量和教研机构建设存在短板

调查数据表明，54.6%的小学管理人员认为，自己所在学校抓思政课的力度不够，思政课教师数量欠缺。从受访小学教师的数据来看，11.46%的教师所在学校既没有专任思政课教师，也没有相应教研组（室）；32.09%的教师反映，自己所在学校有专任思政课教师但没有相应教研组（室）。思政课教学具有高度政治性、理论性和专业性，缺少专任教师和专门教研室，必然导致教学中随意性大，影响教学的质量。

（二）中小学思政课课时被占用问题较为突出

调查数据显示，高中阶段"思想政治"课的课时不同程度地被其他课程占用，"经常占用""有时占用""偶尔占用"的比例分别为3.3%、8.21%、17.01%。从初中阶段来看，各校道德与法治课的周课时安排并不相同，开设3节课、2节课、1节课的占比分别为42.42%、37.13%、18.08%，这表明中学思政课课时缺乏制度保障，容易被其他课程占用。更需予以重视的是，2.37%的初中生反映有些学校没有道德与法治课；49.95%的小学生认为，道德与法治课经常是上其他课。

（三）超五成大学生在高中阶段没有完整学习过思政课

调查发现，由于文理分科的高考制度，导致一些理科学生没有学习过思政课，较为完整学习了高中思政课的大学生仅为48.96%；仅在高一上过1学期或2学期思政课的大学生，占比分别高达24.34%和20.95%，甚至有5.75%的大学生表示自己在高中整个阶段从未上过思政课。根据对学生的调查，由于"选择理科不用学思政课"的为49.35%，"学校没有具体安排"的为27.04%，"被其他课程占用"的为13.79%。

（四）大中小学思政课教师的沟通交流不畅

大中小一体化是一个环环相扣的进程，不了解上下游内容和进度，必然导致教学缺乏针对性，影响教育质量。调查结果显示，对中小学思政课了解的高校教师，仅占14.17%；对初中或大学阶段思政课"完全不了解"高中思政课教师，占比高达29.99%。在初中阶段，24.12%的思政课教师不熟悉"上下游"的思政课，44.96%的思政课教师没有参加过跨阶段教研活动。仅有16.33%的受访小学有对接中学或者大学的思政课活动。

（五）大中小学思政课内容重复是影响学生学习效果的重要因素

74.9%的受访大学生认为，大学与高中的思政课内容存在单一重复现象。有相当数量的大学生表示，很多大学思政课内容在初、高中就学过了，不同阶段知识重复、进阶不足，从而影响了自己的学习兴趣。

三、进一步提升大中小学思政课一体化建设的对策建议

习近平总书记指出："思想政治理论课能否在立德树人中发挥应有作用，关键看重视不重视、适应不适应、做得好不好。"① 根据这一最新指示精神，我们一定要提高政治站位，从"为党育人、为国育才"和必须抓好培养一代又一代社会主义建设者和接班人这个根本大计的高度，切实加强思政课的改进创新，找差距、查问题、补短板，全面提升大中小学思政课一体化建设水平，着力抓实大中小学思政课一体化建设的高质量发展。

（一）积极落实中小学思政课专职教师编制，定员定岗，加强队伍建设

当前，制约大中小学思政课一体化建设最大的、也是最基本的问题，就是思政课专职教师配备不齐，甚至缺失。此问题比较突出的是中小学，尤其是小学。调查数据显示，只有7%左右的小学教师是思政课专职教师。事实证明专职教师数量不足，思政课教师队伍就不稳，教学基础就不牢，螺旋式上升便会"地动山摇"。

在此，核心是"编制"问题，编制不落实，既不能够招，也不容易聘，如此要求各级学校配齐思政课专职教师队伍数量，也仅仅落实在"口头"上，或由兼职教师承担。要解决"编制"问题，基本权力在地方各级党政相关部门。习近平总书记指出："办好中国的事情，关键在党。各级党委要把思政课建设摆上重要议程，抓住制约思政课建设的突出问题，在工作格局、队伍建设、支持保障等方面采取有效措施。"② 为此，各级党政部门应组织开展各地各校，尤其是中小学思政课建设情况常态化调研，统筹推进大中小学思政课一体化建设往深里走、往实里走，根据实情，挤出、落实专项编制，着力补齐补足各级学校思政课专职教师数量，决不允许缺编、漏编、不编，积极推进思政课专职教师队伍建设。

（二）压紧压实办好大中小学思政课的责任，抓实切磋合作、增强跨段交流，打通思政课一体化建设的最后一公里

目前，仍然存在各级学校，尤其是中小学校思政课开课不齐不足，甚至不开的问题，

① 习近平.坚持党的领导，传承红色基因，扎根中国大地，走出一条建设中国特色世界一流大学新路［N］.人民日报，2022-04-26.

② 习近平.思政课是落实立德树人根本任务的关键课程［J］.求是，2020（17）.

责任不在教师，而在领导。对此，习近平总书记着重强调指出："各级党委（党组）要把思政课建设摆上重要议程，各级各类学校要自觉担起主体责任，不断开创新时代思政教育新局面，努力培养更多让党放心、爱国奉献、担当民族复兴重任的时代新人。"[①]因此，办好思政课最后落实的关键在领导。就目前学校思政课一体化建设的发展态势来看，应选好建好各级各类学校行政、教务领导班子，织密扎牢办好思政课的制度机制，严格按照中央确定的最新方案，落实课程和学分及对应的课堂教学学时，无挪用或减少课时的情况。绝不允许以任何身份、任何课程以及任何借口，更不能以"高考不考"为理由不开、缺开、少开思政课或者占用思政课课堂教学学时，保证大中小学，特别是民办高校、中小学思政课开足开实，确保思政课成为学校课程体系中名副其实的关键课程。同时，加强思政课专项教育巡视督查，从严追责问责，实行"一票否决"制，全面整改办好思政课过程中"走过场""搞变通""打折扣"的现象。

（三）努力创造"全社会协同配合"的工作格局，注重家校合作、抓紧社校联动，从根基上扣好人生的"第一颗扣子"

在青少年的"拔节孕穗期"，即中小学阶段对其健康成长起到至关重要作用的，除了学校教育外，就是家庭、家长的教育以及社会、社区环境的影响。习近平总书记指出："思政课的学习效果和家长、家庭、家风的作用密切相关，要注重家校合作。"[②]在实证调查中，我们发现有 11.88% 的高中受访学生认为，学不好思政课的一个理由就是"没有来自家长的压力"，更有 82.24% 的小学生家长对其孩子所学的道德与法治课程几乎处于不了解的状态。从教师层面来看，有 81.4% 的受访小学教师认为"父母不重视对孩子进行思想品德素质养成教育"；有 14.11% 的受访初中教师认为，初中生不喜欢学校道德与法治课最主要的原因是"家庭不配合，父母不重视"。对此，我们应该积极抓好家庭、学校、社会、社区四位一体的互联互动，把握好家长与教师之间的联系、学校与社区的协同、学生与社会的共进。家长与教师之间必须进行真正的对话，青少年学生的协调发展要求学校教育与家庭、社会、社区教育互相补充，让学校不再"独位"，家庭不再"缺位"，社区不再"掉位"，社会不再"错位"。

---

① 习近平.不断开创新时代思政教育新局面，努力培养更多让党放心爱国奉献担当民族复兴重任的时代新人 ［N］.人民日报，2024-05-12.

② 习近平.思政课是落实立德树人根本任务的关键课程［J］.求是，2020（17）.

（四）构建大中小学思政课一体化评价体系，加强顶层设计，进行分类指导，完善思政课一体化建设的监督指标

中宣部、教育部在联合制定的《新时代学校思想政治理论课改革创新实施方案》中指出："按照循序渐进、螺旋上升的原则，立足于思政课的政治性属性，对大中小学思政课课程目标进行一体化设计。"要解决大中小学思政课一体化发展的需要，既要着力加强顶层设计，又要进行分类指导。

首先，制定科学、多元的评价指标体系。要依据大中小学各阶段学生的身心发展特点形成一以贯之的评价标准，形成以学生满意度为核心的评价指标，充分考虑到教师教学实际以及教学资源分配等因素，与时俱进地将大中小学思政课纳入"双一流"建设的监测与评价，在注重其延续性与动态性的基础上，凸显其不可替代的政治性、权威性、重要性。

其次，要适时扩大评价主体的范围。办好思政课的主体，不只是大中小学的思政课教师，也不能够仅限于思政课教师。思政课教师只是课程的担当者、授课人，但不是办好思政课的决定者、主导人。因此，要建立整体的评价体系，要将实际参与思政课教学的不同阶段的专职教师与整个学校的教师、学生、学校管理人员、学校科研人员等都纳入评价的主体范围中，通过丰富评价主体的方式充分调动全员教师、学生、学校相关人员的内生动力，营造生机勃勃的思政课教学环境，夯实思政课一体化建设的阶段性基础。

最后，要在学生管理、教师管理、校园管理等层面制定相应的监督指标。面对大中小学不同阶段，针对不同教育主体、不同教育特点，分类设计、稳步推进，改进结果评价，强化过程评价，探索增值评价，健全综合评价，充分利用信息技术，联动家庭、社区、社会，提高思政课分类、分级评价的科学性、专业性、客观性。同时依据不同课程内容，如小学重在"道德情操"；初中重在"思想基础"；高中重在"政治素养"；大学重在"使命担当"等抓典型、树标杆，推举形成一批大中小学不同阶段的思政课建设名校、思政课教学名师以及精品课、示范课等，充分体现社会主义核心价值观的价值引导，在大中小学不同阶段的校园内部形成积极、健康、向上的校园氛围，并对不同阶段的学生施以潜移默化的影响，让学生从小学阶段起就自觉形成接受思政课教育和参与思政课学习的心理认同，养成从小学到大学的整个学习过程中不可或缺的行为习惯。

文化自信视域下大中小学思想政治教育一体化探赜

王紫薇　潘　坤[①]

文化自信本质上是一种主观认同，指主体对所属文化的高度肯定和自觉践行，目的是在他者面前彰显出文化的自立性、独特性和优秀感。新时代的文化自信是更基础、更广泛、更深厚的自信，其广义内涵和外延边界可指向对中华优秀传统文化精神意趣的自然流溢、对中国革命文化和社会主义先进文化思想意蕴的认同肯定。文化自信作为国家富强、民族振兴、人民幸福之根脉，为中华民族历史赓续、未来发展提供了更基本、更深沉、更持久的力量。习近平总书记多次强调"没有高度的文化自信，没有文化的繁荣兴盛，就没有中华民族伟大复兴"。[②]

在党的二十大报告中更提出"推进文化自信自强，铸就社会主义文化新辉煌"[③]的时代任务，其中"推进大中小学思想政治教育一体化建设"则是主要途径。可见，大中小学校作为思政育人核心场域，校内各年龄段的青少年是新时代文化自信培育任务的实施主体。因此，大中小学依循青少年不同年龄阶段的特点，坚持循序渐进、螺旋上升地开展思想政治教育、增强文化自信培育，对正处人生"拔节孕穗期"的青少年积极坚定文化自觉、牢固树立文化自信和主动担负传承与弘扬中国特色社会主义文化的责任使命，具有重要的理论启发和深远的实践意义。

---

① 作者简介：王紫薇，四川农业大学马克思主义学院2022级在读硕士研究生，马克思主义基本原理专业，研究方向为马克思主义基本原理与现实研究。潘坤，法学博士，四川农业大学马克思主义学院教授，四川大学锦江学院马克思主义学院特聘教授，四川省眉山市教育和体育局党委委员、副局长，四川省哲学社会科学高水平研究团队——四川大中小学思政教育一体化建设研究团队课题组负责人，研究方向为马克思主义，思想政治教育。

② 习近平.坚定文化自信,建设社会主义文化强国〔J〕.实践（思想理论版）,2019（7）.

③ 习近平.高举中国特色社会主义伟大旗帜 为全面建设社会主义现代化国家而团结奋斗——在中国共产党第二十次全国代表大会上的报告〔N〕.人民日报,2022-10-16.

一、增强文化自信是新时代大中小学思想政治教育一体化目标函数中的核心元素

"求木之长者，必固其根本；欲流之远者，必浚其泉源"。[①]大中小学思想政治教育一体化建设是培养青少年精神文化意志和道德政治素养的重要方式，以增强文化自信为其目标函数中的核心元素，可有效解答教育"培养什么人""怎样培养人""为谁培养人"的时代之问。

增强文化自信是新时代思想政治教育培养德、智、体、美、劳全面发展型的社会主义建设者和接班人的本质要求。习近平总书记指出："思想政治工作从根本上说是做人的工作，必须围绕学生、关照学生、服务学生，不断提高学生思想水平、政治觉悟、道德品质、文化素养，让学生成为德才兼备、全面发展的人才。"[②]全面发展不仅表现为德、智、体、美、劳等各方面素质的均衡发展，更包括个人精神文化素养的提升。大中小学各学段应依据学生的认知特点，坚持共时性与历时性的有机结合，以增强文化自信为核心追求，通过对中国特色社会主义文化的理论学习和实践体悟，让青少年获得精神支撑和归属感，成长为敢于担当民族复兴历史重任的全面发展型人才。

增强文化自信是大中小学思想政治教育一体化建设落实立德树人根本任务的必然要求。习近平总书记指出"人无德不立，育人的根本在于立德"，实现立德树人需"持续性发挥中华优秀传统文化教育的独特优势"。[③]文化自信内在地为立德树人提供了有力支撑和前提基础，如立德树人的本质要义是立大德、束私德，这与儒家"克己复礼为仁"[④]及约束自我、培养品德，坚持守礼立德以成仁的道德范式具有历史同源性。基于此，只有将增强文化自信贯穿于大中小学思想政治教育一体化建设的全过程之中，才能从中华文明中寻找支撑，培养青少年的文化自觉，进而助推青少年文化自信理念与思想道德修养的共同进步。

增强文化自信是大中小学思想政治教育一体化建设坚守为党育人、为国育才的重要举措。文化自信是以中华优秀传统文化为沃土积淀、以红色文化为精神基因、以社会主义先

① 吴汝煜，胡可先.全唐文纪事［M］.上海：上海古籍出版社，1990:83.
② 习近平.习近平著作选读：第1卷［M］.北京：人民出版社，2023:540.
③ 习近平.习近平关于社会主义精神文明建设论述摘编［M］.北京：中央文献出版社，2022:207.
④ 孔子.论语［M］.湖南：岳麓书社，2000:14.

进文化为创造活力的高度自信，且体现出鲜明的家国情怀，能够为加强新时代大中小学思想政治教育提供丰富的资源和明确的价值引领。习近平总书记在党的二十大报告中也强调，要"坚持为党育人、为国育才"，[①] 这为新时代新征程大中小学推进思想政治教育一体化建设提供了根本遵循。

二、聚焦文化自信　推进大中小学思想政治教育一体化建设的逻辑审视

审视聚焦文化自信，推进大中小学思想政治教育一体化建设的历史逻辑、理论逻辑和现实逻辑，有助于思想政治教育工作的守正创新和以铸就社会主义文化新辉煌为己任的时代新人的培育。

（一）聚焦文化自信　推进大中小学思想政治教育一体化建设的理论逻辑

马克思主义基本原理是新时代聚焦文化自信，推进大中小学思想政治教育一体化建设的理论基点。马克思在《1844 年经济学哲学手稿》中谈道："人则使自己的生命活动本身变成自己的意志和意识的对象"，[②] 表明人通过特有的对象性活动在实践过程中产生人的意识认知，于是人的实践活动内在地涵盖了对文化与意识层面的定义。而意识认知作为人的精神理念"在任何时候都只能是被意识到了的存在，而人们的存在就是他们的现实生活过程"，意识对人的实践活动内在具有能动的反作用，可见"人的本质力量"在主体与意识文化之间建构起一种双向的、持续的同构关系，也就是人在实践活动中创造了文化、精神、意识，这些又反向规定着人。有鉴于此，作为能从历史遗韵的感知和精神意识的追求中回答一个民族、一个国家从哪里来，到哪里去的文化自信便在大中小学思想政治建设实践过程中具有极为重要的意识指导作用。

中华优秀传统文化是聚焦文化自信，推进大中小学思想政治教育一体化建设的理论支撑。文化自信是传承中华优秀传统文化、创新优秀传统文化的结果，既承载了社会主义文化理想，又蕴含着中华民族最深沉的精神追求，体现了人们对中国特色社会主义文化的正向情感认同。大中小学思想政治教育一体化建设是中国特色社会主义德育的重要方式，内含了中华民族德行教育、文化认同的基本守则及"道始于情""礼因人情而为之"[③]，即

---

① 习近平.高举中国特色社会主义伟大旗帜 为全面建设社会主义现代化国家而团结奋斗——在中国共产党第二十次全国代表大会上的报告［N］.人民日报，2022-10-16.

② 马克思.1844 年经济学哲学手稿［M］.北京：人民出版社，1979:53.

① 何益鑫.竹简《性自命出》章句讲疏［M］.上海：上海三联书店，2020:49.

强调道义礼制是以人们相互之间存在着的情感为基点，并受人的情感规定。于是发挥积极情感对德行教育的规定性作用，重视含有正向情感认同的文化自信，是新时代大中小学思想政治教育一体化建设的内在要求。

（二）聚焦文化自信　推进大中小学思想政治教育一体化建设的历史逻辑

马克思在《德意志意识形态》中指出："思想、观念、意识的生产最初是直接与人们的物质活动，与人们的物质交往，与现实生活的语言交织在一起的。"[①] 可见，作为意识精神层面、对主体自身所属文化具有正向情感直接影响的文化自信，其培育既需意识、观念资源的理论灌输，也需教育实践来加强巩固。回望党和国家在推进思想政治教育工作的有关部署，可见始终坚持由浅入深、逐步推进一体化建设，并以贯彻增强文化自信为目标追求。在中国社会主义革命、建设阶段，党和国家提出"要学会把马克思列宁主义的理论应用于中国的具体的环境""用马列主义的立场、观点和方法来教育自己和全体国民"[②]，彰显出高度的文化自觉意识。自改革开放以来，党和国家加强对各学段思想政治教育的统筹规划，深化了各学段对中国特色社会主义文化的思想认识。党的十八大以来，以习近平同志为核心的党中央把文化自信放置到前所未有的高度，并基于思想政治教育和文化自信的逻辑融通性，要求扎实完善思想政治教育工作体系，发挥思想政治教育的隐性文化铸塑力，培育新时代的文化自信。2022 年 10 月，党的二十大报告则明确将"推进大中小学思想政治教育一体化建设"作为"推进文化自信自强，铸就社会主义文化新辉煌"的重要举措，思想政治教育的有关内容首次出现在党代会报告中。这不仅是新时代增强青少年坚定文化自信责任担当的有力保障，更是响应实现全面建设社会主义现代化国家和建成社会主义文化强国目标的历史需求。

（三）聚焦文化自信　推进大中小学思想政治教育一体化建设的现实逻辑

新时代大中小学思想政治教育一体化建设是我国思想政治教育与社会主义文化强国同向发展的时代产物。

聚焦文化自信推进大中小学思想政治教育一体化建设是新时代新征程完善思想政治工作体系的客观要求。新时代加强完善学校思想政治工作，既是建设中国特色社会主义教育体系的重要内容，也是坚持党对教育事业全面领导的具体体现。大中小学各个学段都必须

② 马克思, 恩格斯. 德意志意识形态［M］. 北京：人民出版社, 1979:16.

③ 毛泽东. 毛泽东选集: 下卷［M］. 北京：人民出版社, 1966: 82.

在促进学校办学水平高质量提升、增强学校立德树人工作实效的过程中自觉牢固树立思想政治工作体系的优化意识，促进一体化建设，实现有效衔接，保持文化自信培育的连贯性，并将强化大中小学思想政治教育各要素、各方面的协同与联动作为不断优化和完善思想政治工作体系的重点，充分发挥思想政治工作的融入式与渗入式育人作用，共同服务立德树人的育人任务。

聚焦文化自信，推进大中小学思想政治教育一体化建设是抵御种种消极思想和错误思潮的必然选择。随着世界各国文化思想交往的愈渐深入，思想场域的组成更为复杂，历史虚无主义、享乐主义等消极思想不断"裂变"，借助互联网的普及运用，极快融入了我国本土文化场域。这些思潮善于"伪装"，具有较强的迷惑性和欺骗性，易于消解青少年对主流文化和意识形态的认同，对我国青少年正确价值观的塑造产生了极大的阻碍。因此，作为弘扬国家主流价值文化的学校思想政治教育，需在各学段教育实践中，发挥其整合文化价值、凝聚社会力量、引领社会思想发展的意识形态功能。

聚焦文化自信，推进大中小学思想政治教育一体化建设是新时代建设社会主义文化强国的关键举措。大中小学思想政治教育一体化系统发展厚植中国特色社会主义文化，扎牢文化强国建设的育人基石，肩负着时代重任应运而生，是培养社会主义建设者和接班人的重要保障。因此，在构建大中小学思想政治教育一体化的过程中聚焦文化自信，不仅是对文化自信内涵的深刻认识，更是体现了思政教育在塑造青少年对传统文化自豪心态和在成长实践中深度感知、自觉运用以及积极传播优秀传统文化过程中的重要引导作用。

三、以大中小学思政教育一体化建设增强文化自信的实践路径

新时代大中小学思想政治教育一体化建设不仅重视横向空间维度上的"共时性"，还强调纵向时间维度上的"历时性"，且由于思想政治教育的非外显性，类属于情感价值认同的文化自信教育的有效性搭建程度难以与知识层面思想政治教育一样通过具象化的方式进行评估。因此，如何在大中小学思想政治一体化建设过程中形成全面系统地增强文化自信的实践路径是新时代思想政治教育发展迫切需要解决的问题。

（一）构建党委领导、制度保障、长效评价的思政育人机制

文化自信是在历时态的文化承袭与变革和共时态的文化主流与融合的双向赋能中逐步形成的，而思想政治教育则是两种时态相互融合并发挥文化自信培养作用的主要场域。而

自身已有文化产生新的文化要素，抑或是外来文化思想的传入，都会对大中小学生的思想理念有所冲击。那么大中小学需始终坚定党和国家的方向指引，以顶层设计为制度牵引，从统筹部署转向系统治理，帮助大中小学学生在党委领导、制度保障的思政育人机制中提升文化自信程度。另外，需健全政治品质为先、立德树人为要、文化自信为基、贯穿大中小学全阶段的长效考核评价机制，促成各学段对文化自信培育有效性评价的衔接互通。

（二）创建融情入理、纵横贯通、循序渐进的思政育人课程

加强大中小学思想政治教育的课程建设关乎思想政治教育增强文化自信的实效，因为对中国特色社会主义文化的有效理解与高度认同是坚定文化自信的基础和前提，这不仅需要课堂的理论灌输，更需要融入情感教学。大中小学各学段既要做好思政课程，更要做实课程思政，充分发挥课堂教学对文化知识传承和文化自信培育的主导作用。同时要增加思政实践，以加深青少年对文化的情感体悟，增强文化融入思政教育的感染力和亲和力。此外，重视各学段纵向衔接和各类课程横向贯通，以遵循学生成长规律为前提，"循序渐进、螺旋上升"地对课程内容进行阶梯式排布，围绕立德树人的根本任务，对有关文化自信培育的课程内容实行整体谋划和统筹布局。

（三）打造多元主体、职责明晰、互动衔接的思政育人团队

通过思想政治教育一体化建设增强青少年文化自信，并非单纯一条线的工作，而是多方参与，过程复杂的系统性工程。大中小学思想政治教育一体化建设要以学校层面的思政工作领导人员为核心，以教学层面的思想政治理论课教师和其他专业课程教师为关键，以辅助管理层面的班主任和心理咨询老师为重点，依据大中小学各学段内部治理体系的相关特点，横向统筹协调思政课建设主体、课程思政建设主体与日常思政教育建设主体，构建学校内部各主体联动体系，纵向构建衔接大中小学育人主体间的校际互动体系。同时，对思政育人主体开展中国特色社会主义文化教育和培训，提升青少年的文化素养，建设起多主体发力的新时代育人队伍。

（四）搭建立体丰富、因时而进、顺势而新的思政育人平台

新时代的大中小学学生成长在日新月异的网络媒体环境下，思想政治教育就需发挥新媒体的文化教育优势，构筑立体丰富的思政育人网络新平台，以扩大青少年对中国特色社会主义文化的认知途径，并发挥日常思政教育的非显性育人功能，从而加深受教育者的文化认同程度，增强文化自信。基于此，大中小学思想政治教育一体化网络育人平台的建设，

需以习近平新时代中国特色社会主义思想为指导，立足增强新时代新青年文化自信，遵循学生成长成才规律，以各学段纵向衔接和横向贯通为根本任务，充分运用"5G""AI"等智能化新信息技术赋予思想政治教育一体化网络育人平台，开创传播发扬中国特色社会主义文化的新局面。

略论一体化背景下高中与大学思政课教材中法治教育内容的有效衔接

张　丹　张伟坤①

　　法治教育是我国进行法治建设的重要内容，是培养公民法治意识的重要方式。思想政治理论课中的法治教育，是习得法治知识、提升法治素养的首要途径。因此，思想政治理论课教材中法治教育内容的衔接问题，对学校进行法治教育和建设法治中国有着十分重要的意义。

一、高中与大学教材中法治教育内容有效衔接的重要意义

　　根据不同阶段学生的年龄、认知情况、接受能力的不同，教育部、司法部、全国普法办于 2016 年 6 月 28 日联合印发了《青少年法治教育大纲》（以下简称《大纲》）。《大纲》中明确提出了对青少年进行法治教育的重要性和紧迫性，并从教育目标、教学内容和要求、实施途径等方面对大中小学不同阶段提出了不同安排，力求实现大中小学思政课一体化螺旋上升的总体目标。尤其是在义务教育阶段以后，从高中到高等教育阶段，青少年的认知发展有着很强的连贯性和很大的跨越性。所以，思想政治理论教材中的法治教育内容，在这样的特殊阶段进行有效衔接，对培养担当民族复兴大任的时代新人，有着十分重要的意义。

（一）推动实现全面依法治国的战略目标

　　高中与大学教材中法治教育内容的有效衔接，是以中国式现代化实现全面依法治国战

---

　　① 作者简介：张丹，硕士，四川大学锦江学院马克思主义学院副教授，研究方向为法学、思想政治教育。张伟坤，硕士，四川大学锦江学院党委副书记、常务副校长，研究方向为思想政治教育。

略目标的基础保障。高中阶段和大学阶段正是培养时代新人的黄金阶段，这两个阶段培养的青少年，法治知识的掌握程度和法治素养的高低，直接影响着新时代建设中国特色社会主义法治国家的进程。形成法治思维和培育法治素养的途径有很多种，学校教育是最首要、最直接的习得方式。然而，高中阶段和大学阶段的学习任务都较重，法治教育在具体实践中存在不足，因此，更需要高中与大学的思政课教材中的法治教育内容有效衔接，更好地发挥思政课作为法治教育主渠道和主阵地的功能。新时代"加强高中生与大学生法治教育事关现代合格法治公民的有效培育，事关高中生与大学生的健康成长，事关全面推进依法治国战略的有效实施，应当及时抓好"。①

（二）增强青少年法治素养的实效性

高中与大学教材中法治教育内容的有效衔接，有利于增强青少年法治素养的实效性。高中阶段和大学阶段法治教育的基础目标是青少年能掌握基本的法律知识、具备基本的法治意识，从而能够在一定程度上规范自身的行为。但法治教育的最终目标是形成法治思维、提升法治素养，从而能够真正尊法、学法、守法、用法。高中的法治教育主要来自思政课教材必修三《政治与法治》，大学的法治教育主要来自大一上学期使用的思政课教材《思想道德与法治》。这两本教材根据学生所处的学段特征，都设置了不同的法治教学内容，但是在相互衔接和融通方面，依然存在着问题。因此，这两个阶段法治教育内容的循序渐进、有效衔接，才能实现法治教育螺旋式上升，增强青少年法治素养的实效性。

（三）助力大中小学思政课一体化的有效推进

高中和大学思政课教材中法治教育的有效衔接，是实现大中小学思政课一体化的重要组成部分。习近平总书记在 2019 年 3 月 18 日召开的学校思想政治理论课教师座谈会上强调："在大中小学循序渐进、螺旋上升地开设思政课非常必要，是培养一代又一代社会主义建设者和接班人的重要保障。"②同年 8 月，中共中央办公厅、国务院办公厅印发的《关于深化新时代学校思想政治理论课改革创新的若干意见》明确提出："完善思政课课程教材体系，统筹推进思政课课程内容建设。"③文件颁布后，大中小学的思政课教材都进行

---

① 付子堂.青少年法治教育不能大水漫灌［N］.人民日报,2015-04-15.

② 习近平.思政课是落实立德树人根本任务的关键课程［J］.求是,2020（17）.

③ 中共中央办公厅,国务院办公厅.关于深化新时代学校思想政治理论课改革创新的若干意见［A/OL］.2019-08-15.http://www.gov.cn/zhengce/2019-08/14/content_5421252.htm.

了不同程度的修改。然而，大中小学思政课一体化是一项复杂、系统的工程，其中教材内容的有效衔接是重要前提。因此，高中和大学思政课教材中法治教育的有效衔接，能够助力大中小学思政课一体化的有效推进。

二、高中与大学思政课中法治教育的内容及问题分析

近几年，思政课各个阶段都在进行教材改革，最近一次修改是在党的二十大之后，所以目前高中使用的《政治与法治》是 2019 年版、2023 年版修改的教材；大学使用的《思想道德与法治》是 2023 年版的新教材。两本教材的名称都直接包含"法治"二字，在框架和内容上都进行了完善，并且都加入了"习近平法治思想"，体现了法治教育内容上的与时俱进，加强了从高中阶段到大学阶段法治教育的衔接。

（一）高中思想政治理论课法治教育内容介绍

高中《政治与法治》教材中法治教育内容集中呈现在第三单元"全面依法治国"，下设三课内容，分别是第七课"治国理政的基本方式"、第八课"法治中国建设"以及第九课"全面推进依法治国的基本要求"，每课依次递进介绍"我国法治建设的历程、全面推进依法治国的总目标与原则""法治国家、法治政府、法治社会""科学立法、严格执法、公正司法、全民守法"。其中"相关链接"与"探究与分享"板块，在基本知识的基础上进行了拓展，增加了教材的趣味性。

（二）大学思想政治理论课法治教育内容介绍

大学《思想道德与法治》教材中法治教育集中呈现在第六章"学习法治思想 提升法治素养"，下设四节内容，分别是第一节"社会主义法律的特征和运行"、第二节"坚持全面依法治国"、第三节"维护宪法权威"、第四节"自觉尊法学法守法用法"，每一节下设三目，内容逻辑按照"是什么、为什么、怎么做"依次递进。其中"明辨"和"名人名言"等板块，让学生在学习法治知识的同时，也同样增加了教材的趣味性。

（三）高中与大学法治教育内容的衔接问题

通过对比两个阶段的教材，我们可以看出，两本教材在法治教育方面呈现出一定的连续性和进阶性，但要真正实现法治教育的内容和教学目标的有效衔接，进而实现法治教育整体性螺旋上升，依然存在一些问题。

高中与大学教材中法治教育目录框架对比

高中《政治与法治》 第三单元 全面依法治国	大学《思想道德与法治》 第六章 学习法治思想 提升法治素养
第七课 治国理政的基本方式 第一框 我国法治建设的历程 第二框 全面推进依法治国的总目标与原则	第一节 社会主义法律的特征和运行 一、法律及其历史发展 二、我国社会主义法律的本质特征 三、我国社会主义法律的运行
第八课 法治中国建设 第一框 法治国家 第二框 法治政府 第三框 法治社会	第二节 坚持全面依法治国 一、全面依法治国的根本遵循 二、坚持走中国特色社会主义法治道路 三、建设法治中国
第九课 全面推进依法治国的基本要求 第一框 科学立法 第二框 严格执法 第三框 公正司法 第四框 全民守法	第三节 维护宪法权威 一、我国宪法的形成和发展 二、我国宪法的地位和基本原则 三、加强宪法实施与监督
	第四节 自觉尊法学法守法用法 一、培养社会主义法治思维 二、依法行使权利与履行义务 三、不断提升法治素养

1. 部分内容框架倒置

高中与大学教材部分内容框架的倒置，主要体现在内容深度的倒置。高中教材第七课第一框"我国法治建设的历程"中"探究与分享"板块中特别介绍了"马克思主义法律思想"，然而在大学教材第六章第一节第一目"法律及其历史发展"中，并没有涉及相关内容。马克思主义法律思想是社会主义法，同时也是中国特色社会主义法治建设的重要理论基础，大学教材却缺乏进一步介绍。

高中教材第三单元第九课第三框"公正司法"中"探究与分享"板块涉及对司法救助制度及其功能的认识、"名词点击"板块涉及"罪刑法定、疑罪从无、非法证据排除"等专业性概念的学习，然而大学教材第六章却未涉及相关内容。

高中教材第三单元第九课第四框"全民守法"中"探究与分享"板块涉及了解公民的民事权利，然而大学教材第六章第四节介绍的是我国宪法中规定的公民基本权利和义务，并未涉及民事权利，等等。

这些内容框架的倒置，不仅为高中教师增加了教学难度，同时由于在大学缺乏加强学习，可能导致这部分知识的错误理解和无效学习。

2. 部分内容简单重复

苏霍姆林斯基曾在书中写道："金玉良言不能再三重复，否则就会成为陈词滥调，变得像一个懒散匠人手中的工具那样拙钝。"[1]高中与大学教材中，存在部分内容的重复，有些重点概念和知识点重复，可以巩固上一阶段的学习内容，加深印象。然而有些内容如果只是简单重复，不仅会使学生对法治教育内容失去兴趣，影响教学效果，还会导致学生法治知识欠缺、法治意识淡薄等问题。

高中教材和大学教材在自身教材中实现了框架的完整性，但是仔细对比可以看到部分内容缺乏跨阶段的区分，高中教材第三单元第七课第一框"我国法治建设的历程"与大学教材第六章第一节第一目"法律及其历史发展"中关于"人类历史上出现过奴隶制法、封建制法、资本主义法和社会主义法"相关表述及内容存在简单重复。高中教材第三单元第九课"全面推进依法治国的基本要求"与大学教材第六章第二节第三目"建设法治中国"中关于"科学立法、严格执法、公正司法、全民守法"相关内容几乎一致，等等。这些简单重复的内容使得学生在法律基本知识方面不容易得到提高，进而可能影响法治教育的效果。

3. 宪法知识缺乏衔接

依法治国首先是依宪治国。宪法是我国根本大法，也是法治教育的基础，但在高中教材中的法治教育部分，未涉及宪法与宪法教育相关的内容。大学教材《思想道德与法治》中的第六章第三节专门设置了关于我国宪法的形成、历程、修改程序、根本大法地位及基

---

① 苏霍姆林斯基.给教师的一百条建议［M］.汪彭庚，译.天津：天津人民出版社，1981:182.

本原则等相关的内容。

宪法知识的断层，导致青少年在高中学习阶段缺少宪法相关基础知识，对中华人民共和国国家基础制度、公民基本权利和义务都缺乏基本的了解，在进入大学学习时则对宪法相关内容陌生，从而使得宪法教育无法形成过渡，法治教育无法完全、顺利衔接。

三、高中与大学思政课教材中法治教育内容有效衔接的途径

目前高中和大学使用的思政课教材，经过国家教材委员会的多次修订后，相较于之前，在实现大中小学思政课一体化方面有很大突破，但是高中与大学教材中法治教育内容的有效衔接依然存在一些问题，针对这些问题，有以下三点建议：

（一）制定法治教育课程实施标准

《青少年法治教育大纲》中明确指出，青少年法治教育的总体目标为"以社会主义核心价值观为引领，普及法治知识，养成守法意识……践行法治理念，树立法治信仰，引导青少年参与法治实践，形成对社会主义法治道路的价值认同、制度认同，成为社会主义法治的忠实崇尚者、自觉遵守者、坚定捍卫者"。[①] 中学法治教育的教学目标应当以这一总体目标为参照标准，结合教学实际情况，并坚持将总体目标贯穿于各层次目标当中。课程实施标准是指每一门课程根据教学对象特点所制订的总体规划。高中与大学思政课教材中法治教育存在的部分内容框架倒置、内容表述简单重复等问题，在一定程度上就是因为没有对高中和大学两个阶段的法治教育课程的实施进行整体规划，往往都是分别制订各自学段的教学实施计划。所以在开展对课程实施标准进行讨论、修改等工作时，建议加强各学段专家的沟通交流，共同讨论制订。同时，两个学段派一线思政课教师代表参与讨论，为两个阶段法治教育内容的有效衔接提供直接、有效的建议，以保障教学规划和教学实施的统一性。

（二）整体制定法治教育课程具体内容

依据《青少年法治教育大纲》中总体目标和阶段目标的划定，可以将法治教育的总体目标进一步划分为四个具有递进性质的层次目标：第一层是掌握必备的、基础的法律知识；第二层是树立法治观念，养成守法习惯；第三层是提升法治意识，形成法治思想；第四层是强化法治素养，建立法治信仰。高中与大学青少年的发展既有阶段性、独特性，也

---

① 教育部，司法部，全国普法办 . 青少年法治教育大纲［Z］.2016.

有连续性、衔接性，法治教育课程内容也是如此。高中青少年面临着繁重的学业和升学压力，其身心发展的特殊性，决定了这个阶段的法治教育内容应当偏向于通过生活中的法律实践、法律案例等来了解法律基础知识，从而形成并奠定基本的法治观念，对法治有基本的认识。而大学阶段，青少年身心发展趋于成熟，具备理性思维，对法治相关问题的思考更加深入，因此这个阶段的教材偏重理论知识的学习，加强对习近平法治思想的掌握，对中国特色社会主义法治体系全面了解和掌握，从而有助于其形成法治思维、提升法治素养、投身于社会公共事务等。因此，高中阶段与大学阶段法治教育课程具体内容的整体制定，可以有效避免两个学段内容的简单重复、某些内容缺乏衔接等问题。

（三）着力打造法治教育教师队伍

习近平总书记在学校思政理论课教师座谈会上指出"办好思想政治理论课关键在教师"，并多次强调将思政课教师队伍建设作为基础工作。教师作为教学内容生成的重要主体，其能力素养对于法治教育教学内容衔接的成效起着直接决定性作用。因此，高中与大学法治教育教学内容衔接的优化措施需要有助于提升思政课教师的衔接意识和衔接素养。除此之外，要实现高中与大学思政课中法治教育内容的有效衔接，还需要一支优秀的法治教育教师队伍。以前的高中与大学思政教师互不交流、互不相关。现在需要的优秀的法治教育教师队伍应该既包括高中与大学思政课法治教育的专职教师，尤其是在各级教学比赛中获奖的优秀教师，也包括优秀的兼职老师。而这样的一支法治教育教师队伍，既能为高中与大学法治教育的有效衔接提供一个互相交流的大平台，又能提高思政课教师对于法治教育内容有效衔接的意识，还能进行集体备课和教学科研问题的相互交流，良性推动法治教育教师队伍的发展。

在大中小学思政课一体化背景下，各阶段的法治教育有效衔接，对于实现一体化教育有着重要的促进作用，其中高中和大学思政课中的法治教育，是培养高素质法治人才的重要基础，也是建设法治中国的重要保障。这是一项复杂的、长期的、系统的任务，需要教育管理部门、学校、思政课教师共同努力，为建设法治中国贡献自己的力量。

高校思政金课一体化建设和学科化发展的困境与出路

张广浩^①

思想政治理论课（以下简称"思政课"）是落实立德树人根本任务的关键课程，^② 思政金课是推动思政课内涵式发展的政策表达，"推动思政金课一体化建设"是新时代大中小学校思政课改革创新的重大课题。立足新时代新征程，应用型高校如何落实立德树人根本任务，推动"专、本、研"各学段思政金课一体化建设，既是当前中国思政教育实务界一项热点综合性课题，也是现代思政课程理论界一项重大前沿性命题。

一、高校思政金课一体化建设和学科化发展问题的提出

应用型高校推动思政金课一体化建设是一项系统性的课题工程，这一课题是党和国家在对思想政治教育一体化建设的规律性认识的持续性发展过程中逐步提出来的。

（一）高校思政金课建设问题的缘起

2016年12月，习近平总书记在全国高校思想政治工作会议上提出，"高校思想政治工作关系高校培养什么样的人、如何培养人以及为谁培养人这个根本问题。要坚持把立德树人作为中心环节，把思想政治工作贯穿教育教学全过程，实现全程育人、全方位育人，努力开创我国高等教育事业发展新局面。""要用好课堂教学这个主渠道，思想政治理论课要坚持在改进中加强，提升思想政治教育亲和力和针对性，满足学生成长发展需求和期

---

① 作者简介：张广浩，硕士，四川大学锦江学院马克思主义学院讲师。本文为教育部2024年度高校思想政治理论课教师研究专项一般项目（项目批准号：24JDSZK088）阶段性研究成果；四川省教育厅四川省高校思想政治理论课教师培训中心2023年四川省思想政治教育研究课题（项目批准号：SZQ20230139）研究成果；四川大学锦江学院2023年教育教学改革研究项目（项目编号：2023JG008）研究成果。

② 习近平.思政课是落实立德树人根本任务的关键课程［J］.求是，2020（17）.

待"，2018 年 9 月，又在全国教育大会上提出"推动高等教育内涵式发展"的系列指导思想，为高校落实立德树人、推进金课建设指明了方向。在此基础上，2018 年时任教育部部长陈宝生在教育部新时代中国高等学校本科教育工作会议上首次指出了：一流本科教育，专业是基本主体，课程是核心环节。但课程建设也是中国高校普遍存在的短板、瓶颈、软肋，要深入研究如何把"水课"转变成有深度、有难度、有挑战度的金课这一重大理论与实践课题。随后按照会议精神，教育部印发了《关于狠抓新时代全国高等学校本科教育工作会议精神落实的通知》（教高函〔2018〕8 号文件）要求"全国各高校全面梳理各门课程的教学内容，淘汰'水课'、打造'金课'，切实提高课程教学质量。"由此，正式拉开了中国高校立德树人推进金课建设的序幕。

（二）高校思政金课一体化建设问题的由来

习近平总书记从 2019 年 3 月在学校思想政治理论课教师座谈会上首次提出"思政课是落实立德树人根本任务的关键课程""要把统筹推进大中小学思政课一体化建设作为一项重要工程，推动思政课建设内涵式发展"，到 2022 年 10 月在党的二十大报告中提出"用社会主义核心价值观铸魂育人，完善思想政治工作体系，推进大中小学思想政治教育一体化建设"等党的思政教育方针，进一步深化了党和国家对学校思政教育课程一体化建设的规律性认识和持续性发展。在此基础上，教育部从 2019 年 10 月启动实施全国一流课程建设"双万计划"即"金课建设双万计划"，2020 年 12 月中宣部与教育部联合印发了《新时代学校思想政治理论课改革创新实施方案》（以下简称《新方案》）以及《高等学校思想政治理论课建设标准（2021 年本）》（以下简称《新标准》），到 2021 年 3 月教育部召开习近平新时代中国特色社会主义思想铸魂育人座谈会议，进一步提出："要用好系列学生读本，打造'金课'群，持续加强以习近平新时代中国特色社会主义思想为核心内容的思政课金课群建设，推动新发展阶段铸魂育人走深走实。"由此，将习近平总书记关于学校思政课一体化建设、内涵式发展、改革创新系列指导思想具体转化为实践层面的"落实立德树人、推进思政金课一体化建设"这一综合性重大前沿课题，正式启动了高校落实立德树人、推进思政金课一体化建设工程。

（三）高校思政金课一体化建设和学科化发展问题的提出

从习近平总书记 2013 年 11 月在党的十八届三中全会报告中提出："深化教育领域综合改革。全面贯彻党的教育方针，坚持立德树人，……加快现代职业教育体系建设……促进高校办出特色争创一流"，到国务院 2014 年 2 月召开常务会议时首次提出"引导一批普通本科高校向应用技术型高校转型"；从国务院 2014 年 6 月印发《关于加快发展现代职业教育的决定》（国发〔2014〕19 号），明确指出："引导普通本科高等学校转型发展。独立学院转设为独立设置高等学校时，鼓励其定位自身为应用技术类型高等学校"，到教育部、国家发改委、财政部 2015 年 11 月联合印发《关于引导部分地方普通本科高校向应用型转变的指导意见》进一步明确了转型发展路径和措施。2019 年 3 月习近平总书记在学校思想政治理论课教师座谈会上提出："民办学校、中外合作办学也要把思政课建设摆在重要位置，按照要求办好思政课，在这方面没有例外。"至此，正式将高校落实立德树人、推动思政金课一体化建设和学科化发展纳入高校思政金课一体化建设工程。2024 年 1 月，教育部启动实施《教育强国建设规划纲要》，进一步细化了这一重大课题的政策方向。

二、高校思政金课一体化建设和学科化发展的现实困境

（一）重移植、轻创新的路径依赖困境

正如实质解释论者强调思政课的本质是社会政治属性与教育过程属性的统一，前者强调思政课是落实立德树人根本任务的关键课程，课程目标在于培养社会主义的建设者与接班人；后者强调思政课是实施教书育人各类课程的过程，课程目标在于促进学生成长。[①]课程计划固然重要，但更重要的是课程只有在实施过程中才能促进学生形成和发展符合党和国家要求的思想政治素养。由于我国应用型高校的建制脱胎于学术型高校的母体并且时间短起步低，各类课程建制的路径自然起源于移植，思政课作为全校的通识性课程更是按照国家统一标准同时移植学术型高校和高职专科学院的模式，因此形成了与学术型高校毫无差别的思政课程改革发展路径依赖。然而实践证明，应用型高校与学术型高校、高职专科学院相比，无论在人才培养目标，还是在校情学情实际等方面均存在较大差异及差距，按照完全相同的路径和标准生搬硬套进不同类型的高校，这种重移植、轻创新的改革发展路径导致了应用型高校在推动思政金课一体化建设方面的实效并不理想。

（二）重政策、轻理论的课程组织困境

评价一个课程是否属于金课，理论上存在形式标准和实质标准之分。诚然，从形式解

---

① 刘建军.如何理解"思政课的本质是讲道理"［J］.中国社会科学报，2022（5）.

释论角度来看，根据（教高函〔2018〕8号）文件精神来理解，金课是相对于"水课"而言的，指具有高阶性、创新性和挑战度"两性一度"特点的课程。但是由于缺少系统化的现代思政课程理论支撑，高校在推动思政金课一体化建设实操过程中发现，虽然《新方案》《新标准》等国家课程政策在顶层设计层面已建成了专科生学段3门必修课+本科生学段6门必修课+研究生硕博学段各1门必修课+N门选择性必修课的高校思政课程体系。但是，在现行专科学制下，4门思政课的课时仅有1学年，因此大多数应用型高校参照高职专科学院的思政课程体制，安排专科生大一上半学期开设《思想道德与法治》《形势与政策》，下半学期跨过《马克思主义基本原理》的知识铺垫，直接开设《毛泽东思想和中国特色社会主义理论体系概论》课程以及选择性必修课四史之一，从表面形式上看这种安排似乎落实了《新方案》《新标准》并且符合教材或大纲的课程结构，但是从内在的课程机理来看，在现实课堂教学中无论在教师教学体系结构上，还是在学生学习逻辑衔接上都存在意义建构性的课程机理断层问题，这就需要应用型高校基于先进的现代思政课程理论，推动思政金课一体化建设工程，真正走出这一困境。

（三）重外延、轻内涵的建课模式困境

金课的生命在于实施。既然课程本质上是计划与过程的统一，那么推动思政金课一体化建设的主体就不仅仅是教育行政管理部门主导的外延式建课模式。然而，《新方案》围绕课程目标、课程设置、课程内容、课程教材等方面制订了科学的课改计划，在此基础上《新标准》围绕组织管理、教学管理、队伍管理、学科建设等制定了相关评价指标，形成了以教育行政管理部门单方面主导的中国式建课模式。诚然，这种建课模式更加符合教育行政部门的量化管理与考核需求，但并未关注学术型高校与应用型高校在体制地位、资源条件、校情学情等方面的现实差距，未能全面落实习近平总书记强调的"办好思政课关键在教师，关键在发挥教师的主动性、积极性、创造性"要求。现实中，大多数应用型高校当前普遍面临"要求高、配置低"的现实差距困境。部分应用型高校马克思主义学院负责人在访谈中谈到，目前大多数民办高校远远达不到《新标准》第24条规定的严格按照师生比不低于1:350核定专职思政教师的要求，同时受制于师资条件及校情学情等实况，尚不具备《新标准》第12条规定的开设选择性必修课的基本条件。囿于落实政策的压力，各高校在制度上、大纲上、课表上都安排了足量的必修课和选择性必修课，但是从实际情况来看，实施效果与计划要求之间差距较大、差强人意。

总之，在现实体制与资源条件的限制下，大多数应用型高校在不同程度上面临疲于应对的理论难题和低效落实的现实困境，亟需寻找一条适合自身发展规律的高校思政金课一体化建设新出路。

三、高校思政金课一体化建设和学科化发展的创新出路

（一）高校须立足"学术型与应用型差异化的发展路径"推动思政金课一体化建设与学科化发展

应用型高校推动思政金课一体化建设必须摆脱传统路径依赖，走出一条适合自身发展规律的学术型与应用型差异化发展道路，逐步从"学术型与应用型同质化发展"向"学术型与应用型差异化发展"转型。不同于学术型高校的发展路径和现实条件，应用型高校的校情、学情、教情、课情均具有自身特点和发展规律。建校之初受制于办学条件和经验的制约，移植模仿不可避免，但是，发展到一定阶段仍然生搬硬套学术型高校的课程建制模式，必将走向低效实施的实践困境。因此，思政课改革应当根据不同类型学校实情和不同层次人才培养需求生成具有针对性和实效性的差异化实施细则。经过 1 年多对该思政课程生成理论及相关配套教学模式的实践应用研究和经验总结，本文提出了应用型高校可以逐渐从"高度依赖学术型高校"的发展路径迈向"学术型与应用型差异化"的内涵式发展道路。

（二）高校须重视"计划式与生成式相结合的课程理论"①推动思政金课一体化建设与学科化发展

生成式课程理念起源于美国 20 世纪 70 年代的教育心理学家维特洛克的研究课题，21 世纪初随着"翻转课堂"的兴起在美国高校得以落地生根。随着我国课程改革的不断深化，2014 年左右这一理论逐渐引起我国教育学界少数学者的关注和介绍。随着《新方案》、《新标准》、"新观点"、"新要求"在应用型高校的逐步推进，面对疲于应对的理论难题和低效落实的现实困境，应用型高校须重视计划与生成相结合的现代课程理论，根据该理论原理主张的循序渐进与螺旋上升相统一原则、三全育人与金课打造相结合原则、外延式发展与内涵式发展共聚力原则等逐渐摸索出了一套适合应用型高校思政金课一体化建设的现代建课模式及其配套教学经验。

---

① 陈侠.课程论［M］.北京：人民教育出版社，1989.；钟启泉.现代课程论［M］.上海：上海教育出版社，2015.

（三）高校须构建"思政教师育人共同体的内生动力"推动思政金课一体化建设与学科化发展

推动思政金课一体化建设，学科是基础、课程是抓手、教师是关键、立德树人是目的。应用型高校应当逐步从高度依赖教育政策推动的"外延式发展模式"向依靠思政教师育人共同体推动的"内涵式发展模式"转型。因此，共筑高校教师育人共同体是推进高校"专科生、本科生、研究生"思政金课一体化内涵式发展的内生动力。在此基础上，构建贯通高校"专、本、研"全学段和"文、理、艺、体"各学科一体化的"知识链""技能链""素质链"则是推动思政金课一体化建设和学科化发展的基本路径。

综上所述，正确面对理论难题和实施困境，高校须立足学术型与应用型差异化的发展路径，重视计划与生成相结合的现代课程理论，构建思政教师育人共同体的内生动力，形成立德树人推动思政金课一体化建设和学科化发展的强大合力，才能破解难题、走出困境，建设符合高校全学段和各学科的学生成长规律和思政教育教学规律的"思政金课"，落实立德树人根本任务。

略论大中小学思政课一体化建设的四重生成逻辑

葛　倩①

2019 年 3 月 18 日，习近平总书记在学校思想政治理论课教师座谈会上指出："在大中小学循序渐进、螺旋上升地开设思政课非常必要，是培养一代又一代社会主义建设者和接班人的重要保障。"②习近平总书记又说："要把统筹推进大中小学思政课一体化建设作为一项重要工程。"③习近平总书记提出的这项重要工程，不仅是深入贯彻落实新时代党和国家人才培养方针的现实需要，更是立德树人根本任务取得实效的重要保证。

大中小学思政课一体化建设是指："基于立德树人的根本目标，在大中小学各个学段根据横向贯通、纵向衔接的原则，遵循不同学生的身心成长规律与接受机理，在教学要素的不同方面探索一体化架构，以期形成大中小学思政课教学循序渐进、螺旋上升的教学序列，不断提升大中小学思政课教学成效的举措。"④大中小学思政课一体化建设的提出并非一时兴起，而是有着清晰的历史和现实脉络、深厚的理论基础和深层的价值需求。

本文将基于大中小学思政课一体化建设的生成逻辑，即从历史逻辑、现实逻辑、理论逻辑、价值逻辑四个维度对大中小学思政课一体化建设进行深入分析，可以更好理解大中小学思政课一体化建设的必要性和必然性。

---

①　作者简介：葛倩，副教授，四川大学锦江学院马克思主义学院党支部书记，本文为 2023 年度四川大学锦江学院教育教学改革项目（项目编号：2023JG008）阶段性研究成果。

②　习近平 . 习近平谈治国理政：第三卷［M］. 北京：外文出版社，2020:329.

③　习近平 . 习近平谈治国理政：第三卷［M］. 北京：外文出版社，2020:331–332.

④　文天天，陈大文 . 论大中小学思政课一体化的由来、科学内涵与基本要求［J］. 学校党建与思想教育，2021（6）.

一、历史逻辑

大中小学思政课一体化源于德育一体化，是在整体规划德育体系和德育课程的基础上，不断凝练聚焦，在具体实践中不断丰富发展起来的。

自中国共产党成立以来，学校思想政治理论课便受到党和国家的高度重视。习近平总书记在学校思想政治理论课教师座谈会上指出："在革命、建设、改革各个历史时期，我们党对思政课建设都作出过重要部署。"[①]在新民主主义革命时期，中国共产党在红军大学、苏维埃大学等高校以及列宁小学、解放区的小学、陕甘宁边区的中学开设马克思主义理论相关课程及党的建设、中国革命运动等政治课程。中华人民共和国成立后，中国共产党又把"中国革命常识""共同纲领"列入中学教学计划，在高校开设中国革命史、马克思主义理论相关课程，强调中高等学校政治理论课的任务是用马克思列宁主义、毛泽东思想武装青年，培养坚强的革命接班人。

改革开放以来，党中央先后出台10多个关于学校思想政治工作的文件，对思政课建设提出明确要求，不断推动思政课改革。早在1985年，中央就出台了有关学校思想品德和政治理论课程的教学改革方案，并提出了具体的目标要求。1994年出台的《中共中央关于进一步加强和改进学校德育工作的若干意见》首次明确提出"整体规划学校德育体系"，但更多地是停留在经验阶段，体系内部之间联系并不紧密，综合性研究欠缺。20世纪90年代中期以后，在"整体规划德育体系"的基础上，学校思想政治教育才逐渐重视德育体系学科建设问题，"德育课程"一词逐渐被我国学者关注，一些专门论述德育课程的著作陆续出现。中共中央办公厅、国务院办公厅于2000年12月发布的《关于适应新形势进一步加强和改进中小学德育工作的意见》强调，要"努力构建适应二十一世纪发展需要的中小学德育课程体系"。2017年教育部印发《中小学德育工作指南》，文件强调要严格落实德育课程，提升学科体系理论水平。

2005年《教育部关于整体规划大中小学德育体系的意见》对"整体规划大中小学德育体系"的意义、目标与要求进行了详细说明，突出表现为对不同层面内容的整体性、系统性设计。再次强调要进行"整体构建德育体系"，在理论层面进行重建，德育体系学科建设的理论水平得以进一步提升。

---

① 习近平.思政课是落实立德树人根本任务的关键课程［M］.北京：人民出版社,2020:1.

"十二五"期间（2011—2015 年），学校德育体系建设进一步全面推进。《国家中长期教育改革和发展规划纲要（2010—2020 年）》提出要"坚持德育为先"，不同学段的德育内容及层级划分更加细化。中共中央办公厅、国务院办公厅于 2017 年印发的《关于深化教育体制机制改革的意见》中，特别指出"构建以社会主义核心价值观为引领的大中小学一体化德育体系，使德育层层深入、有机衔接。整体构建德育体系既保证了德育过程中整体要素结构的完整性和连续性，也凸显出大中小学各德育系统的层次性和渐进性"。①

二、现实逻辑

进入新时代以来，"办好思政课"不仅是习近平总书记非常关心、"更多强调"的一件事，而且被视为"落实立德树人根本任务的关键课程"，指出一定要统筹构建共同推进思想政治工作的大格局，实现"三全育人"，善用"大思政课"，强调推进大中小学思想政治教育一体化建设等等，由此对学校思政课建设作出了许多重要部署。

2016 年在全国高校思想政治工作会议上，习近平总书记指出，要坚持把立德树人作为中心环节，把思想政治工作贯穿教育教学全过程，实现全程育人、全方位育人，努力开创我国高等教育事业发展新局面。随后，2017 年年初，中共中央办公厅、国务院办公厅印发的《关于加强和改进新形势下高校思想政治工作的意见》中，进一步明确提出"坚持全员全过程全方位育人"，即"三全育人"。党的十九大以来，特别是 2018 年全国教育大会之后，教育部启动"三全育人"综合改革试点，学校特别是高校任何岗位、任何课程都有育人功能，都要守好一段渠、种好责任田。

2019 年 3 月 18 日，习近平总书记在学校思想政治理论课教师座谈会上指出："要把统筹推进大中小学思政课一体化建设作为一项重要工程，推动思政课建设内涵式发展。"②同年 8 月中共中央办公厅、国务院办公厅印发《关于深化新时代学校思想政治理论课改革创新的若干意见》。为深入贯彻该项文件精神，2020 年 12 月中央宣传部、教育部制定了《新时代学校思想政治理论课改革创新实施方案》，进一步明确不同学段思政课的教育目标、课程体系、课程内容等。2022 年 7 月，为深入贯彻落实习近平总书记关于"大思政课"的重要指示，教育部等十部门印发《全面推进"大思政课"建设的工作方案》，旨在以"大

---

① 杨珉．大中小学思政课一体化的生成逻辑与实践进路［J］．教育学术月刊，2022（9）．
② 习近平．思政课是落实立德树人根本任务的关键课程［M］．北京：人民出版社，2020:5.

思政课"建设为抓手，持续推动思政课和学校思想政治工作高质量发展，其中一个方面是拓展工作格局，整合多方资源，共同推动"大思政课"建设。分层分类开展"大思政课"综合改革试点，深入推进大中小学思政课一体化建设，鼓励高校积极开展与中小学思政课共建。习近平总书记在党的二十大报告中明确要用社会主义核心价值观铸魂育人，完善思想政治工作体系，推进大中小学思想政治教育一体化建设。

三、理论逻辑

（一）大中小学思政课一体化建设符合马克思辩证唯物主义的科学系统的思维逻辑

"大中小学思政课一体化"将高校思政课和中小学思政课归纳为属性相同、目标一致的思政课，体现了不同学段思政课的内在相通与本质关联，大中小学思政课一体化建设作为各学段的有机结合体，既有学校思政课的系统性和整体性，又兼顾不同学段特点的动态性，大中小学思政课一体化的建设由此所体现出的动态性原则、系统性原则和整体性思维方式，不仅符合马克思辩证唯物主义的科学性、系统性，而且表现出缜密的马克思主义基本原理的思维逻辑。

（二）大中小学思政课一体化建设体现出中国化时代化的马克思主义理论成果的理论逻辑

大中小学思政课一体化建设不仅符合马克思主义基本原理，还是中国化时代化的马克思主义理论成果。在毛泽东思想的主要内容中，就曾有思想政治工作是经济工作和其他一切工作的生命线，要实行又红又专的教育方针等关于思想政治工作和文化工作的理论。并强调学校思想政治工作是整个思想政治工作的重要组成部分，必须把对思想政治工作规律的遵循视为前提，深刻把握"培养什么人、怎样培养人、为谁培养人"的根本问题。

改革开放以来，以邓小平理论为基础，所开创的中国特色社会主义理论体系，进一步丰富和发展了学校思政课建设理论。20世纪80年代，邓小平针对当时党内外一定程度上存在的忽视精神文明建设的状况，提出必须加强精神文明建设，努力纠正实践过程中出现的"一手硬，一手软"的倾向，强调中国特色的社会主义建设必须把两个文明都搞好，特别强调要加强社会主义思想道德建设，其重要任务就是要做好思想政治工作，思想政治工作是我们党和社会主义国家的重要政治优势。

21世纪以来形成的科学发展观，强调统筹兼顾的根本方法，要努力提高战略思维、辩证思维能力，不断增强统筹兼顾的本领，以宽广的胸怀把握全局，以辩证的思维分析全局，以系统的方法谋划全局，构建社会主义和谐社会必须优先发展教育，把立德树人作为教育的根本任务，培养德智体美劳全面发展的社会主义建设者和接班人。

党的十八大以来，以习近平同志为核心的党中央为适应新时代党和国家发展需要，从培养时代新人的战略高度出发，对新时代思想政治教育进行了系统谋划，开创了学校思政课建设的新局面，提出了一系列新思想新观点，其中就有大中小学思政课一体化的建设。

四、价值逻辑

（一）统筹推进大中小学思政课一体化建设是新时代应对意识形态斗争，把握意识形态工作主动权的必然要求

从国际环境来看，统筹推进大中小学思政课一体化建设是新时代应对意识形态斗争，把握意识形态工作主动权的必然要求。当前世界正处于百年未有之大变局中，世界范围内思想文化出现交流交融交锋激烈较量的新态势，意识形态领域面对着更为复杂的局面和斗争形势，故而在内部思想上的统一与团结显得十分关键。学校在意识形态领域处于前端，要把握意识形态工作的主动权，关键就是要办好思政课。在 2019 年召开的学校思政课教师座谈会上，习近平总书记指出，"我们办中国特色社会主义教育，就是要理直气壮开好思政课，用新时代中国特色社会主义思想铸魂育人……思政课作用不可替代……"，通过大中小学思政课的一体化教学，更好地传播中国声音、讲好中国故事，牢牢占领学校这个意识形态工作主阵地，让代表祖国希望的青少年群体能够增强对中国特色社会主义道路自信、理论自信、制度自信、文化自信，能够运用马克思主义立场、观点和方法认识问题、分析问题和解决问题，不被错误思想左右，为全面建设社会主义现代化国家而团结奋斗。

（二）大中小学思政课一体化建设是提升新时代思政课教学质量的关键举措

要实现新时代思政课教学的高质量发展，一方面需要解决长期以来各学段思政课缺乏有效沟通互动，割裂了思政课的完整性，影响了思政课发挥对青年的政治引领与价值引导作用等问题。通过大中小学思政课一体化建设，覆盖集师资、课程、教材、培养目标、评价于一体的整体化建构，是应对问题、解决问题的有效措施。另一方面需要增强思政课优质内容的供给。习近平总书记指出："思政课的政治性、思想性、学术性、专业性是紧密联系在一起的，其学术深度广度和学术含金量不亚于任何一门哲学社会科学。"思政课教学内容涵盖原理性、时政性、历史性等多个维度的内容，整体上构成一个知识体系庞杂、内容繁多的教学内容体系。为了避免相互之间的内耗和分散以及不同学段内容的脱节和重复，须推进大中小学思政课一体化建设，整体设计教学内容，系统谋划课堂教学，有效形成循序渐进、螺旋上升的教学内容，以实现内容的集成性效果。

大中小学思政教育一体化建设的思考与建议

刘 新[①]

推动大中小学思政教育一体化建设，是习近平总书记亲自部署的一项重要教育教学改革工程，是贯彻党的教育方针的必然要求，是新时代坚持立德树人，培养德、智、体、美、劳全面发展的社会主义建设者和接班人的重要保障。为进一步贯彻落实习近平新时代中国特色社会主义思想和党的二十大精神，提高眉山市大中小学思政教育一体化建设水平，特提出以下建议。

一、深刻领会推动大中小学思政教育一体化建设的重大意义

青少年是祖国的未来、民族的希望，正处于人生的"拔节孕穗期"，最需要精心引导和栽培。2019 年 3 月 18 日，习近平总书记在学校思想政治理论课教师座谈会上指出，"要把统筹推进大中小学思政课一体化建设作为一项重要工程，推动思政课建设内涵式发展。在大中小学循序渐进、螺旋上升地开设思想政治理论课非常必要"。这是习近平总书记从世界百年未有之大变局、党和国家事业发展全局、实现中华民族伟大复兴的战略高度提出的科学命题。这一命题是习近平总书记关于教育的重要论述的重要组成部分，是对教育教学规律、思政课建设规律的准确把握，是对思想政治教育理论的一次重大理念创新，具有很强的战略性、针对性和指导性，为新时代思政课建设指明了方向，提供了根本遵循。党的二十大报告进一步指出："教育是国之大计、党之大计。培养什么人、怎样培养人、为谁培养人是教育的根本问题。""用社会主义核心价值观铸魂育人，完善思想政治工作体系，推进大中小学思想政治教育一体化建设。"这就要求我们把下一代教育好、培养好，

---

① 作者简介：刘新，四川科技职业学院马克思主义学院副教授，研究方向为思想政治教育。

从学校抓起、从娃娃抓起。全面贯彻党的教育方针，落实立德树人根本任务，遵循思想政治教育规律和学生认知发展规律，统筹大学、中学、小学不同学段的思政课教学，循序渐进、螺旋上升地开展思政课建设，按照大中小学各学段学生的年龄特征、身心特点和成长规律，用习近平新时代中国特色社会主义思想和社会主义核心价值观培根铸魂，着力构建"大思政"新格局，为中国式现代化培育一批又一批合格建设者和可靠接班人。

二、切实把握大中小学思政教育一体化建设的逻辑理路

我国大中小学思政教育一体化建设经历了新中国、新时期、新时代三个阶段，并在探索中不断总结提升，在具体实践中不断丰富发展。

中华人民共和国成立后，由于教育部和高等教育部分设，中小学思政教育和大学思政教育基本上是分条块进行。随着思政教育一体化建设深入推进，党和国家对统筹部署大中小学思政教育一体化建设进行了积极探索和尝试。1964年，中共中央批转《中共中央宣传部、高等教育部党组、教育部临时党组关于改进高等学校、中等学校政治理论课的意见》中明确"今后高等学校共同政治理论课，除继续开设《形势与任务》课外，设置《中共党史》《哲学》《政治经济学》等课""中等学校，除学习时事政策和选读毛主席著作外，今年新编和修订的四种课本，可在初中一年级到高中二年级的五个年级试用"，规定《做革命的接班人》《社会发展史》《我国社会主义革命和建设》《辩证唯物主义常识》等课程从初中一年级到高中二年级的具体开设年级。

进入改革开放新时期后，党和国家在拨乱反正的基础上，对大中小学思政教育一体化建设作出了顶层设计。1985年，《中共中央关于改革学校思想品德和政治理论课程教学的通知》中指出，"我国现行的以马克思主义为指导的思想品德和政治理论课（从小学的思想品德课、中学的思想政治课、到高等学校的马克思主义理论课）的课程设置、教学内容和教学方法也必须进行认真的改革"。1994年，《中共中央关于进一步加强和改进学校德育工作的若干意见》中提出，要整体规划学校的德育体系，强调"要遵循青少年学生思想品德形成的规律和社会发展的要求，根据德育工作的总体目标，科学地规划各教育阶段的具体内容、实施途径和方法""各教育阶段的德育课程、教学大纲、教材、读物"等都要加强衔接，防止简单重复或脱节。2005年教育部印发了《关于整体规划大中小学德育体系的意见》，专门规定了"科学设置各教育阶段德育课程""使小学、中学、大学各

教育阶段的德育课程形成由低到高、由浅入深、循环上升、有机统一的体系"。

党的十八大以后,中国特色社会主义进入新时代,以习近平同志为核心的党中央高度重视学校思政教育一体化建设,先后召开全国高校思想政治工作会议、全国教育大会、学校思想政治理论课教师座谈会等系列重要会议,作出一系列重要部署,提出一系列明确要求,推动思政教育一体化建设在新时代不断得到加强和改进。2016 年 12 月,习近平总书记在全国高校思想政治工作会议上强调,要遵循思想政治工作规律,遵循教书育人规律,遵循学生成长规律,所有课堂都有育人功能,不能把思想政治工作只当作思想政治课的事,其他各门功课都要守好一段渠、种好责任田。

为贯彻落实习近平总书记关于大中小学思政教育的重要讲话精神,2019 年 8 月,中共中央办公厅、国务院办公厅印发《关于深化新时代学校思想政治理论课改革创新的若干意见》,强调"统筹大中小学思政课一体化建设",对大中小学思政课课程目标、课程体系、课程内容建设作出详细规定。2020 年,教育部办公厅发布《关于成立教育部大中小学思政课一体化建设指导委员会的通知》(教社科厅函〔2020〕17 号),2021 年,教育部办公厅发布《关于教育部大中小学思政课一体化建设指导委员会章程的通知》(教社科厅函〔2021〕21 号),2022 年教育部办公厅发布《关于开展大中小学思政课一体化共同体建设的通知》(教社科厅函〔2022〕49 号),对大中小学思政教育一体化建设进行规范和指导。2023 年 4 月,四川省大中小学思政课一体化共同体在西南交通大学成立。2023 年 9 月,眉山市大中小学思政教育一体化研究中心在四川大学锦江学院成立。

三、着力构建大中小学思政教育一体化建设的体制机制

构建大中小学思政教育一体化建设的体制机制,需要统筹各方面力量和资源。从教育层级上看,涉及各级党政领导、教育职能部门、各级各类学校、思政课教师以及学生等;从实践环节上看,涉及课程目标、教学内容、师资队伍、人才培养、理论研究以及教学评价等。

一是加强党对思政教育的全面领导。习近平总书记强调,办好中国的事情,关键在党。加强党对大中小学思政教育一体化建设的领导,才能确保各级各类学校正确的政治方向,才能确保各级各类学校用科学理论培养人、用正确思想引导人、用社会主义核心价值观涵育人,引导广大青少年扣好人生第一粒扣子,实现德、智、体、美、劳全面发展,成为社

会主义的合格建设者和可靠接班人。要牢记习近平总书记关于"思政课作用不可替代，思政课教师队伍责任重大"的嘱托，学校领导要带头走进课堂，带头推动思政课工作，带头联系思政课教师，深入推进大中小学思政课一体化建设，更好地用党的创新理论铸魂育人。

二是建立思政教育一体化管理体系。按照《教育部大中小学思政课一体化建设指导委员会章程》的要求，在教育管理部门牵头成立思政课一体化建设指导委员会的基础上，制订开展大中小学思政课一体化共同体建设的具体实施方案，明确思政课一体化建设共同体的指导思想、基本原则和实施路径，使用好共同体专项支持经费，统筹推进一体化进程。要注重发挥各级各类学校思政教育的整体合力，在不同学科、不同学段之间构建纵向和横向"大思政"体系，深入挖掘各门课程的思想政治教育资源，使思政课程与课程思政同向同行，形成育人协同效应。深化全员、全过程、全方位"三全育人"改革，避免思政教育"碎片化""零散化"问题，把思政教育工作体系贯通学科体系、教学体系、教材体系、管理体系，形成大中小学一体化育人新格局。

三是构建共建共育共享共评机制。大中小学思政教育一体化建设重在教学资源整合，难在共建一体化育人机制建设。大中小学思政教育教学资源整合，涉及教学内容、教学方法、教学数据、教学名师、教学基地、学校文化、学校图书资料、学校网络资源等方面，各级各类学校应为大中小学思政教育教师开放使用通道，实现资源共享。支持小学和中学思政课教师通过高校访学或者研学等方式进入高校提升自身理论素养和科研水平，实现师资共享。加强各个学段思政教育教师之间的交流互动，举办教学研讨会、集体备课、学术沙龙、教学观摩、教学竞赛、读书会，以及联合申报科研项目等，使思政课教师打破学段学科隔阂，开展跨学段跨学科交流互鉴，实现人才共育。制定合理有效的思政教育一体化建设评价指标体系，及时反馈思政教育一体化建设过程中出现的问题，总结大中小学思政课一体化共同体建设的好经验好做法，将有效的工作举措、宝贵的工作经验转化为可借鉴、可推广的工作模式和制度机制。

四是打造德才兼备的思政教育师资队伍。教育部办公厅发布的《关于开展大中小学思政课一体化共同体建设的通知》中明确指出，深入推进大中小学思政课一体化建设，必须培养一支大中小学思政教育优秀师资队伍。习近平总书记指出："教师重要，就在于教师的工作是塑造灵魂、塑造生命、塑造人的工作。"办好思想政治理论课关键在教师，关键在发挥教师的积极性、主动性、创造性。大中小学思政教育一体化建设能否取得实效，有没有一支优秀师资队伍是关键。因此，要坚决落实习近平总书记提出的"六种素养"的标准和"四个相统一"要求，按照"四有"好教师的要求，落实政治学习、培训轮训、理论提升、实践锻炼等工作制度，形成一支思想政治素质高和政策理论水平强的思政课教师队伍；按照"四个引路人"的要求，完善培养、选拔、使用、激励机制，形成一支以专职为主，专兼结合、数量充足、素质优良的辅导员队伍和班主任队伍。

四、积极探索大中小学思政教育一体化建设的实践路径

笔者通过对近几年省内外思政课程和课程思政的分析研究，特提出眉山市大中小学思政教育一体化建设实践路径的建议。

一是做好大中小学思政教育一体化建设的政策引导、资金支持和监督考核。近年来，党和国家、地方政府和教育主管部门出台了一系列的政策和措施，力求更快更好地推动思政课一体化的工作。四川省省委高度重视大中小学思政课一体化建设，全面加强谋划部署。全省各地各大中小学校广泛开展结对共建，推动课程共研、平台共建、资源共享，打通区域、学段、校际界限，构建起了开放共融的"大思政"格局。但在大中小学思政教育一体化建设的推进中，也存在着雷声大雨点小的情况，政策资金方面的落地也还需要更有力的措施进行推动和监督考核。

二是打造大中小学思政教育一体化建设的"眉山样板"。要聚焦眉山市思政课一体化建设过程中的难点、热点问题，紧紧围绕构建"螺旋上升、循序渐进"的思政课一体化育人格局，积极探索新理念、新方法、新途径、新体系、新机制，着力推进大中小学思政课课程群建设、示范性课程建设和金课建设，构建类型丰富、形式多样的师资培训体系，建好跨学段通用的实践教学基地和思政课教学一体化教研基地，搭建数字化、智能化的网络备课平台，开展"行走课堂"等实践教学，定期组织开展各学段思政课教师听课巡讲、访学研讨、集体备课、实践研修等活动，逐步提炼眉山市一体化建设方面更多、更优质的成果，力争在全省大中小学思想政治教育一体化理论研究和教育改革实践中发出"眉山声音"、贡献"眉山智慧"。

三是树立"大思政"理念，统筹推进大中小学思政教育一体化建设。目前，眉山市大中小学思政教育一体化建设正在全力推进阶段，需要处理好以下几个关系。

（一）处理好"全程贯穿"和"学段贯穿"的关系

"全程贯穿"是指思政教育的顶层设计，要做到育人主题一以贯之和教育内容纵向到底、横向到边，实现思政课程与课程思政的统一。"学段贯穿"是指根据不同年级学生成长规律和思想政治理论教育规律，实现由低到高、由浅入深、螺旋上升、有机统一。新时代思政教育一体化建设的核心就是要坚持用习近平新时代中国特色社会主义思想和社会主义核心价值观铸魂育人，我们要将"三进"（进教材、进课堂、进头脑）思想深刻融入各学科各学段的教学目标设计、课程设置、教材编写、教学改革、教师培养以及考核评价的全流程要素管理中。2019年8月，中共中央办公厅、国务院办公厅印发了《关于深化新时代学校思想政治理论课改革创新的若干意见》，为大中小学思政教育一体化建设明晰了目标和内容：小学阶段重在"启蒙道德情感""开展启蒙性学习"，初中阶段重在"打牢思想基础""开展体验性学习"，高中阶段重在"提升政治素养""开展常识性学习"，大学阶段重在"增强使命担当""开展理论性学习"。各级各类学校在思政课教学目标设计与过程落实中努力做到"六个要"，即学段要有区别、站位要高远、目标要可行、措施要实在、评价要科学、考核要到位。

（二）处理好"领头雁效应"与"群体效应"的关系

在成立眉山市大中小学思政课一体化建设共同体的基础上，建立眉山市大中小学思政教育一体化建设协作机制，组建眉山市大中小学思政教育一体化建设协调指导组，负责协调、指导全市各大中小学校思政课与课程思政教学研究、师资培训、协作交流，推进构建全市大中小学思政教育一体化建设体系。除四川大学锦江学院牵头成立的一体化共同体外，还应当充分调动区域内的其他高校的积极性，全市成立10个"1+1+N"大中小学思政教育一体化建设联盟，每个"1+1+N"联盟是由1所高校牵头，联合1所中学、若干所小学组成，参加联盟的大中小学校要"手拉手"开展思政课程和课程思政，围绕大中小学思政教育一体化建设开展课题研究、讲座交流、听课备课、研学考察等活动，共同提高思政教育一体化建设水平。

（三）处理好"思政课程"与"课程思政"的关系

由于教育部发布的《教育部大中小学思政课一体化建设指导委员会章程》《关于开展大中小学思政课一体化共同体建设的通知》中的关键词都是"思政课一体化建设"，而没有明确提"思政教育一体化建设"，这很容易让一部分学校和教师错误地认为，思想政治教育工作只是思政课教师的事，与其他课程无关。从实践看，有的学校思政课程都缺少专职教师推进，更何况课程思政的落实。因此，在这次大中小学思政教育一体化建设的推进过程中，不仅要高度重视思政课程的效果，也要高度重视课程思政的效果，真正将我市的大中小学思政教育一体化建设推向一个更高更好的水平。

高职院校思想政治教育一体化路径探析

朱　丹^①

一、高职院校学生学情分析

了解学生的学情，是发挥学生主体作用和教师主导作用的前提。教师不仅需要了解教材内容结构，更需要分析学生的认知模式、认知规律、思想特点和思想需求等学情特点，以此准确把握教学重难点，做到有的放矢。高职院校学生学情分析是一个复杂而重要的任务，它涉及对学生学习状况的全面理解和评估。这种分析有助于教师更好地理解学生的需求，提升教学质量，也有助于学校制定更有效的教育政策。以下是对高职院校学生学情的一些主要分析：

学生背景分析：高职院校的学生普遍存在着学习基础薄弱的问题，学生通常来自不同的教育背景，包括普通高中、职业高中、中专等。他们的基础知识、学习能力和学习习惯可能存在较大差异。尤其是在思想政治课程方面，一些学生缺乏必要的历史、哲学、政治等基础知识，难以理解和接受思想政治课程的内容。

学习动机分析：学习动机是推动学生学习的重要力量。高职院校的学生可能有不同的学习动机，如为了找到一份好工作、提升自己的技能、实现个人兴趣等。很多学生对思想政治课程的兴趣不高，认为这些课程与他们的专业和未来就业关系不大，因此缺乏学习的动力。这导致学生在课堂上的参与度不高，注意力不集中，甚至出现旷课现象。

学习困难分析：思想政治课程的理论性较强，一些概念、原理和观点比较抽象，难以理解。对于高职院校的学生来说，在学习过程中可能会遇到各种困难，如基础知识薄弱、

---

① 作者简介：朱丹，四川科技职业学院教师，研究方向为思想政治教育。

学习方法不当、抽象思维能力相对较弱等，易造成难以深入理解和掌握这些理论知识。

二、高职院校思想政治教育一体化建设的教学目标与内容

高职院校思想政治教育的目标设定应当紧密结合时代要求和学生实际，以促进学生全面发展为导向，注重培养学生的思想政治素质、职业道德素养和实践能力。以下是关于高职院校思想政治教育目标设定的几点建议：

培养社会主义核心价值观。高职院校思想政治教育应将培养社会主义核心价值观作为核心目标。通过教育引导，使学生深入理解和认同社会主义核心价值观的内涵和要求，自觉将其融入日常生活和学习实践中，成为他们行为的准则。

增强国家意识和民族自豪感。加强国家意识和民族自豪感的培养，是高职院校思想政治教育的重要任务。通过课程内容的设置和教学活动的开展，使学生深入了解国家的历史、文化和发展成就，增强对国家的认同感和归属感。

提升职业道德素养。高职院校作为培养高技能人才的重要基地，应当注重学生的职业道德教育。通过思想政治课程和相关实践活动的开展，培养学生的职业道德意识、责任意识和敬业精神，为他们未来的职业生涯奠定坚实的基础。

强化法治意识和公民意识。加强法治教育和公民意识教育，使学生了解并遵守国家法律法规，增强法治观念，自觉履行公民义务，维护社会公平正义。

促进心理健康和人格完善。高职院校思想政治教育应关注学生的心理健康和人格发展。通过心理辅导、心理咨询等活动，帮助学生解决心理问题，塑造健全的人格和良好的心理素质。

增强社会责任感和创新能力。引导学生关注社会发展，增强社会责任感，积极参与社会实践和志愿服务等活动。同时，注重培养学生的创新意识和创新能力，鼓励他们勇于探索、敢于创新。

适应时代发展和行业需求。高职院校思想政治教育应关注时代发展和行业变化，及时调整教育内容和方式，使之与行业需求和社会发展相适应。通过校企合作、工学结合等模式，为学生提供更多实践机会，增强他们的就业竞争力和适应能力。

综上所述，高职院校思想政治教育目标设定应全面考虑学生的思想政治素质、职业道德素养和实践能力，注重与时俱进，适应时代发展和行业需求的变化。同时，还应关注学

生的个性差异和全面发展需求，因材施教，促进每个学生都能实现自身价值和社会价值的统一。

三、高职院校思想政治教育一体化建设的教育方法与手段

"以生为本"是高职院校开展思想政治理论教学的主旨，做到站在学生的立场开展教学，将理论与生活实际相结合，构建贴近学生实际的教学体系；将晦涩难懂的理论转化为与学生紧密相通的理想信念，最终实现理论学习内化于心，外化为行；将有限的课堂教学向全方位育人不断延伸，最终提高政治理论课的思想性、理论性、针对性和亲和力。因此，在教学设计中应当从以下几个方面来完善教学设计：

加强理论与实践的结合。在思想政治教育过程中，应将理论与实践相结合，注重学生对理论知识的理解和应用。可以通过案例分析、角色扮演、模拟演练等方式，让学生在实际操作中深化对理论知识的理解，提高实践能力。

创新教学方法与手段。采用多种教学方法与手段，如多媒体教学、网络教学、微课教学等，激发学生的学习兴趣和积极性。同时，注重学生的参与性和互动性，鼓励学生主动参与课堂讨论、小组合作等活动，提高学习效果。

加强师资队伍建设。加强思想政治教育师资队伍建设，提高教师的政治素质、业务能力和教学水平。可以通过定期培训、学术交流等方式，提高教师的专业素养和教学能力，确保教学质量。

完善课程体系与教材建设。优化思想政治教育课程体系，完善教材建设，确保教学内容的科学性、系统性和实用性。同时，关注行业发展和社会需求的变化，及时更新教学内容，使之与时代发展相适应。

强化实践教学环节。加强实践教学环节，通过校企合作、实习实训等方式，为学生提供更多实践机会，让学生在实践中深化对理论知识的理解，提高学生实践能力和职业素养。

构建多元化的评价体系。注重对学生思想政治素质、职业道德素养和实践能力的全面评价。可以通过自我评价、互评、教师评价等多种方式，全面了解学生的学习情况和成长轨迹，为改进教学方法和手段提供依据。

四、结语

思想政治教育教学内容理论程度深，学生缺乏兴趣，高职院校思想政治教育一体化建设下的教育方法与手段应注重理论与实践的结合、科学设置教学目标、选取合适的教学方法开展教学、加强师资队伍建设、完善课程体系与教材建设、实现大中小学思想政治教育各类育人资源的共建共享，如教材编写的一体化、教法交流的一体化、课程研修的一体化、师资培训的一体化，形成贯穿不同学段的一体化共建共享机制，最终发挥合力以有效提高思想政治教育的针对性和实效性，促进高职院校学生的全面发展。

大中小学课程思政育人的现实要求及路径研究

卢 鹿 吴 静[①]

一、课程思政的理论基础与实践现状

课程思政在育人过程中占据着不容忽视的地位，其理论基础深植于马克思主义的世界观和方法论，叠加中国特色社会主义理论体系的丰富内涵，其核心宗旨在于通过课程教学的整合，不只是传授知识，更是在于全面提升学生的思想道德水平与科学文化素养。教育改革与发展规划纲要将立德树人确立为教育的首要使命，并明确提出要增强大中小学思想政治教育，实现思政工作在教育全过程的深入融合。分析现行教育实践中的课程思政，不难发现各级学校面临着差异化的挑战与特有的发展任务。高等教育阶段，课程思政的育人策略需求须与专业知识的系统学习紧密结合，借由理论联系实际的方式，培育具备专业能力与社会责任感并存的学生新型人才。中等教育阶段，则需深挖思政教育与青少年实际生活、时代热点议题的结合点，以此促进青少年的全面发展与健全成长。在基础教育阶段，注重道德规范的植入与公民意识的萌生，为学生铺就稳固的人生起点与价值观基础。如此情形下，需不断探索、不断优化课程思政育人之路，确保思政育人的理念与方法落地生根。

课程思政育人的工作依循《教育规划纲要》和《中小学德育工作指导纲要》等国家级政策导向，将社会主义核心价值观的光辉原则渗透至教学的各个环节，同时关注师资力量的强化，提升教师团队的育人素质与能力。在各学段贯彻课程思政时，差异化的策略发挥

---

① 作者简介：卢鹿，成都艺术职业大学马克思主义学院教师；吴静，成都艺术职业大学马克思主义学院教师。本文为2023年度四川大学生思想政治教育研究中心项目——高职本科院校艺术设计类课程思政评价体系构建研究（课题编号：CSZ23124）阶段性成果。

着分门别类、增强针对性的作用，旨在为大学生构建知识与责任共建的平台，为中学生打造丰富多样的德育教学环境，为小学生灌输基础道德规范与深化公民意识的教育。[①] 综合性地审视课程思政育人过程，一方面需交融教育理论的精髓与实践的策略智慧，另一方面得平衡国家政策的导向与各学段的特色需求，同时考量教育规律与学生发展的多样性。此种跨维度的整合，有望使课程思政不仅呼应国家战略发展的号角，且有力促进学生的全面进步，塑造既具深厚道德修养又拥有出色科学文化素质，能适应社会快速发展的高素质人才。

课程思政的育人实践是教育领域一场意义深远的革新之举。这场革新焦点不仅在于知识与技能的传递，更在于价值观念的塑形与个人品格的磨砺。站立在一个机遇与挑战并存的新时代，课程思政育人负载着对国家未来、民族前途的深度思考与精心筹谋。每一次课堂讨论的深入、每一次实践尝试的展开、每一次师资建设的努力、每一次政策执行的落实，都在为构筑未来的中国梦筑基打桩。在这一进程中，课程思政的优化策略与执行效力是推进社会主义现代化建设的关键环节，教育革新无疑将作为助推国家全面发展、实现中华民族伟大复兴的重要驱动力。

二、课程思政在不同学段中的整合路径

课程思政作为大中小学教育系统中的关键一环，承载着立德树人的教育使命，其整合路径需切实反映出教育的高度与深度，符合国家政策文件的相关要求。在对待高等教育阶段，课程思政的任务是将社会主义核心价值观与专业知识的学习进行紧密的结合，培养学生的批判性思维、思辨能力及社会责任感。[②] 这不仅包括理论知识的传授，也应扩展至社会实践等系列机会的提供，如《关于进一步加强和改进高校思想政治工作的意见》中提倡将理论教育、实践教育和社会服务等有效整合，全方位培养符合社会主义建设者标准的高素质接班人。在中等教育阶段，课程思政应尤为关注青少年的心理成长和价值观的塑造，通过课程内容设计的科学合理，实现知识与价值引领的和谐统一。依据《中华人民共和国教育法》，教育应面向现代化、面向世界、面向未来。立足此阶段，课程思政可以利用历史和社会科学课程，结合社会热点问题与传统文化教育，引领学生树立正确的历史观、民

---

① 鲍怡菁．高职思政课程与课程思政协同育人路径建设探讨——以小学教育专业"小学课外阅读指导"课程为例［J］．成才之路，2023（25）．

② 饶旭鹏，王芳红．"大思政课"背景下推动大中小学思政课课程设置一体化［J］．未来与发展，2023，47（06）．

族观、国家观和文化观。小学阶段的课程思政则主要聚焦于濡养学生初步社会意识和基本道德准则。正如《全国中小学德育工作规划纲要（2011—2020年）》指出的那样，为了培养学生的社会主义核心价值观，德育工作应无处不在，使思政教育贯穿于课堂教学的方方面面，涵盖学科课、活动课以及实践课等，同时提升学生的综合素质。整合思政元素的课程体系，应着重考虑到学科知识的传授与学生思想道德素养的培养，注重培养学生的社会责任感。这种整合要求课程设置既符合学生知识能力的发展规律，又满足社会主义核心价值观的教育要求，彰显出教育的层次性与深入性。与此同时，国家政策文件如《中国教育现代化2035》，不断强调课程思政的重要性与紧迫性，要求教育系统持续创新教育教学内容和方法，把立德树人的使命落实于课程规划、教材编纂、教学实施以及学校文化构建等各个层面。

从大学深造导向的专业课程到中学生的成长引导，再到小学生的基本道德培养，课程思政的整合路径在不断演进，旨在构筑一个覆盖多层次、多视角、全方位的育人体系，从而助力社会主义现代化教育强国的擘画与实现。在这一过程中，课程思政成为铺就学生成长道路、塑造学生价值观念、弘扬社会主义文化精神的重要纽带。通过这种整合，不仅有助于提升学生的综合素质，而且为他们在不断变革的社会中做好准备，确保他们能够成为有用的、有责任的公民，为国家的发展和进步作出贡献。

三、教学方法与师资培养的创新策略

随着教育理念的不断演变和社会需要的深度调整，大中小学课程思政的育人功能越发凸显其深远的现实意义与价值。如今的课程思政已迈过了传统知识灌输与道德训诲的简单框架，化身为一个多维度的教学革新与人才塑造的全新舞台。在这一转型背景之下，教学方法与内容的创新策略显得尤为重要，这不仅意味着教育工作者需要吸纳多样化的教学理念，还需要将现代化教育技术，如信息化教学和互动式教学平台融入其中。这些创新之举，旨在提升思政课程的吸引力和教学效果，进而激励学生积极参与，促进其认知能力的拓展和深化。在教育的复杂矩阵中，教师的角色不可小觑。[①] 教师在课程思政育人进程中的地位至关重要，因此，师资队伍的创新策略需要重点强化教师的思政教育能力与专业素养。

---

① 闵德美."大思政课"视域下的思政教师队伍优化［J］.中学政治教学参考,2022（22）.

这不仅要求建立针对性的师资培训体系，还应加强教师的理论学习与实践交流。通过专业讲座、教学案例研究、教学模式革新的培训，教师对思想政治理论的理解将更深刻，转化教学能力也将提升。这种桥梁式的师资培养机制，不仅有利于教师个人的专业成长，还能有效推动思政教学内容与方法的同步更新，形成既科学又高效的教育体系。

同时，实证研究在确保创新教学方法与优化师资培养策略的有效实施上起到核心作用。结合定性和定量研究方法，可以对教学活动进行综合评估，确保教学目标的达成和教学质量的提升。教学反思、课堂观察、学生反馈和随后的跟踪研究，均为实证研究的关键组成部分。这些方法为教育者提供了数据支持，帮助他们优化教学策略，挖掘和发展潜在教育人才。通过对学生发展的长期跟踪，评估思政教育对学生价值观、道德情操和社会责任感的影响，教育者能够适时调整教学策略，确保教育效果的最大化。

因此，创新教学方法及优化师资培养策略是课程思政育人成功的基石。这些策略不仅契合当前教育革新的趋势，也响应了现代社会对高素质人才的呼声。实证研究的应用，作为确保教育改革效果的科学途径，为教育决策者提供了可靠的依据。通过不断的教学改革和师资力量的培养，可以确保教育系统在课程思政育人的道路上稳步前进，适应并引领时代的发展，为社会培育出全面发展、具备责任感和理想追求的新一代青年。总之，教学方法和师资培养策略的创新将改变传统教育的面貌，将思政课堂变为一个多元互动、思想碰撞的平台。教师的专业成长和学生的个性发展在这一过程中协同进步，推动教育本身走向质的飞跃。项目式学习、案例分析、角色扮演等丰富多样的教学手段，不仅在课堂内激发学生的好奇心和参与热情，也在课堂外促进他们对社会现实的深入理解和积极反思。在师资培养上，系统性的培训计划和策略性的发展路径为教师提供了持续成长与适应教育转型的可能性。实证研究的应用，为教学革新和师资发展提供坚实的科学基础和丰富的实践经验，帮助教育工作者洞察教育变革的动态，捕捉教育创新的脉搏。在大中小学课程思政育人任务的长征路上，教育者需秉持理性的深化，策略性的布局，致力于培养具有深刻思辨能力、强烈道德担当和社会责任感的青年，为建设社会主义现代化强国贡献不竭的人才和智慧。

四、本土化与国际化相结合的课程思政模式

在课程思政的框架构建过程中，融入本土文化特色与拓宽国际视野成为一项富有洞见

和前瞻性的教育方向。深化与国际教育理念和价值观教育的交流，有助于使中国大中小学思政教育内容更加多元和具有深度。一方面本土化教育精髓在于对中华文化优秀传统的传承与发挥，以及对社会主义核心价值观的深度融合。在课程内容的设计上，紧密关联中国的历史脉络、文化底蕴、经济发展与社会脉动，不仅巩固了课程思政教育的文化根基，也有助于激发学生对本民族文化的认同与自豪。在此基础之上，深化对中国特色社会主义道德、理论体系、制度的全方位理解，从而在学生心中播种国家认同与责任意识的种子。另一方面，全球化时代的到来，要求必须将国际视野融入教育体系中，以完成从国家公民到世界公民的角色转变。国际公民教育的成功实践，特别是对普遍价值观如人权、公正、全球责任的重视，为中国学生提供了了解和挖掘世界多样性的机会。它们是构建学生完整世界观的重要组成部分，帮助学生在全球化的浪潮中拥有理性判断与公民责任感。因此，在教育策略上寻求本土化与国际化的最佳融合点显得尤为重要。这不仅要求教育从业者尊重并汲取国际上通行的先进教育理念和方法，更须深谙中国特有的社会文化背景，并将此作为教育目标的实现基础。

在挖掘两者融合的教育途径时，可引入国际化的教学资源与案例，采纳与国际教育标准相一致的教学方式，同时确保不丢失本土教育的独特色彩。教育实践中应妥善平衡全球化价值与本土化价值的关系，使得教育内容既契合中国实际，又能够无缝对接国际视野，为学生构筑跨文化的沟通桥梁。成功的课程思政教育框架，是培养具有国际视野且根植于中华文化土壤的高素质人才的重要保障，它将为不断发展中的中国乃至世界，储备起具有国际竞争能力和全方位发展潜力的新生力量。通过形成开放包容、积极互动、勇于创新的教育新环境，中国的大中小学课程思政教育将能够促进学生走出国门，积极参与到国际交流与合作中，为国家的持续进步及其在全球舞台的影响力增长作出不可或缺的贡献。

五、结语

探索大中小学课程思政育人的现实要求与路径，在促进当代社会发展中占据着紧迫地位和战略重要性。课程思政不单是传承文化遗产和价值观的桥梁，更是培养社会主义事业全面发展人才的关键环节。在此过程中，透彻分析各教育阶段对课程思政的具体实践要求，着重构建一个既能适应时代变迁又具有明确针对性和广泛包容性的课程体系，显得尤为关键。同时，鉴于社会的快速进步，重视激发学生的创新精神和实践能力，以及推进课程内容与教学方法的革新，已成为推动思政教育与学生生活紧密结合，深刻影响学生内心世界的重要途径，这也是实现立德树人教育目标的必经之路。

进一步归纳，可以认识到课程思政育人的工作远超传统教育观念，其既是教育体系的组成部分，更是国家长远发展蓝图的重要组成。课程思政的有效落实，不仅能够传递系统化的思想政治理论知识，更能引导学生构建健全的价值观和宏观的世界观，提升其对社会的责任感和历史使命感。研究成果揭示出构建课程思政模式应遵循的多维度路径，涵盖创新的教学模式、教师专业发展策略，以及兼顾本土文化传承和国际视野培养的教育理念，面向教育各层次的特定需求，为教育改革提供了切实可行的方案和指导。这些创新理论成果不仅在学术领域独树一帜，在实际应用中也展现出显著的引领效果。课程思政育人的实践意义不仅在于培育出符合新时代要求的优秀青年，更在于为中国特色社会主义事业持续而强劲的发展储备优秀的人力资源，为国家的全面发展和世界影响力的扩张贡献核心竞争力。

高职与中职思政课教学衔接的研究

黄亚军[①]

为贯彻落实习近平总书记"3·18"讲话精神，"统筹推进大中小学思政课一体化建设"，"办好思政课"，本课题组申报了眉山市社会科学研究立项高校专项课题《高职与中职思政课教学衔接的研究》，调研了眉山市部分中职学校、高职院校思政课教学的现状，针对中高职思政课教学衔接存在的问题，提出了对策与建议，形成了调研报告。供学校和党政主管部门工作参考，以求促进眉山市中职与高职思政课教学的衔接，进一步提高思政课的教学质量。

一、眉山市中职学校和高职院校的基本情况

目前，眉山市有中等职业学校 20 所，其中公办学校 9 所、民办学校 11 所，国家级中等职业教育改革发展示范学校 2 所，国家重点中职校 3 所，省级重点中职校 3 所，在校生总数 3.48 万余人，专任教师 1666 人，年均毕业学生 1.1 万余人，就业（升学）率 99%。2020 年，眉山市职普比 47.39%，较上年增长 8.8 个百分点，超额完成了省教育厅下达的目标任务 2.39 个百分点，受到了省教育厅的通报表扬。

在眉高校 12 所，教职工 5800 多人，在校学生 11 万余人，高校数位居全省前三位，其中本科院校 4 所，高职院校 7 所（公办 1 所），开放大学（电大）1 所。在眉高校设有 79 个院系，开设 312 个专业，覆盖了全市除化工以外的所有专业。

眉山市职业教育聚焦成都都市圈和成渝地区双城经济圈建设，先后成为成德眉资雅

---

① 作者简介：黄亚军，天府新区信息职业学院马克思主义学院书记、副院长（主持工作）、讲师。本文为 2021 年度眉山市社会科学研究规划高校专项课题——高职与中职思政课教学衔接的研究（项目编号：28）阶段性成果。

乐阿职教联盟和成渝地区双城经济圈中部职校联盟的发起单位之一，现已吸纳理事会成员68个（包括职业院校与合作企业）。眉山市中、高职学校主动服务于地方"五位一体"建设，为地方培养了大量高素质的技术技能人才，特别是在脱贫攻坚和乡村振兴工作中作出了突出贡献，眉山职业技术学院入选为农业农村部乡村振兴人才培养优质校（全省5所高校）。

二、眉山市中职学校思政课教学取得的成绩与存在的问题

习近平总书记指示，"要把统筹推进大中小学思政课一体化建设作为一项重要工程"。这项工程是系统的、全方位的工程。在"高职与中职思政课教学衔接"这对矛盾中，高职是其矛盾的主要方面，理应主动作为。因此，课题组首先从深入了解中职学校思政课教学情况入手，通过学文件、查文献、实地调查、个别访谈、召开座谈会等方式，对眉山各区县中职学校思政课教学的状况进行了调研。

（一）中职学校思政课教学取得了突出的成绩

1. 认真贯彻落实习近平总书记重要讲话精神，提高了对办好思政课重大意义的认识。中职学校深入贯彻全国职业教育大会精神，进一步落实《国家职业教育改革实施方案》《职业教育提质培优行动计划（2020—2023年）》，以习近平总书记关于《思政课是落实立德树人根本任务的关键课程》等重要讲话精神为指引，紧紧围绕"培养什么人""怎样培养人""为谁培养人"的根本问题，把思政课建设写进了年度工作计划，将思政课摆在了首要位置，要求学校各职能部门严格按照中央部委和省、市的部署认真执行。

2. 加强了组织领导，形成了齐抓共管格局。一些中职学校建立了健全思想政治教育工作领导机构，建立了由党支部书记、校长牵头，以政教处、团委为核心的思想政治工作管理队伍；完善了以政教主任、德育干事、班主任、思政课教师为骨干的思想政治建设实施队伍；协调了以家长代表为辅助的思政建设参与队伍。学校思想政治建设形成了立体化、全员化和家校结合、齐抓共管的新局面。

3. 制定了思政课教改的工作步骤和实施方案。一些中职学校根据学校实际情况，分三个阶段逐步推进：第一个是宣传发动阶段，党支部组织政教处、思政课教师认真学习领悟习近平总书记在全国思想政治理论课教师座谈会上的讲话精神和中央部委、省、市印发的相关文件，明确要求，研讨拟订本校思政课改革的方向和路径；第二个是结合本校实际、研究制定具体的实施方案阶段，将任务细化，落实到相关的部门和责任人；第三个是工作

推进、督促、考评和总结阶段。

4.调整了"德育"课程名称并优化了课程结构。根据《中等职业学校思想政治课程标准》的要求，各校已将"德育"的课程名称改为"思想政治"，与普通高中保持一致。思想政治课程由基础模块和拓展模块两部分构成。基础模块是各专业学生的必修课程，包括中国特色社会主义、心理健康与职业生涯、哲学与人生、职业道德与法治四部分内容。拓展模块为选修课程，是必修课程的拓展和补充。其学时安排为：基础模块四部分内容按顺序依次开设，安排在一、二年级的四个学期，每个学期按照18周、36学时进行教学，每周2学时，总学时为144学时。思想政治课程拓展模块，不少于36学时，由各地根据实际情况开设。

表1 思想政治课程基础模块教学安排

年级	学期	内容	学时
一年级	第一学期	中国特色社会主义	36
	第二学期	心理健康与职业生涯	36
二年级	第一学期	哲学与人生	36
	第二学期	职业道德与法治	36

5.开展主题活动，形成本校特色，增强了思政课的吸引力和实效性。一些中职学校结合本校职业教育特点，开展多种形式的主题活动和实践活动，形成了本校的特色，增强了思政课的吸引力和实效性。如开展"我们的节日"主题系列活动，对全校师生进行爱国主义和传统文化教育。开展"党史知识竞赛"活动、"五分钟党课"活动、参观邓小平故里的活动，举办"听党话，颂党恩，跟党走"主题班会活动，举办建党100周年手抄报比赛活动，开展"颂歌给党听、永远跟党走"文艺汇演活动，编写校本教材，规范学生日常行为，开展中职生职业意识"模拟式"培养方法，对学生进行职业意识的养成教育，等等。通过系列教育实践活动，理论联系实际，调动了学生参与的积极性，收到了良好的效果。

（二）中职学校思政课教学存在的问题

1.各方重视不够、落实不够。从中央到地方和学校层层都强调重要，但落实不到位。就学校教学层面而言，在时间安排、师资安排、排课、调课等方面，让位的就是思政课、体育课等非考试科目。学生家长对此也不关心，只关心能否学到一技之长，或者能否顺利通过升学考试。

2.师资力量薄弱。思政课教师数量不够，质量不高且不稳定。上思政课的教师中中共党员较少，专业教师短缺，全员培训不足。有的教师对教育理念理解不深，课程钻研不透，甚至照本宣科，缺乏吸引力。

3.学生缺乏学习兴趣。学生对于思政课的认识与接纳程度较低，在部分学生看来，该课程既非升学所需的考试课程，其内容又偏理论化，难以理解，枯燥无味，有些排斥，上课茫然，学习方式也较被动。加之，部分学生在读初中时文化课成绩较差，学习动力不足，兴趣不浓。

4.教学资源缺乏。地方教育资源开发整合不够，学校教学资源短缺。有学校反映教材缺乏，新版课标配套教材现在都还没有。教辅资源、线上教学资源缺乏，针对职业教育资源，尤其是针对中职思政课教学的资源较少。

5.课堂教学方式亟待改善。有的中职学校课程形式单一，采用的是教师积极讲，学生被动听的模式。教学中互动不够，即使有互动也显得很牵强、生硬，让学生感到枯燥。教学的理论性较强，实践性不强，理论联系实践不够紧密。课堂上信息化教学手段运用不够，还不能多渠道、多感官进行思政课教学活动，不能更生动形象地呈现教学内容，吸引力、感染力不够。

6.校内外实践课程不足。中职生的思政实践课和校内外实践课程由于受地方和学校自身条件所限，内容单一，形式枯燥，学生新奇感、获得感不多。学校组织校外实践活动为安全考虑和实践基地所限，难以实现。因此，部分学校仅开展传统文化诵读、感恩父母、回报家乡或母校等自行参加的活动，思政课的实践课程未能落实。

7.思政课与德育工作融合不够。有的学校思政课和德育工作脱节，没有形成合力，融为一体，相互配合支持不够。由于人员的安排、考评机制的影响，存在着思政课教师只是上好课，德育工作者只是管好学生的情况，结果是各行其是，缺乏有效对接和融合。

三、眉山市高职与中职思政课教学衔接的对策与建议

习近平总书记在《思政课是落实立德树人根本任务的关键课程》中充分肯定了"思政课建设成效是显著的"，"大中小学思政课一体化建设初显成效"，但同时又指出，"大中小学思政课一体化建设需要深化"，并且提出"要把统筹推进大中小学思政课一体化建设作为一项重要工程"。根据中共中央办公厅、国务院办公厅、宣传部、教育部、省市宣传教育等部门的文件精神和要求，结合眉山市实际，课题组提出以下对策与建议。

（一）加强各级党组织对思政课建设的领导，建立党政齐抓共管工作格局

全面加强党对教育工作的领导，深入贯彻实施党组织领导下的校长负责制，建立健全学校党组织抓思想政治教育工作机制。校长要牵头抓好思政课机制建设，解决制约思政课建设的突出问题。

（二）统筹推进眉山市大中小学思政课一体化建设，成立"眉山市大中小学思政课一体化建设领导机构和联盟"

中共中央宣传部、教育部制定的《新时代学校思想政治理论课改革创新实施方案》指出，"鼓励有条件的高校和中小学组建思政课一体化教学改革创新联合体"。眉山市委宣传部和教工委也要发文支持高校和中小学组建思政课一体化，教学改革创新联合体。省教工委的相关文件也要求高校要"积极发挥辐射带动作用，主动对接中小学，鼓励高校思政课教师走进中小学开展教学实践"。天府新区信息职业学院积极响应这一号召，主动走进眉山市中小学开展思想政治理论课教学实践活动。近期在市教体局的支持下，召开了"眉山市高职与中职思政课教学衔接座谈会"，收到了很好的效果。

（三）走进学生，平等交流，激发学生学习兴趣，培养良好的学风

教师要与学生进行平等交流，有效沟通，耐心倾听学生对教学提出的意见，了解学生真实想法。在课堂上，鼓励学生大胆发言，创设问题情境，激活学生思维，引发学生参与兴趣，促进学生发散思维能力的提升。同时，加强教学管理，形成良好的教风、学风和校风。

（四）加强思政课教师队伍建设，全面提高大中小学思政课教师素质能力

习近平总书记指出："办好思想政治理论课关键在教师，关键在发挥教师的积极性、主动性、创造性。"讲好思政课不容易，思政课对教师综合素质要求很高，因此，习近平总书记对思政课教师素养提出了六点要求：政治要强、情怀要深、思维要新、视野要广、自律要严、人格要正。教师要自觉做学生的表率，做学生喜爱的人。因此，我们必须加强教师培训的工作，虽然省市相关部门已做了培训工作，但这还不能满足思政课教师的需求。推进高职与中职思政课一体化建设，教师队伍建设是关键。地方政府要督促学校配套建设和管理思政教师队伍。地方政府要创造条件，鼓励与支持高职马克思主义学院教师走进中职学校，与中职思政课教师一同集体备课，开发项目，开展教学实践活动，以提高高职与中职思政课教学的针对性和实效性。天府新区信息职业学院主动与眉山市开展结对，与彭州区教体局协作，开展教学研讨、课程研究、教师实践教育等活动，效果良好。

（五）根据中高职学生的不同特点，采用相应的教学方法。

中高职学生的心理、认知、学习方式有所不同，要积极采用案例式教学、探索式教学、体验式教学、互动式教学、专题式教学、分众式教学等方法，运用现代信息技术等手段建设智慧课堂，打好组合拳。我们要进一步做好总结经验、典型示范、推广应用等工作，把思政课讲得更有亲和力和感染力、更有针对性和实效性，实现知、情、意、行的统一，使学生心服口服。

（六）开发和利用课程资源，建设好校内外教学实践基地。

要加大思政课的思想性、理论性资源供给，支持高校马克思主义学院和思政教育专家学者研究思政课建设和眉山市发展中的重大理论和实践问题，为增强思政课的思想性和理论性提供学术和实践的支持。倡导大中小学思政课教师组成团队，联合开展教学和科研工作。开发利用好本土课程资源，提供优质配套的思政课教学资源，为思政课教学提供示范和引领。同时组织相关力量建设思政课程网站、平台，共建共享信息化教学资源。建立若干思政课社会实践基地，为大中小学思政课教学实践和一体化建设提供更多的平台，满足各校开展思政课社会实践活动之需。

（七）认真贯彻落实中央部委和省市关于思政课建设的相关文件精神，改革完善考核评价机制。

大中小学要把认真履行教育教学职责作为评价思政课教师的基本要求，切实加强思政课教学质量评价，强化教学考核，健全中高职思政课教师教学质量的综合评价考核机制，可采取学生评教，教师自评、互评，同行专家评教，社会评教等多种方式对教学质量进行评价。

党政主管部门应进一步贯彻教育部办公厅《关于开展大中小学思政课一体化共同体建设的通知》和省市相关文件精神，统筹推进中高职思政课一体化建设，切实发挥思政课立德树人关键课程作用，更好地用党的创新理论铸魂育人，全面增强思政课育人效果。

立德树人价值导向下高校思政课教学质量提升的路径与实践

李霜微　谢　萌　石　婕[①]

一、立德树人的内涵与实践

在当今社会，教育是事关国家发展和民族振兴的重要支柱。立德树人作为我国教育的核心理念，它既体现了教育的本质，也揭示了教育的使命。本文将从立德树人的内涵解析和立德树人在教育实践中的体现两个方面进行阐述。

（一）立德树人的内涵解析

立德：培育良好的道德品质。"立德"一词源于《左传》，意为培养高尚的道德品质。在现代社会，立德仍然具有重要的现实意义。它要求个体在道德、品行、人格等方面不断提升自己，成为具有道德责任感和社会责任感的公民。

树人：培养全面发展的优秀人才。"树人"即培养人才，强调要将培养全面发展的优秀人才作为教育的目标。"树人"不仅包括培养学生的智力，还涉及学生的体力、美感、道德等多方面的发展，使之具备适应社会发展需要的能力。

立德与树人的关系：立德与树人相辅相成并且相互促进。树人以立德为基础，只有具备高尚的道德品质，才能成为社会有用之才；立德以树人为目的，只有全面发展的人才，才能更好地践行社会主义核心价值观，从而更好地为国家和社会作出贡献。

---

①　作者简介：李霜微，四川科技职业学院马克思主义学院教师；谢萌，四川科技职业学院马克思主义学院教师；石婕，四川科技职业学院马克思主义学院教师。

（二）立德树人在教育实践中的体现

立德树人在教育实践中首先体现在德育为先：强化道德教育。强调将道德教育贯穿于教育全过程，使学校、家庭、社会全方位参与，共同培养学生的道德品质和人文素养。

其次体现在全面素质教育：关注学生全面发展。立德树人在教育实践中注重全面素质教育，强调学生在德、智、体、美、劳各方面全面发展。通过优化课程体系以及改进教学方法，使学生的兴趣爱好得以激发，进而提升学生的创新精神和实践能力。

最后体现在课程与实践相结合：培养学生的社会责任感和公民素养。在教育实践中，立德树人将课程教育与实践活动相结合，引导学生关心国家大事、关注社会热点问题，从而培养学生的社会责任感和公民素养。

二、立德树人在高校思政教育中的作用

（一）突出以人为本的重要性

在地方高校的思政教育体系中，立德树人根本任务是创新和引领课程体系建设和思政教育实践活动开展的重要基石。因此，思政课教师需要切实突出学生的教育主体地位。立德树人根本任务凸显了以人为本与高等教育之间的协同性特征，有助于将以人为本的教育原则有机融入思政课程体系。这一任务创新并引领了高校各学科实现教育制度的改革，并要求在思政课程基础上将课程思政元素与学科育人模式有机融合。立德树人不仅能够在教育教学模式中凸显以人为本的教育理念，而且需要及时更新教育者和受教育者的思想观念。高校思政课教师在落实立德树人根本任务的过程中，应引导各专业学生尊重认知发展规律，将学科知识体系和思想道德品质视为立身之本。突出以人为本的重要性是强化高校大学生教育主体地位的前提，并需要确保立德树人根本任务的落实情况与思政课的教育考核机制有效衔接。

（二）迎合新时代发展要求

在全面落实立德树人根本任务的过程中，高校思政教育体制的改革创新是大势所趋。为迎合新时代和社会的发展要求，需要对部分青年的社会思潮等现象进行深入剖析，从高校大学生的精神风貌中找到思政教育的切入点。高校思政教育体制不限于思政课程，还需从大学生的实际生活入手，关联分析新时代的发展趋势和行业产业创新改革趋势。由于一些高校大学生受到网络不良舆论信息的影响，形成错误的价值观，不利于学生的全面发展

和人格塑造。因此，为迎合新时代和社会发展的要求，高校思政课教师作为教育者需要履行教育职能，将立德树人根本任务与社会主义核心价值观、习近平新时代中国特色社会主义思想相结合，加快创新思政教育模式，并将基础理论和教育意义纳入课程教学设计的主要内容。为迎合新时代的发展要求，需要将立德树人根本任务与大学生的立身之本有效衔接，强调主流意识形态与核心价值观的共通之处。

（三）筑牢青年的思想根基

在高校全面落实立德树人根本任务的过程中，筑牢青年的思想根基成为实现思政教育协同育人目标的关键切入点。这有助于避免高校大学生被误导，特别是在面对不良的社会和网络舆论信息时，逐步形成正确的世界观、人生观以及价值观。筑牢青年的思想根基也有助于维持社会秩序和安全稳定。在构建高校思政教育体系的过程中，需要从社会主义核心价值观和立德树人根本任务入手，强调新时代青年学生需要具备的良好道德品质和价值观念。

为了实现这一目标，需要引导高校大学生理性看待校园和社会上的热点事件，避免受到某些外来文化的影响。与此同时，为了筑牢青年的思想根基，还应将立德树人根本任务与理想信念教育、法治教育等内容有机融合，引导高校大学生关注国家发展，使其牢记历史，吾辈自强。由于高校思政教育与立德树人根本任务是相辅相成的，因此，高校思政课教师需要在课堂中突出学生主体地位。

三、立德树人价值导向下提升高校思政课教学质量的主要路径

（一）构建思政课程与立德树人根本任务的协同体系

在新时期的高校思政教育体制中，要完成立德树人根本任务，就需要通过改革创新高等教育目标、教育模式和教育方法，逐步丰富和发展思政课程的教育理论，使思政课程与立德树人根本任务有机结合。为了加快构建协同育人体系，高校思政课教师应从学生的实际生活和学习需求出发，将以人为本的理念贯穿于课程教学活动中。思政课教师应与各专业班主任、辅导员进行定期的沟通交流，以凸显协同性，并将学生在思政课上的行为表现和价值导向等基本信息纳入协同育人平台。构建思政课程与立德树人的协同体系的重点在于培育大学生的正确思想观念，并发挥高等教育领域的"三全育人"独特优势。高校思政课教师需要关注不同学科专业学生在课堂中的信息反馈情况，创新设计思政课程中的互动

话题和实践模式，使立德树人根本任务和教育理念贯穿于思政课程的整个过程。

（二）提高思政课教师的综合能力水平

在构建和完善高校思政教育体制的过程中，需要将立德树人的根本任务作为培育大学生核心价值观的重要驱动力。因此，高校思政课教师需要与时俱进，关注学生在线下课堂和网络媒体平台中的思想动向。提高高校思政课教师的综合能力水平有助于深化思政课与复合型专业人才培养模式的协同性，为培养现代社会主义建设可靠的接班人提供支持。高校思政课教师应将教育理论研究与实践项目有机融合，重点关注大学生的思想动向，防止学生受到不良网络舆论信息的影响。每个青年大学生都应成为高校思政课程体系建设的一分子，因此，思政课教师需要重新认识新时期思政课程中学生的主体地位。教师应积极参与思政教育教学改革层面的研讨会和行业交流会议，从立德树人的角度逐步完善教学模式，循序渐进地提高大学生的思想道德水准。

（三）创新整合资源，强化思政实践

在高校思政教育体系中，需要将立德树人根本任务融入思政课的教育教学目标。教师应立足学生的实际需求，创新整合思政教学资源，强化大学生的思政实践意识。高校思政课教师需要引导学生在课堂中推选意见领袖，从日常学习和生活中搜集与思政教学内容息息相关的信息资源和文献资料，并从中充分挖掘思政元素。在创新整合教学资源的过程中，高校思政课教师应从网络媒体平台中获取与学生思想动向相关的话题，并定期组织学生展开讨论。除此之外，还可以在校园中公开组织辩论比赛，鼓励各学科专业学生积极参与，从不同的视角进行思政辩论。创新整合思政教学资源，有助于提高大学生在思政教育体系中的参与感和责任感，同时凸显核心价值观和思政学习需求，为高校思政课教师后续的教学活动提供支持。

（四）将立德树人纳入高校德育考核机制

在地方高校全面贯彻立德树人根本任务的过程中，高校领导层应将立德树人纳入德育考核机制，以确保德育工作成果在思政教育改革和制度建设中得到全面展示。高校思政课教师需将实际实施效果纳入季度和年度工作汇报，明确下一阶段思政教育的方向和目标。立德树人是支持高校思政课程教育模式创新改革的重要基石，因此，思政课教师、教研组主任以及校领导等人员应充分重视德育考核结果的客观性和实效性，并从提高德育质量的角度进行改革创新。高校思政教育体制中的制度保障、完善的运行机制和高素质的师资队伍将直接影响立德树人根本任务和德育目标的实际实施效果。将高校德育工作的实施效果纳入考核和评估分析，有助于思政课教师明确下一阶段的德育目标。

（五）强化网络思政教育阵地的建设

在新时期的高校思政教育体系中，全面贯彻落实立德树人根本任务，需要以强化网络思政教育阵地的建设工作为导向。合理运用计算机网络平台搜集思政教学资源，同时关注大学生在网络媒体中的思想动向。大学生对各类社会热点事件的关注度直接影响其核心价值观的构建效果，会对完整人格的塑造产生深远影响。高校思政课教师需要使用正确的教育引导方法，与大学生共同探讨网络中的热点话题。在搜集网络教学资源的过程中，需要突出各学科专业学生的教育主体地位。思政课教师要将平易近人、以人为本等教育原则渗透到思政课堂中，并将理论知识教学、实践项目教学作为德育教育的主要环节。强化网络思政教育阵地的建设和运营工作，同时要在思政课堂教学活动中对大学生群体中的意见领袖等重要角色进行正确引导，以促使青年大学生逐步加深对思政教学内容的理解和践行意识。

四、结语

总之，立德树人价值导向下高校思政课教学质量提升的路径与实践需要从构建思政课程与立德树人根本任务的协同体系、提高思政课教师的综合能力水平、创新整合资源与强化思政实践、将立德树人纳入高校德育考核机制和强化网络思政教育阵地的建设等多个方面入手。只有不断探索和实践，才能真正实现思政课在立德树人根本任务中的重要作用，为培养德、智、体、美、劳全面发展的社会主义建设者和接班人贡献力量。

"冰山模型"视域下高校思政课教师胜任力研究

陈 欢 吴梦玲 [①]

一、高校思政课教师胜任力的重要性

(一)研究背景

高校思政课教师胜任力建设是一项既复杂又具有重大意义的工程。教育部在 2020 年出台的《新时代高等学校思想政治理论课教师队伍建设规定》中对高校思政课教师的重要性作出了明确的规定"思政课教师是用习近平新时代中国特色社会主义思想铸魂育人的中坚力量",思政课教师是大学生们在思想上的引路人,结合新媒体的发展,国家在当前特定的时代背景下对思政课教师的能力建设提出了新的要求。2018 年 1 月,中共中央国务院《关于全面深化新时代教师队伍建设改革的意见》提出,高校教师应"主动适应信息化、人工智能等新技术变革,积极有效开展教育教学"。同年 4 月,教育部印发《教育信息化 2.0 行动计划》强调,高校应"全面提升师生信息素养,推动从技术应用向能力素质拓展"。

当前,如何将信息技术的发展与思政课的教学活动有机结合起来,是高校思政课教师面临的新挑战。

(二)"胜任力"的本质

美国著名心理学家戴维·麦克利兰(David C.McClelland)最早提出了"胜任力"这一概念。麦克利兰在实际工作中发现,"智力"并不是衡量工作绩效的唯一标准,智力高的人在工作中不一定出色,因而麦克利兰创造了一种能够有效识别人的工作绩效高低的方法,并在其发表的《测试胜任力而非智力》一文中对"胜任力"进行了定义,即指在一项工作之中

---

① 作者简介:陈欢,四川城市职业学院马克思主义学院教师;吴梦玲,四川城市职业学院马克思主义学院教师。

能够区分工作绩效优秀者和工作绩效一般者的特征。胜任力的特征包含很多方面，例如知识、技能、素质、个性等。但不同的工作环境所需要的胜任力的突出特征并不相同，因而，必须把胜任力放在特定的工作环境中进行讨论，胜任力实质上就是某一个人在特定的工作环境中出色地完成工作任务所需要具备的个人能力和行为特征。

（三）文献回顾

在麦克利兰之后，斯宾塞（Herbert Spencer）在1993年对胜任力也进行了深入研究。他认为，胜任力的构成就像漂浮在海上的冰山，动机、特质和自我概念隐藏在水面以下，知识和技能暴露于水面以上。[①] 尽管"胜任力"这一概念在20世纪90年代就已经提出，但直到2009年，我国学者陈鸿雁才首次将这一概念运用到思政课研究中，林奇清在2014年指出"胜任力"可以是任何能够区分优秀绩效和一般绩效的特征。[②] 周碧琼等人在2021年指出，教师胜任力的提升应该做到与时俱进，将数字化融入到教师个人能力的提升中，[③] 应当构建高校思政课教师"一体两翼三级四联动"的胜任力提升体系。[④]

二、高校思政教师胜任力现状及存在困境

高校思政课堂是加强大学生思想政治教育的重要战略阵地，思政课教师就是这片阵地的"指挥官"，国家对于加强高校思政课教师队伍的能力建设非常重视。中共中央国务院《关于全面深化新时代教师队伍建设改革的意见》《国家职业教育改革实施方案》《教育信息化2.0行动计划》等文件，从不同方面明确了高校教师能力建设，包括运用信息技术能力、完善教师教学实践能力、综合育人能力、自主发展能力等。各高校在国家相关文件的指导下，有针对性地进行了一些提升思政课教师能力的活动，因而在国家和高校的联合推动下，思政课教师能力建设也取得了一些成就，例如：思政课教师的队伍不断扩大，当前思政课教师人数与2016年相比，同比增加了6万人，其中专职教师的增加达到了4.5万人；思政课教师的结构更加优化，其中研究生学历的教师占比达到了72.9%，高学历、年轻化是

① Spencer L M, Spencer S M. Competence at work: Models for Superior Performance [M]. New York: John Wiley & Sons Inc, 1993.

② 林奇清. 高校思想政治理论课教师胜任力模型研究现状及意义 [J]. 福建教育学院学报, 2014（3）.

③ 周碧琼, 贺莲花, 覃兰燕. 论新时代高校思政课青年教师胜任力的提升 [J]. 科技资讯, 2021（4）.

④ 教育部. 在改进中加强在创新中提高 [A/OL]. 2021-12-07. http://www.moe.gov.cn/fbh/live/2021/53878/sfcl/202112/t20211207_585339.html.

思政课教师队伍的新状态；近年国家通过举办高校思政教师骨干研修班，使得高校思政课教师的进修平台更加完备，为高校思政课教师理论素养的提升提供了保障。同时在高校思政课教师的引导下，大学生们对思政课这门课程的认识和重视程度也不断深入，但当前思政课教师的胜任力建设依旧面临一些问题。

（一）专业素质不够硬，缺乏职业认同感

高校思政课教师最重要的就是要坚持正确的政治方向，树立远大的政治理想。但是部分高校思政课教师政治信仰较为薄弱，缺乏对马克思主义相关理论的研究热情，对中国特色社会主义理论体系的学习和认识不够深入，没能将中国特色社会主义共同理想与共产主义远大理想融入教学实践活动中。更多的高校思政课教师是将"思政课教学"看作是一份普通的工作，缺乏对职业本身的认同感，没能认识到思政课在培育大学生世界观、人生观、价值观等方面的重要作用。部分高校思政课教师秉承一种"无功无过"的理念进行教学活动，缺乏对这份职业的热爱。

（二）将数字化运用到教学实践活动中的能力不足

伴随信息技术的不断发展，将数字化与教学活动有机结合起来是时代和国家共同的要求。高校思政课教师在将数字化与教学活动相结合的过程中仍存在一定的问题：第一，数字化胜任力建设方向不明确。思政课教师数字化胜任力的构成要素不明确、发展标准不统一、相关工作权责划定不清晰等。第二，教师数据意识薄弱，数据技能及创新缺乏。思政课教师缺乏运用数据思考教学问题、分析学生学习行为的主动性，缺乏挖掘大数据蕴含价值的创新能力。第三，数字化教学的认知偏差。部分思政课教师忽视了"以人为本"理念，出现"人—技"结构失衡、师生互动交流过少的问题。

（三）思政课程的内容和结构过于单一

部分高校思政课教师在进行教学活动的过程中，采用的教学形式过于单一，倾向于更多地向学生讲解理论知识。部分思政课教师，尤其是才参加工作的青年教师，缺乏将自身的理论知识有效转化到教学活动中的能力，没能将理论知识与实践活动结合起来，使得学生对于理论知识的理解过于空洞，马克思主义相关理论本身就具有抽象的特征，单一的理论课会削弱学生对于思政课的兴趣，不利于思政课教学活动的开展。

三、基于"冰山模型"的高校思政课教师胜任力分析框架

胜任力结构模型是由美国心理学家麦克利兰所提出,其定义是在特定的工作环境之中,个人做好这份工作所必须具备的所有能力特征的组合。常见的胜任力结构模型主要是"冰山模型"和"洋葱模型",本文探讨的即是"冰山模型"。"冰山模型"主要分为水上部分和水下部分。

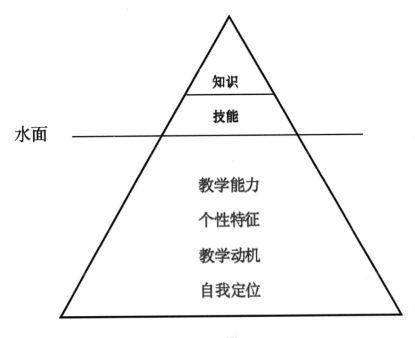

图1

由图1可知,教师的知识储备和技能是属于水上的部分,可以通过考查的形式了解其具体的水平,但是占比更大的部分,例如教师的教学能力、个性特征、教学动机、自我定位等都是隐藏在水下的部分,即是无法迅速识别的,只能在实际工作中慢慢观察。因而本文基于"冰山模型"的视角,构建高校思政课教师胜任力的分析框架。第一,教学能力是教师素养的专业核心能力,也是衡量一位教师能否胜任教学工作的关键,包括教学设计、教学组织、教学监督以及教学评价等。第二,学习与创新能力,学无止境,不断进修提升自身的专业知识是成为一名合格教师最基本的要求,学以致用,用不断学习的新知识创新课堂新模式。第三,数字技术能力,是指教师在数字教育环境中,熟练使用数字技术及其工具的能力,包括数字工具应用、数字资源制作、数字资源管理等。第四,端正的工作动

机与价值追求，教师从事教学工作的动机决定其根本价值追求。第五，基本人格特质，包括自信、自律、灵活、毅力、合作和成就动机等方面的人格特质。

四、高校教师胜任力提升路径

高校思政课教师区别于其他课程教师的显著特征就是具有很强的意识形态性，因而全面加强思政课教师胜任力建设具有非常重要的意义，基于上述教师胜任力分析框架和存在的不足，本文拟从以下方面提出提升思政课教师胜任力的对策。

（一）制定专门化的思政课胜任力考核标准

由于胜任力结构是多种要素构成的，本身具有一定的复杂性，因而建立专业化的思政课胜任力考核标准有利于思政课教师个人能力的提升。这个考核标准，必须既要符合教师落实立德树人根本任务的需求，还要符合教育发展创新的需求。思政课教师胜任力包括：知识技能、教学能力、教学动机、学习与创新能力等。其中专业知识技能是影响思政课教师教学的基础因素，专业知识技能可以通过考试等方式了解其水平；但是教学动机、学习与创新能力、个性特征等属于深层次的因素，这关系着思政课教师能否将自身积累的理论知识有效地运用到教学实践活动之中；关系着思政课教师能否创新教学模式，增加学生学习兴趣；也关系着师生关系能否实现良性发展，因而应当针对这些深层次因素建立一个长期的考核体系。

（二）加强政治素养提升与专业知识技能学习

上文说到思政课教师相对于其他学科老师来说具有很强的意识形态性，因此，思政课教师的政治素养是非常重要的。思政课教师应当坚持正确的政治方向，不断用中国特色社会主义最新理论体系武装头脑，与党中央保持一致，坚定理想信念。同时国家应当加强思政课教师专业知识技能培训与学习。国家是不断发展的，中国特色社会主义相关理论也会随着国家的发展而不断更新，因此，不断进修学习对每一位思政课教师来说都是必需的。国家通过进修班、研讨会等形式可以为思政课教师提供良好的交流学习平台，有利于思政课教师们扩展专业知识的储备量，学习最新的教育教学技能，交流教育心得，反思自己在教育方面的不足之处，积极改进教学活动。

（三）推动教学能力与创新能力的常态化与差异化培训

国家在推进"国家—省级—高校—院系"常态化培训的基础上，应当结合当前信息化的时代背景针对不同年龄的思政课教师采取常态化和差异化的培训。首先，针对年龄较大的教师群体，应当加强其对信息技术运用的能力，提升其教育教学活动现代化的程度，增加学生的学习兴趣；其次，应当加强青年教师的教学技能培训。青年教师在数字化教学能力方面比年龄较大的教师要稍强一些，但由于青年教师走上教师岗位的时间不长，因而教学经验不足，缺乏将自身理论知识转化到教学活动中的能力，所以国家应当通过举办教师技能大赛等方式，锻炼和提升青年教师的教学能力，对思政课教师的培训不能一概而论，应当针对不同的教师群体采用不同的方法。

（四）端正教学动机，树立正确的价值追求

教学动机决定教学的价值追求。思政课教师在选择从事这份职业的时候就应当意识到这门课程在"育人"方面的重要作用，因此，每一位思政课教师都应当增强对这份职业的认同感，怀揣着对这份职业的热忱从事这份工作。在实际的教育教学工作中，要关心照顾学生的学习和生活，拉近与学生之间的距离，成为学生在思想和行为上的引路人，使学生从根本上喜欢思政这门课程，同时在思想上坚定正确的政治方向，树立远大的政治理想。思政课教师必须秉承立德树人的教育理念，在此基础之上，树立崇高的教育理想，帮助学生树立正确的世界观、人生观、价值观，使其在生活和学习中成为品行端正的人，为社会主义建设培养合格的接班人。

五、结语

当前，伴随国家现代化进程不断深入，对教师的需求呈现出多样化趋势，教师队伍不断面临新的挑战。自党的十八大以来，以习近平同志为核心的党中央，不断重视高校思政教师队伍建设，在国家、高校以及思政课教师自身的努力之下，思政课程建设也有了很大提高，但思政课教师能力的提升依旧面临一些困境，国内学术界关于提升思政课教师能力的研究比较丰富，可将"冰山模型"引入思政教师胜任力的案例较少。"冰山模型"最早被运用到企业管理中，直到2009年之后才有学者将其运用到高校思政课研究中，本文在"冰山模型"的视域下，对高校思想政治教师胜任力展开研究，有利于对教师能力进行细化、分析，最后找到提升教师胜任力的现实路径。

以 ChatGPT 为代表的生成式人工智能驱动眉山市大中小学思政课一体化建设的三维探赜

夏唯洋[①]

ChatGPT 是 GPT 的迭代产品，在人机交互、语言理解与生产、数字内容生产和高度拟人化与类人化等方面表现优异，它的出现使人们看到生成式人工智能（AIGC）技术助力教育数字变革式发展和改变教育形态的新动力。习近平总书记强调："要运用新媒体新技术使工作活起来，推动思想政治工作传统优势同信息技术高度融合，增强时代感和吸引力。"[②] 随着生成式人工智能在教育领域的广泛应用，课堂传授方式、组织架构、信息流动方式等发生革命性变化，以生成式人工智能技术推动思政课教学叙事迭代成为新时代大中小学思政课教学创新发展的必然选择。由此，眉山市的大中小学一体化建设要立足新时代背景与条件，借助生成式人工智能技术实现当地思想政治教育资源的有效转化。

一、应用场面：推进生成式人工智能多层嵌入眉山市大中小学思政课一体化课堂

课堂的组织结构决定思政课程的组成形式和授课手段，生成式人工智能技术不断应用和发展所带来的技术性革命将助推眉山市大中小学思政课一体化建设中课堂新的非线性叙事结构的生成，促使其发生多方面结构性蜕变，使得思政课教学更加趋向直观系统、生动立体、趣味开放。

---

① 作者简介：夏唯洋，四川农业大学马克思主义学院，2023 级在读硕士研究生，马克思主义基本原理专业，研究方向为马克思主义基本原理与现实研究。

② 习近平．把思想政治工作贯穿教育教学全过程，开创我国高等教育事业发展新局面［N］．人民日报，2016–12–09.

（一）转向更为直观化的系统课堂

生成式人工智能拥有强大的知识数据储存和资源整合优化能力，"生成式人工智能+"技术框架的开源可将碎片化教学叙事进行连接和整合，弥补教学过程中叙事脱节和叙事零散的不足。由此，眉山市当地的大中小学的教师们在开展思政课教学时，就可以借助数据共享和融合技术对碎片化教学内容进行重组，可以将这些叙事碎片有机串联起来，重新拼贴为一个完整直观化的课堂教学结构，在整体统一的叙事框架下呈现出系统性的特点。即通过生成式人工智能对思政课教学中碎片化的信息进行采集、存储、分析、加工、提炼，标记出有价值的信息，实时更新大中小学学生的知识框架，同时利用大数据平台筛选出学生感兴趣的有用信息，提高了思政课教学叙事的实效性、直观性和针对性。

（二）转向更为生动的立体课堂

目前，人工智能所能拥有的智能视觉和语音等呈现技术已经能够实现对真实场景进行模拟与再现。这种以生成式人工智能赋能的全新教学课堂生成模式将打破以文字、图片、视频为主的传统二维教学内容生成模式，呈现出多视角、可触摸、能互动的三维全景生成模式，更加切合眉山市大中小学思政课一体化建设中让学生学思感悟的教学目标。生成式人工智能的应用将大中小学思政课教学的触角延伸至更广阔的维度，通过聚合感知沉浸、动态建模等技术，以身临其境的立体化感受消除传统思政课线性推进、单向授课的弊端。具体来说，眉山市的大中小学教师运用 ChatGPT 或其他生成式人工智能所形成的生动化的新型课堂形式，可实现学生由淡漠旁观者向积极参与者、由被动接受者向主动探索者的角色转变，通过多感官体验呈现和个人观察偏好选择，形成个性化的感受和体验，进而提升各阶段学生的参与感、互动感和获得感。

（三）转向更加趣味化的开放课堂

从抽象的课堂内容来看，大中小学思政课教师仍是绝大多数课堂内容的搭建者，与之相应的，课堂结构也就形成了从教师到同学的单向灌输，空洞抽象的内容往往枯燥乏味且缺乏吸引力①。从具体的物理空间来看，课堂结构的封闭性阻隔了思政课教学外向扩展，在一定程度上压缩了学生的视野拓宽和思维发展。依托人工智能的科技赋能，以 ChatGPT 类生成式人工智能技术为驱动的智慧教学可推动眉山市大中小学思政课课堂教学内容的主

---

① 谌林.课堂教学叙事与话语体系创新——以高校思政课教学为例[J].湖南师范大学教育科学学报，2013（2）.

次轻重、组织架构乃至时空轨迹发生显著变化。在教学过程中，以 ChatGPT 为代表的生成式人工智能能够实现大中小学思政课教师及相关资源在课堂教学中的即时、多维互动与应用，由此产生的思政课教学也就具备不同于传统课堂的非线性结构，可将学生从枯燥单一的课堂中解放出来，通过开展、开放有趣多元的"第二课堂"，让眉山市的大中小学生获得更为广阔的学习空间。

二、应用场景：多重建构眉山市大中小学思政课一体化建设的教学叙事形式

叙事原本是指通过语言或其他媒介讲述发生在特定时间和空间里的故事。[①] 叙事研究最早起源于法国语言学，在后经典叙事时期，叙事研究开始逐渐与其他学科进行交叉，衍生出了诸如文化叙事、社会叙事等研究领域。[②] 教育学中的叙事主要体现在叙事在教学过程中的应用，通过恰当的讲述故事方式，教学叙事能够将抽象的概念、原理和理论转化为生动具体的情境和故事情节，从而建构教学活动的意义。而以 ChatGPT 为代表的生成式人工智能赋能的大中小学思政课正是叙事在教育领域较好的应用形式，生成式人工智能赋能大中小学思政课教学而建构出的多重场景，将使思政课教学的叙事形式发生相应变化，并在极大程度上填补以往当地大中小学思政课教学互动场景单一，叙事形式较为平淡的缺陷。

（一）以生成式人工智能创造师生双方参与的交互化叙事

随着以 ChatGPT 为代表的生成式人工智能的应用发展，大中小学思政课教学叙事可以摆脱传统叙事者单一主导的桎梏，进而创造出师生多元参与的、生成式人工智能赋能的超文本、超媒体和超主体的交互叙事，这将有助于激活学生思维的能动性，增强他们理论学习的自觉性。可以预见的是，在眉山市 ChatGPT 类人工智能赋能的大中小学思政课的教学实践中，将产生具有手势姿态交互、情感交互、言语交互以及智能仿真交互等智能化特征的交互式叙事。在此交互过程中，可通过设备控制生成式人工智能虚拟出的对象向大学生传达故事主旨思想，还可让学生们在虚拟故事情景中扮演主角与物体和人物进行交互性对话，从而产生亲身参与到故事中的感觉，成为展开故事的一个组成部分。此外，师生之间的沟通将不再囿于时间和空间，可在学校之外实现师生"面对面"的交流。

---

① 申丹，王亚丽.西方叙事学：经典与后经典［M］.北京：北京大学出版社,2010:2.
② 唐伟胜.国外叙事学研究范式的转移——兼评国内叙事学研究现状［J］.四川外国语学院学报,2003（2）.

（二）以生成式人工智能营造符合生源情况的个性化沉浸叙事

自适应学习是生成式人工智能技术与教学相融合的新型线上学习形态，自适应学习技术的本质在于个性化、精准化。在自适应技术的推动下，眉山市大中小学思政课教学可转化为动态选择和个性化推荐，市内各大中小学的思政课教师均可以根据自适应学习系统去动态推荐学习内容和路径参考，个性化定制属于单个学生的"微观叙事"，这将使每一位师生都成为思政课教学的"中心"。自适应智能学习系统还能针对当下眉山市大中小学思政课叙事对象的不同特点和需求创设出个性化的体验场景，通过打造"叙事＋体验"的智能教学模式，使学生在个性化、智能化的学习过程中获得更多实践体验。同时，ChatGPT类生成式人工智能在理解人类体验和预测人类对叙事内容的反应方面更进一步，也就是说对于生成式人工智能输出的内容的理解将会变得容易，隐性的数据也将被可视化地表达出来。基于生成式人工智能所具有的自然语言处理技术，可实现对眉山市大中小学思政课课堂上的学生的详细学习状态进行抓取分析并形成可视化叙事文本，为市内大中小学思政课教师准确掌握思政教育实效提供参考。ChatGPT类生成式人工智能还可以在对眉山市推进大中小学思政课一体化建设过程中产生的海量数据进行结构化分析的基础上，有效评估理论知识的内化程度，并捕捉个体学习风格与偏好，其所形成的可视化叙事文本将有助于眉山市各大中小学动态调整思政课教学计划和合理分配教学资源。

（三）以生成式人工智能打造具有眉山特色的体验化叙事

沉浸式体验技术可使受众感觉到自己完全置身于虚拟环境中，成为虚拟世界的一部分。ChatGPT类生成式人工智能应用于眉山市思政课教学叙事时，可以利用相应的智能算法模型，加载沉浸式体验技术对真实场景进行模拟，让学生沉浸在真实的体验中，由此完成理论学习、意义建构和价值养成。例如，在推进眉山市大中小学思政课一体化建设的过程中，借助混合现实技术开展了以"三苏家风传承"为主题的沉浸式思政课教学，让青年学生沉浸于"三苏家风传承"的叙事情境中，感受"三苏"的良好家风，理解良好家风对于人格培养、性格塑造的重要作用，学习他们的高尚品质，从而引导学生们从当地特色思政叙事中获得知识、启迪心智、汲取力量。

三、应用场域：实现眉山市大中小学思政课一体化建设的多向拓展

物质世界提供了思政课发生的背景和环境，推进大中小学思政课一体化建设离不开一

定的物质空间组织形式，以 ChatGPT 为代表的生成式人工智能技术的应用弥补了过去思政课建设过程中的空间感缺失，其赋能下的教学叙事活动必然会向物质空间进行多向延伸和拓展，将为眉山市大中小学思政课一体化建设带来全新应用场域，实现思想政治教育全要素、全空间、全流程融合发展，不断巩固和夯实意识形态阵地，推动眉山市大中小学思政课一体化内容建设取得卓越成效。

（一）融通人机沟通环节：匡正偏见、审核算法，优化人机融合智能交互过程

思想政治教育的本质是意识形态的教化。马克思和恩格斯在《德意志意识形态》中批判了那些所谓的意识形态家，认为"意识在任何时候都只能是被意识到了的存在，而人们的存在就是他们的现实生活过程"。[①] 作为一门以马克思主义理论为指导的课程，眉山市推进大中小学思政课一体化建设时将会秉持建设性和批判性的统一原则，从遵循技术标准、优化教学内容、应用前实质审查来匡正 ChatGPT 类技术模型算法带来的风险与偏见，利用好人机交互 – 强化学习反馈这一环节，将符合中华民族共同体意识的算法纳入反馈环节进行强化学习，将社会主义核心价值观嵌入思政课人机智能融合全过程。一是眉山市将不断做好优质思政课内容的过滤和补给工作。办好思想政治理论课的关键在教师，思政教师是学生正确思想阵地的"守门人"，在坚持政治性和学理性的基础上，将思政课与社会实践相结合，引导学生灵活掌握和运用马克思主义基本理论，认知和践行社会主义核心价值观，并形成正确的三观。二是眉山市在推动大中小学思政课建设中始终秉持"以人为本"，发挥思政课主体作用。思想政治教育归根结底是做人的工作，眉山市要打造绿色健康的 ChatGPT 类人工智能教育应用环境，通过技能实训、案例观摩、现场学习和问题诊断等方式推进教师有效利用 ChatGPT 类人工智能工具，提升话语主体的算法把关能力，优化思政课"人机"融合智能交互式学习。

（二）加强思政内容训练：厘清角色、合理规训，坚持以正确话语引导人工智能

坚持正确政治导向和价值取向是大中小学思政课一体化建设引入 ChatGPT 类生成式人工智能的必然要求。马克思指出："有意识的生命活动把人同动物的生命活动直接区别开来。"[②] 由此，眉山市在推进大中小学思政课一体化建设的过程中要主动利用 ChatGPT 等生成式人工智能的先进技术优势，不断加强思政课内容训练。第一，构建眉山市市属大型

① 马克思，恩格斯 . 马克思恩格斯选集：第 1 卷［M］. 北京：人民出版社，2012:56.
② 马克思，恩格斯 . 马克思恩格斯选集：第 1 卷［M］. 北京：人民出版社，2012:72.

思政课教学语料库。在构建思政课教学语料库的过程中，可利用 ChatGPT 类技术产品对海量思政教育资源进行学习和分析，通过生成式人工智能生成大量的学习资源和个性化供给，再根据不同的现实状况选择讲课内容，以提升思政课堂教与学的针对性、有效性。第二，对眉山市市内大中小学思政课进行数据分级、分类管理。ChatGPT 类技术模型引发的数据安全风险根源于其所收集和处理的数据。因此，需要在市委、市政府的主导下建立"自上而下"的数据分类、分级制度，将思政内容在 ChatGPT 类技术的帮助下进行适当的"编码"，为不同群体的同学提供不同的"解码"方式。第三，建立眉山市市属思政课专家系统。构建思政课专家系统，就是实现教师与生产式人工智能的全要素交互，学生通过智能化的问答获取思想政治领域的信息资源，聆听思政专家系统里的"机师"讲课，防止因放大偏见而导致学生产生偏离主流意识形态的思想，实现大中小学思政课既讲理论又讲立场和情感的目的。

（三）筑牢意识形态阵地：顶层设计、主动介入，始终坚守思想政治教育目标

思政课作为引导大中小学生认同国家主流意识形态的重要阵地，应当始终以马克思主义为指导，强化社会主义意识形态价值导向，有效应对 ChatGPT 类生成式人工智能在意识形态、价值观、文化等领域带来的风险挑战。一要提前构建适宜眉山市当地情况的 ChatGPT 类思政教育应用风险防范机制。在 ChatGPT 类人工智能嵌入思政课的过程中，可以通过学习反馈建立"适配式"的人机交互模式，更好地保护个体的法律权利和道德边界。同时，对智能思政课相关数据进行全面收集、整理和分析，及时对新增风险进行识别和评估，加强对学生人工智能资源运用的监管和引导，不断更新智能算法推荐的"信息池"，确保 ChatGPT 类生成式人工智能服务于思想政治教育育人宗旨。二要切实发挥眉山市政府相关部门在 ChatGPT 类技术与主体互构互驯中的引导作用，打造"人机协同"的教育模式。三要定期开展由眉山市市委、市政府主导的大中小学思政课一体化建设意识形态研讨会，对 ChatGPT 类产品中存在的政治谣言和错误价值观，尤其是历史虚无主义、抹黑社会主义意识形态的言论进行剔除，要旗帜鲜明地以马克思主义主流意识形态为主导，提升主流意识形态在人工智能话语生产中的引导力和影响力。

"五史"教育融入大中小学思政课一体化建设的三维探究

陈 亿 黄 敏①

建设教育强国，是党的二十大作出的重大战略部署，习近平总书记指出，"育人的根本在于立德""完善思想政治工作体系，推进大中小学思想政治教育一体化建设"。深入推进大中小学思想政治教育一体化建设，是党中央审时度势作出的重大教育战略部署。这一战略举措不仅对提升学校思想政治教育整体水平提出了更高要求，更是对培养德、智、体、美、劳全面发展的社会主义建设者和接班人的坚定承诺。我们必须以高度的政治责任感和历史使命感，深入贯彻落实这一重要部署，确保思想政治教育贯穿各级各类学校教育的全过程，为培养担当民族复兴大任的时代新人提供坚强思想保证和强大精神动力。历史是最好的教科书，在党的光辉历程、新中国的不懈奋斗、改革开放的伟大实践、社会主义的优越性以及中华民族的绵长发展史中，我们能够挖掘出极其宝贵的教育资源。这些资源是推进大中小学思政课一体化建设重要的切入点，中共中央印发的《党史学习教育工作条例》中明确指出："用好学校思想政治理论课渠道，推进大中小学思想政治教育一体化建设，推动党史进教材、进课堂、进头脑，发挥党史立德树人的重要作用。"从价值、内容和实践三个维度探究"五史"教育融入大中小学思政课一体化建设，既是对立德树人根本任务的贯彻实施，对学生扣好"第一粒扣子"的精准把握，也是推动大中小学思政课一体化建设的核心环节。

---

① 作者简介：陈亿，眉山职业技术学院马克思主义学院教师，研究方向为思想政治教育；黄敏，眉山职业技术学院马克思主义学院教师，研究方向为思想政治教育。

一、价值之维："五史"教育融入思政课一体化建设的多元意义

推动大中小学思政课一体化建设，是教育现代化的发展方向、是对国家教育要求的积极回应、是培育时代新人的内在遵循。① 大中小学思政课是我国各级学校实现立德树人根本任务的关键途径，推进大中小学思政课一体化建设，本身服务于立德树人的教育目标，而推进"五史"教育本身也是立德树人目标的客观要求。从这个角度来看，将"五史"教育融入大中小学思政课一体化建设，既是时代赋予的责任，也是为党和国家培养栋梁之材的必修课。

（一）强化大中小学思政课一体化建设的理论支撑

习近平总书记指出，要用好学校思政课这个渠道，推动党的历史更好进教材、进课堂、进头脑，发挥好党史立德树人的重要作用。② 思政课要达到良好的教育效果，离不开丰富教学内容的支撑，但教学内容并不是随意选取的，而是基于深刻的思想性和翔实的历史佐证。唯物史观批判了从观念出发解释实践的唯心主义历史观，指出要立足实际，将历史置于现实生活之中。"五史"是中华儿女历史实践的根本遵循，是对中华民族发展至今历史客观规律的多层次、多维度提炼总结，其中所蕴含的理论具有深刻的思想性和政治性，这为大中小学思政课提供了强有力的支撑。深入挖掘"五史"所蕴含的丰富资源，巩固思政课的理论基础，有助于强化大中小学思政课一体化建设的理论支撑。

把理论置于历史长河中去考察和论证，通过理论与历史的深度结合，我们能够深刻理解理论体系的历史和实践逻辑，理解理论体系的整体性。"五史"贯穿于中华民族从领跑世界到落后挨打、到站起来富起来、再到强起来的伟大历史进程，深刻反映了我们在各个时期所取得的重大成就。归根结底"五史"就是对"马克思主义为什么行""中国共产党为什么能""中国特色社会主义为什么好"的有力回答，是对三大规律的深刻认识，是对历史虚无主义的强力驳斥。

（二）拓宽大中小学思政课一体化建设的历史视野

历史是现实的人生产和生活的过程，是客观的存在，既是昨天，也是今天和明天。"五史"具有丰富的历史逻辑，将其融入思政课一体化建设中，培养学生的大格局、大胸襟，

① 谢晓娟，路晓芳.新时代推动大中小学思政课一体化建设研究［J］.学校党建与思想教育，2022（11）.

② 习近平.继续把党史总结学习教育宣传引向深入 更好把握和运用党的百年奋斗历史经验［N］.人民日报，2022-01-12.

引导学生可以在大历史观中认识事物，让学生从整体上科学认识历史发展进程，形成正确的、科学的、系统的历史认知，从而拓宽大中小学思政课一体化建设的历史视野。

历史为各学段的思政课创建了一条可靠平稳的智慧线。钱穆先生曾经说道："国民要对国家产生深厚的热爱，必须让其对国家从古至今有一个清楚的了解。"①"五史"记录了中华民族、中国发展许多时期的重大历史事件，能够让学生从中看清中国特色社会主义的总体发展脉络，看清中国共产党带来的翻天覆地的变化，看清人民群众对社会发展所做出的巨大贡献，从而提高学生对国家的现代化建设事业的认同感和责任感，激发学生爱党、爱国、爱民的情感。"五史"当中所蕴含的爱国主义精神、革命精神、改革创新精神等内容以及中华优秀传统文化、革命文化、马克思主义等内容都是大中小学思政一体化建设中的重要资源，这些资源需要通过"五史"教育传递到各阶段学生之中。

审慎思考，深入研究历史，借鉴过往以明智行事。"五史"教育为广大学生提供了广阔的历史视角，帮助他们运用唯物史观分析问题、解决问题，从而深入理解历史和人民为何选择马克思主义以及理解中华民族何以实现伟大复兴。通过"五史"教育，让学生在认识、观察和体验民族、国家命运与历史的过程中，培养正确的历史观和思辨能力。

（三）增强大中小学思政课一体化建设的育人实效

《关于深化新时代学校思想政治教育理论课改革创新的若干意见》中明确地指出："在大中小学循序渐进、螺旋上升地开设思政课，引导学生立德成人、立志成才。"②思政课一体化建设本身就是实现教育目标、贯彻教育方针的内在要求之一。教育之重要目的，综合起来看就是引导学生成为德、智、体、美、劳全面发展的人，而"德"成为其中的重中之重。"五史"教育并不是简单的历史知识的传递，而是强调紧密结合中国特色社会主义和我国发展实际，引导学生成为合格的社会主义事业建设者和接班人。将"五史"教育融入思政课一体化建设中，使二者形成合力，达到"1+1 > 2"的教育效果，能够有效地增强大中小学思政课一体化建设的育人实效。

基于人才培养规律和人才培养实际，目前我国各学段的课程设置、教学目标以及教学内容等方面有所不同，但总体上仍是由浅入深的渐进深化过程，在大中小学各阶段的教育

---

① 钱穆.国史大纲［M］.北京：商务印书馆，1996:4.

② 中共中央办公厅，国务院办公厅.关于深化新时代学校思想政治教育理论课改革创新的若干意见［N］.光明日报，2019-08-15.

教学过程中，无不强调立德树人目标和任务。在实际教育教学过程中，根据不同学段学生的学习和知识迁移能力，立足教学实际分层次、有针对性地进行"五史"教育教学目标、教学内容、教学方式的设计。通过在大中小学分层递进、螺旋上升地进行"五史"教育，引导学生形成正确的历史观、树立历史使命意识，将爱国情、强国志统一于报国行之中。

二、内容之维："五史"教育融入思政课一体化建设的理论要点

大中小学思政课一体化建设的重心和难度是如何在思政课教学中凸显各学段特色的同时维持各学段的贯通性。在新时代做好这项工作，就必须准确把握各阶段学生心理发展特征与认知规律，有针对性地开展教学。因此，教学内容的选择至关重要，针对不同学段、学龄的学生，教学内容与知识难度应呈现阶梯状分布。"五史"蕴含丰富的教学资源，且联系密切、相互交织，但在主题和主线上各有千秋，内容也各有侧重，因此，能够满足不同阶段的教学需求。

（一）小学阶段：注重思想启蒙性

小学阶段的学生由于身体和心理发展还不完善，认知能力、辨别能力处于较低水平，思维处于萌芽状态。如果在这一阶段直白地灌输马克思主义理论，学生是难以理解和接受的，学生会丧失理论学习的热情，甚至会产生抵触心理，极大地影响思想政治理论课的教学效果。因此，在这一阶段应注重通过思维启迪和案例引导等形式，强化对学生思想的启蒙、理想信念的引导，引导小学生形成正确的价值观。

"五史"当中蕴含丰富的故事资源，在小学阶段开展"五史"教育，可以将"五史"中重要人物与重要事件以故事的形式写进教材，通过观看红色电影、传唱红色歌曲、演绎历史故事等形式，使思政课更有吸引力和趣味性，更好地引起小学生情感上的共鸣，拉近小学生与思政课的距离，使思政课更容易被小学生接受和理解。

（二）中学阶段：注重学习体验性

中学阶段学生的认知水平较小学阶段得到了比较大的提升，心智也处于不断成熟的阶段，同时经过小学阶段的学习，对党、国家和人民都有了一定的认识，逐渐形成了理性的判断和价值认同。这一阶段的思政课应该更注重学习的体验性，重在体验式学习，学生通过生活体验将思政课所讲授的知识内化以养成良好的道德习惯。同时中学阶段也是政治理论基础知识形成的重要阶段，中学阶段的思政课程应以提高学生的政治思想素质和基础理

论知识掌握程度为目标，通过政治理论知识与社会实践相结合，引导学生树立崇高理想信念，坚定"四个自信"。

"五史"是一个个真实历史事件连贯而成的，只有当学习者把握了现实的历史过程，才能真正地了解发展的必然性。在中学阶段开展"五史"教育，需侧重对"五史"理解力的培养，强化对党、对国家、对人民的理性思考，逐渐形成稳定的思想体系和情感体系。通过知识竞赛、演讲、谈论等多种教学形式，让"五史"教育融入中学阶段的理论体系中，通过参观历史博物馆、观看红色文化艺术展演、参与情景剧演出等多种实践形式，让"五史"教育润物细无声地渗透到学生的思想体系中。

（三）大学阶段：注重知识理论性

大学阶段的学生心智水平逐渐趋于成熟，认知能力和理论水平较中学阶段都得到了很大提升。在这一阶段，学生已经具备了较强的独立生活、学习和思考的能力，但由于缺乏足够的判断力，容易受到网络上各种各样信息的侵扰。因此，大学阶段的思政课应该更注重知识的理论性，不断拓宽学生的知识面和视野，真正消除学生对党和社会主义制度的迷茫，引导学生听从党的教导，紧密跟随党的步伐，把自己的个人目标与国家、民族和社会的进步相结合。

"五史"从长时段、多视角、宽视野、多学科的角度出发，有力地澄清了长期以来对一些重大历史问题的模糊认识和片面理解。在大学阶段开展"五史"教育应该以理论为主，史实为观点服务，引导学生树立正确的历史观，吸取"五史"蕴含的丰富历史经验教训，提升学生的辩证思维能力，破除历史虚无主义的侵蚀，增强新时代大学生的历史自信，在不断学习中增强历史方向感、认同感和归属感。通过阅读经典文章、讲党史故事、参观教育基地、线上 VR 观展等多种方式，使大学生深入学习"五史"内容，培养大学生系统的理论知识。同时开展多种形式的实践活动和志愿服务，使学生深度了解社会、融入社会、服务社会，将理论与实践相结合，实现个人知、悟、行的有效衔接。

三、实践之维："五史"教育融入思政课一体化建设的基本路径

大中小学思政课一体化建设是一项系统工程，要运用系统思维对大中小学思政课各方面、各层次进行整体规划、统筹安排、系统推进。"五史"教育融入大中小学思政课一体化建设中需要将教学工作作为重点，从宏观角度出发，全面规划，将完善教学体系、教师

队伍建设、评价体系等多方面进行综合考虑，确保各环节之间的有效衔接和相互促进，达到"立德树人、铸魂育人"的目标。

（一）健全"五史"教育融入思政课一体化建设的教学体系

在教育的终极目标上，大中小学肩负着共同使命。然而，鉴于学生成长规律，各级学校有必要明确各个学段的具体教育教学目标。因此，将"五史"教育融入思政课一体化建设中首先就是要明确"五史"教育的总目标并将其贯穿于各个阶段性目标之中，这样才能实现"五史"教育在各学段的整体衔接。

"五史"教育融入思政课一体化建设的根本所在就是教学内容的选择和教材的编写。一方面需关注课程目标，确保各学段形成连贯的、相对独立的体系，从而避免教学内容的支离破碎。另一方面，要整合各学段课程体系，构建一个循序渐进、各有侧重的课程体系，以防止学段间出现低效重复，杜绝内容编排出现前后倒置的现象。同时要依托地方特色，开发地方"五史"文化资源，搭建"五史"资源共享平台，以学生需求为导向，把教材内容和学生期待结合起来，编写具有本土特色的教学参考辅导用书和学生读本，既可以丰富补充教材内容，又可以为教学提供更生动、更易学习接受的具体历史素材。

教学方法的有效性和适应性对教学内容的掌握有着重要的影响，这必然影响教学目标的实现。因此，将"五史"教育融入思政课一体化建设中，需要立足各学段学生的特点，积极探索便于、易于学生接受的教学形式和教学方法。在这个过程中，我们必须严格遵循学生的认知规律，审慎地选择和应用相应的教学方法。例如，针对小学阶段的学生，我们可以采用情境式教学法，以营造适宜的学习氛围；对于中学阶段的学生，我们应采用启发式教学法，以引导他们对"五史"进行深入思考；至于大学阶段的学生，我们应采用探究式教学法，以培养他们进行理论阐述的能力。同时，我们必须积极创新，实现信息化手段与传统教学方式的有机融合。通过图像、动画、视频等多元化方式，我们可以更有效地开展"五史"教育。此外，我们还需组织丰富多彩的"五史"实践教学活动，充分挖掘眉山市深厚的历史文化底蕴，推动思政课与课程思政的有机结合，形成教育合力。

（二）加强"五史"教育融入思政课一体化建设的队伍建设

办好思政课的关键在教师，教师是教育教学的主体，教师队伍的专业能力素养决定着"五史"教育的成效。因此，必须加强教师队伍建设，提升教师的教学能力和专业素养，使教师成为"五史"的传承者、传授者和传播者。

一是要开展"五史"教育相关培训，使思政课教师能够深入领悟"五史"内涵及精神。包括对历史知识的深入讲解，对历史事件的脉络分析，以及对历史人物的评价和理解。要加强各阶段思政课教师对"五史"教育在大中小学思政课一体化建设中的作用的认识，严格把关教师的师德观和业务观。通过开展"五史"教育相关的学习交流、实践研修，拓宽思政课教师的历史视野和大局意识，不断提升教师队伍的授课能力，为学生提供更加有趣、更加生动的课堂教育。

二是完善各学段思政课教师集体备课机制，建立和完善大中小学思政课一体化建设备课平台。集体备课有助于发挥教师团队智慧和力量，使教学内容更加全面、细致，并具有层次性和逻辑性。为实现"五史"教育与思政课一体化建设的有机融合，需确保各学段思政课教师在备课过程中实现相互贯通与学习借鉴，强化"五史"教学资源共建共享。通过定期举办集体备课会议，提高教学水平，确保"五史"教育在各学段间的有效衔接。

（三）完善"五史"教育融入思政课一体化建设的评价体系

围绕大中小学思政课一体化建设，应逐步优化人才培养和教学评价办法，制定科学的"五史"教育体系，加强对"五史"教育的评估和监测。从学生个人发展的角度而言，过度依赖分数的评价体系在培育学生爱国主义情怀和集体主义意识方面存在局限。构建多元化的教学评价体系，让学生更全面地认识历史，有助于树立正确的历史观念和使命感。因此，在"五史"教育过程中我们要创新评价体系，不仅要关注学生的学习成绩，更要关注他们在课堂外的行为表现。

首先，要把控好教育评价的根本方向，不得将考试排名作为考核学校和思政课教师的主要指标，对各个学段思政课学生的评价既要考查理论知识的掌握程度，又要考查思想道德水平达到的高度，将"智育"考试与"德育"考查统一起来，构建大中小学思政课教学评价体系的联动机制。

其次，针对大中小学各个阶段的"五史"教育教学目标和教学内容，实施分段评估。在评估过程中，需强调各阶段的共性特点，实现不同阶段的有效评估与有机整合，形成统一的教育评估指标。同时，将过程性评价与结果性评价相结合，以达到评价的全面与准确。同时还应该结合社会发展和实际需要，适当加入课外、校外等多方面的综合评估，形成一套科学完整的评估体系。

总体而言，思政课在党和国家教育工作中的作用是不可替代的，是实现教育根本任务、确保党的事业后继有人的关键所在。"五史"教育在大中小学思政课的教学体系中具有极其重要的作用，在大中小学思政课一体化建设中融入"五史"教育，既是对"五史"本身内容的充实和深入挖掘，也是对大中小学思政课良性互动和有序发展的促进。将"五史"教育融入大中小学思政课一体化建设中，才能更好地为党育人、为国育才。

守正与创新：巴渝地区红色文化融入高校学生党史学习教育的实践探索

苟 攀 张 炬①

在高校开展党史学习教育的过程中，要想提高教育效果，促进教育效能的提升，就应该解读红色文化内涵，并积极促进红色文化与党史学习教育有机融合，以红色文化丰富党史学习教育的内容、提升教育工作的感染力，促进教育效能的全面优化。从党史学习教育改革的角度进行分析，要想促进红色文化教育的高效化开展，系统性地提升党史学习教育的综合效果，就应该遵循守正创新的理念，在坚守传统的基础上，不断探索创新教育措施的实施，保障能突出红色文化教育融合渗透的效果，全面提升高校党史学习教育工作的整体质量。

一、巴渝地区红色文化的主要内容

巴渝地区是我国红色革命斗争的关键地区，红色文化内涵丰富，在现代社会仍然具有极其重要的价值和作用。对巴渝地区的红色文化元素进行系统地分析，发现主要红色文化为红色革命精神、红色革命遗址、红色文化文学作品等。

其一，红军在重庆境内的革命斗争历史以及所形成的红岩精神等。在革命斗争历史中，红军所展现的坚定不移的革命信念、不畏艰险的必胜信心、不怕牺牲的英雄气概、一切为了人民的奉献精神，在巴渝人民心中留下了一座丰碑。同时，红岩精神也是中国共产党人精神谱系的重要组成部分，是极具巴渝地域特色的红色文化资源。

---

① 作者简介：苟攀，成都艺术职业大学马克思主义学院教师，研究方向为思想政治教育；张炬，成都艺术职业大学马克思主义学院教师，研究方向为思想政治教育。

其二，红色文化设施和红色革命遗址等。在巴渝地区，有许多与红军相关的纪念设施，如红军纪念碑、红军井、红军树、红军洞、红军渡、红军桥、红军街、红军路等，这些设施是缅怀红军光辉业绩、继承红军传统、弘扬红军精神，也是传承红色文化的重要载体，能对红色文化教育的实施产生积极的影响。

其三，巴渝地区红色文化文学作品。巴渝地区红色文化的文学作品丰富多样，如《红岩》描写了在全国解放前夕，一群英勇无畏的革命者与敌人顽强斗争的英雄事迹，是巴渝革命文化的代表作品之一，展现了革命者的坚定信念和英勇精神；《巴山夜雨》描述了一位革命者在四川地区的斗争经历，展现了革命者在艰苦环境下坚韧不拔的革命精神，并以其深刻的历史内涵和生动的叙述方式，让读者感受到革命者的伟大和牺牲；《江姐》以重庆地区的一位女革命者江竹筠为原型，描绘了她在革命中的英勇事迹，展现了女性革命者的坚韧和勇敢。此外，还有《星火燎原》《烽火巴渝》《红岩风骨》《潮涌两江》等作品，展现了巴渝地区红色文化的丰富内涵和历史价值，为巴渝地区的红色文化传承和弘扬作出了重要贡献。

在高校党史学习教育实践中，应对巴渝地区的红色文化内容进行挖掘，并选择合适的内容设计教学活动，促进红色文化在党史学习教育中的融合渗透，全面提高党史学习教育效果和学校综合育人效果。

二、巴渝地区红色文化融入高校学生党史学习教育的现状

巴渝地区红色文化在党史学习教育中的深度融合和系统渗透，能全面提高党史学习教育的效果，促进教育效能的全面提升。但是在高校实际开展党史学习教育的过程中，巴渝地区红色文化的融合渗透还存在一定的局限性，会影响融合教育的效果。下面就从守正和创新这两个角度对红色文化融入学生党史学习教育的现状进行细化分析：

（一）守正现状

在守正方面，高校党史学习教育中对巴渝红色文化的传承和弘扬相对比较少，无法凸显党史学习教育的红色文化特色，也不利于红色文化的有机传承。具体表现为，高校党史学习教育课堂教学主阵地对于巴渝红色文化的融入尚显单薄，许多教师在讲授党史时，往往侧重于全国性的大事件和人物，而较少涉及巴渝地区的革命历史和英雄人物，导致学生无法全面了解巴渝红色文化的深厚底蕴。同时，学校在党史学习教育中举办红色文化主题

讲座和活动的频率不高，且内容往往缺乏针对性和吸引力，难以引起学生的共鸣和兴趣。此外，学校党史学习教育相关学生社团在传承红色基因方面的作用有限，很多社团和组织缺乏对红色文化的传承意识。

（二）创新现状

在创新探索方面，巴渝红色文化与党史学习教育的结合也显得不够全面和深入，不利于红色文化教育的科学融合，甚至会对巴渝红色文化党史学习教育的创新实施产生一定的冲击。[①]具体分析，虽然部分高校经常利用新媒体技术开展红色教育，但整体上仍处于起步阶段，线上红色教育平台党史学习教育方面的建设相对滞后，无法满足学生多样化的学习需求；党史学习教育中对红色文化教育方式的改革比较少，缺乏对虚拟情境教学、文化体验教学等开发和渗透，创新技术的应用比较少，降低党史学习教育成效。在构建虚拟情境、生成红色文化体验模式方面，缺乏足够的技术支持和内容创新，导致学生难以获得身临其境的体验感受。此外，在高校开展党史学习教育的过程中，从跨学科视角渗透红色文化教育的探索比较少，无法从多学科融合教育的角度发挥红色文化教育的优势，不利于红色文化教育的系统优化和全面创新，也会对党史学习教育工作的开展产生一定的冲击。

三、巴渝地区红色文化融入高校学生党史学习教育的实践措施

（一）守正：传承巴渝地区红色文化内核

守正，意味着坚守和传承红色文化的核心价值。在高校开展学生党史学习教育的过程中，学校应遵循守正的理念，做好传统红色文化教育活动，借助课堂教学、主题讲座与活动、学生社团与组织等多种方式，让巴渝红色文化融入党史学习教育实践中，深深植根于青年学子的心中，提高高校人才培养成效。

1. 将巴渝红色故事融入课堂教学

课堂教学是高校学生接受党史学习教育的主渠道，遵循守正的思想在开展党史学习教育的过程中，应发挥课堂教学主阵地的作用，促进巴渝红色故事在党史课堂教育教学活动中的融合。在实际创新党史学习教育的过程中，为了让巴渝红色文化真正走进学生的心灵，教师应在课堂上解析党史学习教育的内容，并根据具体的教学要点和教学思想，促进巴渝

---

① 白如君.中国特色社会主义文化思想与党史学习教育的融合实践探究［J］.秦智,2023（12）.

红色文化的科学融合和系统渗透。[①]

例如，在党史学习教育"中国革命历程"相关内容的讲解中，教师在指导学生学习中国革命历程、革命精神的过程中，就可以将巴渝地区的革命历史素材和红色文化内容作为教学案例和教学资源，融入党史学习教育实践中，丰富党史学习教育的主要内容。具体根据党史学习教育的需求，教师可以将重庆谈判、歌乐山烈士陵园背后的英雄事迹等融入课堂教学中，借助红色文化故事教育让学生更加直观地感受到革命先烈们的伟大牺牲精神和坚定信念，从而加深对党史的理解和认同，彰显党史学习教育的综合实施效果。[②]

2. 举办巴渝红色文化主题讲座和活动

要想促进红色文化教育的深度融合，就应该尝试基于党史学习教育的需求，适当组织开展巴渝红色文化主题讲座活动和特色主题研讨活动，从而使学生在学习党史内容的同时，也能对红色文化教育内容形成新的理解和认识。

例如，在党史学习教育中可以对巴渝红色文化内容进行解析，并将"巴渝红色文化的时代精神"作为主题思想组织开展主题讲座活动，在党史学习教育主题讲座中适当地梳理巴渝地区的革命历程、展示巴渝红色文化的独特性和丰富性，如红岩精神等，并借助图片、视频等多媒体手段，再现革命历史场景。在确定主题讲座内容要点后，可以在讲座中根据党史学习教育的方向解读革命精神，带领学生深入分析巴渝红色文化中所蕴含的革命精神，如坚定信仰、牺牲奉献、团结奋斗等，并鼓励学生结合具体革命故事和英雄事迹，阐述这些精神的时代价值，引导学生思考如何在当代社会继承和发扬这些精神。在高校学生对党史学习教育的内容和巴渝红色文化教育内容形成初步认识后，教师可以组织学生探讨新时代青年在学习、工作、生活中如何践行巴渝红色文化精神，鼓励青年积极参与社会主义建设，为实现中华民族伟大复兴贡献力量。如此就能发挥主题讲座教育活动的作用，促进党史学习教育中巴渝红色文化的深度渗透，系统提升红色文化教育指导的综合效果。[③]

3. 培育传承红色基因的学生社团和组织

依托学生社团传承红色文化基因，优化党史学习教育也是传统党史学习教育的重点内容。因此，从守正的角度，高校可以尝试积极培育和发展以红色文化为主题的学生社团和

① 张艳娇 . 红色文化资源融入高校党史学习教育管理的价值［J］. 活力，2023（21）.

② 周振煜 . 弘扬本土红色文化 加强党史学习价值［J］. 活力，2023（18）.

③ 巫茜子 . 河源红色文化的高校党史学习教育价值及实现［J］. 时代报告，2023（9）.

组织，以社团为载体开展红色歌曲演唱、红色故事讲述、红色影片观看等活动，吸引更多学生参与到红色文化的传承中来。在此基础上，高校应发挥社团的支持作用，引导学生将所学红色文化知识应用于社会实践，为新时代的社会主义建设贡献自己的力量。

例如，高校可以组织巴渝红色文化传承社，将"致力于在高校学生中传承和弘扬巴渝红色文化，通过丰富多样的活动，加深学生对党史的理解和认同，培养他们的爱国情怀和社会责任感"作为社团宗旨，引导社团在党史学习教育中开展红色讲堂系列讲座、红色教育基地参观学习、红色文化主题研讨会、红色文艺作品创作与展演、红色志愿服务活动等多种类型的活动，有效促进红色文化与党史学习教育的深度融合。[①]

（二）创新：探索巴渝红色文化与党史学习教育融合的新路径

在新时代背景下，高校党史学习教育中要想实现对巴渝红色文化的系统传承，提高红色文化教育的效果，就应该探索把巴渝文化融入党史学习教育的创新措施。

1. 利用新媒体技术，打造线上红色教育平台

随着互联网的普及和新媒体技术的发展，线上教育已经成为教育改革的主要趋势。高校开展党史学习教育的过程中要想促进红色文化的融合渗透，应利用新媒体技术，打造线上红色教育平台，将巴渝地区的红色文化资源进行数字化处理，形成丰富的线上教育资源库。在平台的支持下，教师在开展党史学习教育的过程中，可以为学生创设学习和了解红色文化资源的条件，并引导学生随时随地访问红色文化资源，了解巴渝地区的革命历史和英雄事迹。同时，在平台建设中学校应设置互动环节，如在线测试、红色故事分享等，增加学生的参与感和体验感，使学生能在党史学习教育中自主学习巴渝红色文化，实现对巴渝红色历史的传承。

2. 构建虚拟情境，生成红色文化体验模式

虚拟现实技术的发展能为党史学习教育中渗透巴渝红色文化提供相应的技术支持，促进红色文化教育的全面创新。[②]因此高校党史学习教育教师在渗透巴渝红色文化的过程中，可以选择典型的红色文化素材构建巴渝地区革命历史的虚拟情境，如结合《红岩》文学作品，创设虚拟体验情境，将红岩的故事在虚拟空间中还原，使学生在学习党史的同时能身临其境地感受革命先烈的奋斗历程。在此过程中，基于虚拟情境教学的应用开展党史学习

---

① 邹婷，刘小文.红色文化融入高校大学生党史学习教育的策略研究［J］.学理论，2022（11）.

② 金堃.红色文化资源融入高校党史学习教育管理的价值及实现研究［J］.经济师，2022（4）.

教育、渗透红色文化，能引导学生更加深入地了解巴渝红色文化的内涵和精神实质，增强对党史的认同感和使命感，提高党史学习教育的效果。

3.开展跨学科合作，丰富党史学习教育内容

党史学习教育不仅是历史学科的任务，还是学校各学科教师应该共同参与的教育活动，因此，在将巴渝红色文化融入党史学习教育的过程中，应尝试构建跨学科教学体系，在多学科教师的支持下共同丰富党史学习教育的内容。[1]高校思政理论课教师在开展党史学习教育的过程中，可以基于巴渝地区红色文化的渗透需求，尝试与文学、艺术、社会学等学科的教师进行合作，挖掘巴渝红色文化中的文学元素、艺术价值和社会意义，带领学生从多个角度解读巴渝红色文化，促使党史学习教育更加全面、深入，在综合性的教育指导中提高学生的综合素质和跨学科思维能力。

4.开展研学活动，激活红色文化学习体验

研学活动是将学习与实践相结合的教育方式，在党史学习教育实践中借助研学活动的形式渗透巴渝红色历史和红色文化，能激活学生的红色文化学习体验，促进党史学习教育系统实施。[2]因此，高校从渗透巴渝红色文化的角度，在创新开展党史学习教育的过程中，可以组织学生开展巴渝红色文化的研学活动，如寻访革命遗址、采访革命后代、重走革命路线等，让学生亲身体验和实地调研，更加直观地了解巴渝红色文化的历史背景和现实意义，增强对党史的感性认识和理性思考，逐步培养学生的实践能力、团队合作能力和创新精神，为他们的全面发展提供有力支持。

四、结语

综上所述，在积极推进党史学习教育中红色文化融合渗透的基础上，应该遵循守正和创新的原则，积极推进红色文化教育与党史学习教育的深度融合，系统提升教育质量和教育效能。因此，高校应该解读党史学习教育的需求，并从改革创新巴渝地区红色文化教育的视角，促进红色文化元素在党史学习教育中的深度融合和系统渗透，全面提升党史学习教育的效果，有效助推高校教育改革工作的科学发展。

---

① 梁小娟.红色文化资源融入高校党史学习教育的价值及实现——以广东南路地区红色文化资源为例［J］.探求，2021（6）.

② 陈端春，左雪琳.新时期提升高校学生党员发展质量的策略探究——兼论川东北红色文化资源的党史学习教育价值［J］.新西部，2020（5）.

眉山市红色资源在课程思政教学中的应用和传承

王绿萌[①]

思想政治教育离不开红色资源蕴含的精神品质及其衍生物。习近平总书记指出："用好红色文化资源，传承好红色基因，把红色江山世世代代传下去。"[②]眉山市拥有丰富的红色资源，如邓小平故居、红军长征遗址、红四方面军纪念馆等，这些史实和素材在眉山市推进大中小学思想政治理论课（以下简称"思政课"）一体化建设过程中可以转化成优质的教学资源，在充分发挥眉山市红色资源的教育价值的同时，也能赓续红色血脉，传承红色基因。

一、一体化背景下运用眉山市红色资源的意义

在一体化背景下，眉山市红色资源的应用不仅是对历史的传承，更是一种创新的教育实践。通过对当地红色资源的深入挖掘并与大中小学思想政治理论课相结合，为大中小学生提供一个全面、系统和多层次的思政教育体验。

（一）红色文化资源契合大中小学思政课一体化建设的根本价值导向

红色文化资源在眉山市的应用展现了如何将革命历史的深刻内涵和丰富精神融入到当前的思政教育之中，从而实现教学内容和方法的一体化建设。这一做法深刻契合了思政教育的根本目标——不仅向学生传递革命和历史的理论知识，更重要的是通过具体的红色故事和英雄人物的生动案例，激发学生的爱国情感和社会责任感。眉山市丰富的红色文化资

---

① 作者简介：王绿萌，四川农业大学马克思主义学院，2022级在读硕士研究生，马克思主义基本原理专业，研究方向为马克思主义基本原理与现实。

② 习近平.用好红色资源，传承好红色基因 把红色江山世世代代传下去［J］.求是，2021（10）.

源，如邓小平故居、红军长征遗址等，不仅作为物理空间的存在，更作为历史和精神传承的载体，为学生提供了直接接触和深入理解中国革命精神的平台。

这种教育实践，通过将红色资源与学校教学紧密结合，不仅在课堂内形成了生动的教学内容，更通过课外活动如研学旅行、红色故事讲座等多种形式，将教学内容延伸到课堂外，使学生能够在多维度、多层次上体验和学习。这样的学习经历，使得学生能够在情感上产生共鸣，在认识上深受启发，从而更深刻地理解和把握社会主义核心价值观，增强对国家的认同感和对历史的使命感。

（二）有利于落实红色文化育人的连续性与系统性要求

眉山市通过有效整合和利用红色资源，建立了一个内容丰富、形式多样、覆盖各个教育阶段的红色文化学习体系，不仅实现了红色文化育人工作的连续性和系统性，更为学生形成长期稳定的价值观和世界观提供了坚实的基础。这种以红色资源为依托的教育实践，充分展现了红色文化资源在思政教育一体化建设中的重要价值和意义。[①]具体而言，眉山市利用红色资源进行教育的方式多样且富有层次，在不同学龄阶段开展合适的教学措施，走符合各学龄认知的教学道路。此外，眉山市通过建立红色教育资源共享平台，整合红色文化教育资源，使得学校、教师和学生能够更便捷地获取和使用这些资源，从而实现了教学方法上的由浅入深、循序渐进。这种教育模式不仅增强了教育的系统性，更使得红色文化育人工作更加具有针对性和有效性。

（三）有利于提升红色文化育人的层次性与精准性效果

眉山市对红色资源在思政教育中的应用展现出显著的层次性与精准性，通过对教学活动和课程的精心设计，实现了针对不同教育阶段和学生特点的个性化教育。这种教学策略不仅促进了红色文化的有效传承，也提高了教育的实效性，使每个学生都能在各个阶段获得最适宜的红色文化教育。同时，眉山市通过层次分明、针对性强的教学策略，有效地实现了红色文化教育的精准性和深入性，确保了不同年龄段、不同认知水平的学生都能从中获益，从而更好地理解和传承红色文化，为实现社会主义核心价值观的培养目标奠定了坚实基础。这种教育模式的成功实践，为其他地区的红色文化教育提供了可借鉴的经验，展示了红色文化资源在新时代思政教育中的重要作用和价值。

---

① 姜显臣，范雨婷.新时代大中小学思政课一体化建设的整体架构与实践路径［J］.现代教育管理，2021（9）.

二、眉山市红色资源融入课程思政教学的价值

眉山市将其丰富的红色资源应用到课程思政教学中，不仅有助于加深学生对国家历史的了解和认识，更是在对学生价值观和文化自信的塑造上发挥着至关重要的作用。

（一）有利于眉山市大中小学学生树立正确的价值观

眉山市将红色资源应用到教学中，不仅作为历史的传承，更深层次地影响着青少年的价值观形成和精神培养。这种教育的力量，首先体现在其能够使学生深刻理解和感受到中国共产党领导的革命斗争不仅仅是为了国家的独立和民族的解放，更是为了人民的幸福和社会的进步。此外，这种红色资源的教育应用还具有强大的情感共鸣力，能够让学生在感性认识的基础上，进一步产生对国家、民族的强烈归属感和自豪感。[①]眉山市通过红色资源的深入挖掘和广泛传播，为学生提供了一个全方位、多角度的思政教育体验。这种教育不仅使学生在知识上有所获得，在情感上有所触动，更重要的是，在价值观的塑造上有所引导，为培养担负民族复兴大任的新时代青年奠定了坚实的基础。

（二）有助于眉山市大中小学学生树立文化自信

眉山市丰富的红色资源，不仅承载着革命的历史记忆，更是中华民族坚韧不拔、勇于斗争精神的体现，这些都是中华优秀传统文化的重要组成部分。通过对这些红色资源的学习和体验，学生们不仅能够获得关于中国革命历史的知识，更能从中领悟到中国人民在中国共产党领导下，如何通过不懈努力实现从站起来、富起来到强起来的伟大跨越。这种认识过程，使学生们意识到中国特色社会主义道路的正确性和先进性，从而自然而然地培养出对中华文化的深刻认同感和自豪感。同时，眉山市在红色教育中注重培养学生的批判性思维和独立思考能力，鼓励学生在了解历史的基础上，联系当下，展望未来，自主思考中国道路的发展方向和文化自信的内涵。这种教育方式不仅增强了学生的历史意识和责任感，更重要的是，帮助他们理解在全球化背景下，如何更好地坚持和发展中国特色社会主义，如何在继承和弘扬中华优秀传统文化的同时，积极汲取世界各国文化的优秀成果，形成开放、包容、自信的文化态度。

通过这样深入而系统的红色教育，眉山市的学生不仅在知识层面获得了丰富的养分，更在精神层面实现了飞跃，逐渐成长为既有深厚的历史文化底蕴，又具备国际视野和文化

---

① 王恩妍.红色文化资源融入课程思政的作用与实践研究［J］.现代交际,2021（10）.

自信的新时代青年。这种基于红色资源的教育实践，无疑为中国青年的成长提供了宝贵的精神财富，为中华民族的伟大复兴贡献了坚实的文化力量。

三、眉山市红色资源融入课程思政面临的挑战

当前，是课程思政发展开发的重要时期，也是将眉山市红色资源融入课程思政的良机。就目前眉山市课程思政建设具体情况和眉山市红色资源利用现状来看，眉山市红色资源在融入课程思政的过程中面临着地方学校资源不足、教师能力有限、协同育人机制有待完善三方面的挑战。

（一）地方学校尚未形成红色文化教育的课程育人合力

地方学校在对红色资源的实际运用过程中，有一些不足之处。首先，地方学校在红色文化资源的认知和利用方面存在明显的差异。部分学校可能因为地理位置、师资力量、教育资源等方面的限制，对红色资源的重要性认识不足，未能将其有效融入学校教育体系中。这种情况下，红色文化教育往往停留在表面层次，难以深入学生的心灵，影响其价值观和世界观的形成。其次，不同学科之间缺乏有效的协调和整合，红色文化育人工作缺乏连贯性和系统性，削弱了红色资源融入课程思政中的深度和广度。[①]最后，一些学校整体教育理念和文化建设水平有限。一些学校可能因更加注重应试教育和知识技能的培养，而忽视了红色文化教育在塑造学生人格、引导学生正确世界观和价值观形成中的重要作用。这种教育观念上的偏差，进一步加剧了红色资源利用的不足，使得红色文化育人工作难以在学校教育中占据应有的地位。

（二）教师的红色文化素养有待提升

教师作为红色资源教育的直接执行者，其自身的红色文化素养直接影响到红色教育的质量和效果。当前，部分教师在红色文化知识、教育方法等方面存在不足，难以准确、生动地将红色资源的教育价值传递给学生，这在一定程度上降低了红色资源教育的吸引力和感染力。眉山市的教师队伍主要有三方面的挑战。一是，许多教师对红色文化知识的掌握不足。虽然许多教师对红色文化有一定的了解，但对于红色文化的深层次内容和精神实质的理解却往往不够深入。这种情况下，教师在进行红色资源教育时，难以全面、深刻地展

---

① 秦专松，何丽.重庆红色文化资源融入高校课程思政实践探索——以学前美术教育课程为例［J］.阜阳职业技术学院学报，2021（3）.

现红色文化的丰富内涵和精神价值，使得教学内容往往停留在表面，缺乏深度和感染力。二是，教师们的教育方法有一定局限。部分教师在红色资源的教学应用上，依然采用传统的讲授方式，未能有效利用现代教育技术和方法，使得红色教育缺乏趣味性和互动性，降低了学生的学习兴趣和参与度。三是，教师个人的价值观和教育理念会影响红色文化教育的效果。如果教师自身对红色文化的重要性认识不足，或者缺乏将红色文化教育与学生个人成长、社会发展紧密联系起来的意识，就难以在教学过程中激发学生的学习热情，引导学生深刻理解红色文化的时代价值和生命意义。

（三）当地协同育人机制有待完善

在当今社会背景下，红色教育在课程思政中的运用不仅是一种知识的传递，更是深层次的文化和精神传承。然而，这项教育任务的完成依赖于学校、家庭、社会各界的广泛参与和协作。眉山市在推动红色教育进程中遇到的挑战，主要有三个方面：首先是学校与家庭之间缺乏紧密的沟通和协作。学校虽然是红色教育的主要场所，但是家庭教育的影响同样不可小觑。目前，一些家庭对于红色文化的了解不深入，对红色教育的重要性认识不充分，这在一定程度上制约了学校红色教育工作的有效延伸。缺少高效的沟通机制，使得家庭教育与学校教育难以形成互补，进而影响了红色教育的整体成效。其次，学校与社区之间的合作同样显得力不从心。社区应是连接学校和家庭的重要纽带，在红色教育中应发挥关键作用。在理想情况下，社区应作为红色教育的延伸场所，通过举办各类红色文化活动，为学生提供更丰富的红色文化学习机会。然而，眉山市部分社区在红色教育资源的利用上尚显不足，缺少与学校共同推动红色教育的有效策略，这限制了红色文化教育深入发展的可能性。最后，社会对红色教育的支持和参与程度还有待加强。红色教育需要得到全社会的重视和支持，通过多样化的渠道和方法，深化红色文化的传播和教育工作。目前在资源整合、政策支持、公众参与等方面，眉山市仍面临着挑战，需要进一步的努力和完善，以期构建更加全面和有效的协同育人机制。

四、眉山市红色资源融入课程思政的路径选择

眉山市在课程思政教学中合理应用当地的红色资源，有助于形成具有当地特色的思政课程，在学生心中留下珍贵记忆，对于培养新时代的社会主义建设者和接班人具有重要的意义。眉山市各方力量可以从课程内容、教师教学、科教融合三方面努力，优化当地课程

思政教学内容。

（一）将红色资源融入课程，优化课程体系

为了充分挖掘并发挥红色资源在思政教育中的独特价值，眉山市迫切需要对其教育体系进行全面优化和提升。这一过程不仅要求红色资源深度融合进学校的各个学科和课程中，更需要创新性地设计教学模块和活动，确保学生们能够在多元化的学习环境中全面接触和深入学习红色文化。首先，在课程中融入当地红色英雄故事，增加学生们的亲切感。其次，在课程中加入红色主题的研讨活动，让学生用各方面感官去感受和理解红色文化，激发学生的创造力和想象力。最后，开设红色文化研学旅行课程，让学生亲身体验红色教育基地的学习，增强学生的历史使命感和责任感。[①]

（二）强化教师对当地红色文化资源的掌握

在推动红色教育的过程中，教师是知识的传递者，更是精神的引导者和价值观的塑造者。因此，加强教师对红色文化资源的了解和掌握，对于提升眉山市红色教育的整体质量和效果，具有不可忽视的重要性。可以从以下三个方面去努力：第一，定期举办红色文化培训和研修活动。邀请红色教育领域的专家和学者进行授课，让教师获得最新的研究成果和理论知识，并学习先进的教学方法和策略，从而在课堂教学中更加生动、有效地传授红色文化知识。第二，鼓励教师参与红色文化研究项目和实地考察，提升教师红色文化素养和创新思维，使教学过程更加富有感染力。第三，建立教师间的红色教育经验交流平台。有利于促进教学资源共享和教学方法创新，进一步提升红色教育的质量和效果。

（三）加强眉山市红色资源科研与教学之间的协作

建立一个高效的红色资源研究与教学协作机制，有利于将红色资源的深入研究与实际教学紧密结合，也有利于打破高校、研究机构与中小学之间信息交流和资源共享的壁垒，构建一个多元协作、共享共赢的红色教育新格局。首先，眉山市各教育主体要举办联合研究项目和研讨会，使红色文化研究的前沿成果能够迅速转化为学校教学的实际内容。其次，眉山市教育部门要鼓励和支持高校学者直接参与中小学的红色教育教学设计和实施，加强科研与教学协作。最后，眉山市应积极开发红色教育数字资源平台，利用现代信息技术手段，为红色教育的推广和实施提供了一个新的方向。[②]

① 赵蓓茁，孟晓东.地方红色文化资源融入高校思政课的路径研究［J］.学校党建与思想教育，2024（2）.

② 张冉妮.教育数字化背景下红色文化资源赋能高校思政课的契合路径［J］.南方论刊，2023（7）.

五、结语

　　红色资源的教育应用与传承，是连接过去与未来的桥梁，是培养青年一代的重要途径。在新时代背景下，继续挖掘和利用红色资源的教育潜力，将红色精神融入青少年的血脉，对于实现中华民族伟大复兴的中国梦具有深远的意义。未来，眉山市乃至全国各地都需持续探索红色资源在新时代的新应用，不断创新红色教育的方法和途径，以红色文化的力量，激励新时代的青年勇担时代责任，为全面建设社会主义现代化国家贡献青春力量。

"三苏"家风融入眉山市思政课一体化建设

闫元霜 [①]

大中小学思政课一体化建设，是新时代思政课发展的方向。党的二十大报告指出："用社会主义核心价值观铸魂育人，完善思想政治工作体系，推进大中小学思想政治教育一体化建设。"[②] 新时代思想政治教育要保持生机与活力，就要始终"坚持把马克思主义基本原理同中国具体实际相结合、同中华优秀传统文化相结合"。[③] 2022年习近平总书记到眉山市视察时指出："中华民族有着五千多年的文明史，我们要敬仰中华优秀传统文化，坚定文化自信。"[④] "三苏"文化中蕴含了丰富的思政教育资源，其中"三苏"家风对眉山市当地影响深远。习近平总书记在了解"三苏"家风后，指出："家风家教是一个家庭最宝贵的财富，是留给子孙后代最好的遗产。要推动全社会注重家庭家教家风建设，激励子孙后代增强家国情怀，努力成长为对国家、对社会有用之才。"[⑤] 在眉山开展大中小学思政课一体化建设，要运用好"三苏"资源，探索"三苏"家风融入大中小学思政课一体化建设的路径。

一、大中小学思政课一体化的内涵和重要性

（一）大中小学思政课一体化的内涵

大中小学思政课一体化这一命题由习近平总书记在学校思想政治理论课教师座谈会上

---

① 作者简介：闫元霜，眉山职业技术学院马克思主义学院教师，研究方向为思想政治教育。

② 习近平.习近平著作选读（第一卷）［M］.北京：人民出版社,2023:36.

③ 习近平.习近平著作选读（第一卷）［M］.北京：人民出版社,2023:14.

④ 习近平.深入贯彻新发展理念主动融入新发展格局，在新的征程上奋力谱写四川发展新篇章［N］.人民日报,2022-06-10.

⑤ 习近平.深入贯彻新发展理念主动融入新发展格局，在新的征程上奋力谱写四川发展新篇章［N］.人民日报,2022-06-10.

首次提出，是对大中小学思政课程的最新部署。大中小学思政课一体化发展不是一蹴而就的，而是经历了几十年的发展，从 1979 年的"内容重复、分工和衔接"，到 1985 年的"循序渐进，由浅入深"，到 1994 年的"加强整体衔接，防止简单重复或脱节"，到 2005 年的"纵向衔接、横向贯通、螺旋上升，有效衔接、分层实施、循序渐进、整体推进"，再到 2019 年的"大中小学循序渐进、螺旋上升"。可见大中小学思政课一体化，强调循序渐进，各学段有机结合，推动思政课程的全面一体建设。不少学者也对大中小学思政课一体化内涵做出了诠释，如马宝娟认为，大中小学思政课一体化是指，根据学生身心发展规律和特点，将大中小学的思想政治教育主题、模块、内容融入校园文化、课堂教学、社会实践和环境中，教材编写、课标制定、课堂教学、考核评价做到科学的衔接与结合，形成完善系统的一体化教育体系。[①]可见大中小学思政课一体化包含大学、高中、初中、小学四个独立又联系的思政课学段，根据立德树人的目标，按照其内在规律，将各学段思政课通过外在的管理手段，把各学段的教师队伍、资源平台、科学研究、教育内容、教育方法、考核方式等核心要素协同起来，形成整体联动，实现大中小学思政课一体化。

（二）大中小学思政课一体化的重要性

实现大中小学思政课一体化不仅是时代要求，也是思想政治教育发展的内在要求。大中小学思政课一体化是新时代加强思想政治教育的重要手段。思政课是立德树人的根本保障，实现大中小学思政课一体化，能更好地完成立德树人根本任务。中国特色社会主义进入新时代，面临世界未有之大变局和中华民族伟大复兴的战略全局，在两个大局下，弘扬社会主义核心价值观，增强文化自信，需要系统科学的大中小学思政课一体化教学形态。大中小学思政课一体化是思想政治教育发展的内在要求，立德树人是从学校抓起，从娃娃抓起的系统工程。大中小学思政课一体化能做到循序渐进地开展思政教育，依据不同年龄段开展符合学生成长规律的思政教育，实现各学段相互联系相辅相成，避免资源的浪费和教育的脱节，促进个人思想政治素养培育。

二、"三苏"家风是大中小学思政课一体化教育的资源

（一）"三苏"家风的主要内容

所谓的"三苏"家风是指苏洵、苏轼、苏辙几代人在家庭生活实践中总结提炼形成的

---

① 马宝娟, 张婷婷. 大中小学思政课一体化: 问题与对策 [J]. 思想政治课教学, 2020（2）.

"读书正业、孝慈仁爱、非义不取、为政清廉"的家庭训诫，对个人成长和家庭发展有着重要借鉴意义。经过百年的传承和发展，"三苏"家风成为地方优秀传统文化，对眉山市人民影响深远。眉山市是著名的进士之乡，读书风气浓厚。读书正业指苏家主张刻苦学习，以读书修身，以读书成才，以读书报国。苏轼的祖父苏序的愿望便是"吾欲子孙读书"。百善孝为先，孝慈仁爱，是为人的基本遵循。在"三苏"家风中，孝慈仁爱是一代代人的以身作则，苏杲散尽家财助百姓，苏序低价卖田助民等都体现了"三苏"家风的仁爱之心，慈爱之举。邵雍在《戒子孙》中写道："人非善不交，物非义不取。"而"三苏"以身作则，在生活中以行动诠释了非义不取的家风。苏母程夫人用"不发宿藏"教育子女不收取不义之财，苏轼也在《赤壁赋》中写到"虽一毫而莫取"，除此以外，苏轼在黄州谪居时即使是大病卧床也始终坚持非义不取，非义不取的信念已深刻在苏家家风中。为政清廉是"三苏"家风的重要内容，强调为官之道在于廉洁，在于爱民。苏轼一生为官道路坎坷，却始终心系百姓，廉洁为政。

（二）"三苏"家风的思政价值

"三苏"家风中蕴含了深厚的思想政治教育价值，涉及文化价值、道德价值、政治价值等多个维度。"三苏"家风的文化价值体现在："三苏"家风继承发扬了中华优秀传统文化中严以修身的思想文化精华；"三苏"家风的道德价值表现为："三苏"家风继承发扬了中华优秀传统文化中明礼知耻、崇德向善的道德价值；"三苏"家风的政治价值表现为："三苏"家风继承发扬了廉政治世、知行合一的治国理政追求。

"一滴水可以见太阳，一个三苏祠可以看出我们中华文化的博大精深。"这是习近平总书记对"三苏"文化评价。"三苏"文化博大精深，其中"三苏"家风中就蕴含了中华传统文化中的修身、齐家、治国、平天下的思想文化精神，这与新时代开展理想信念教育息息相关。古人理想信念是修身、齐家、治国、平天下，而新时代人民的共同追求是实现中华民族的伟大复兴。理想信念教育是大中小学思政课一体化教育的重要内容，贯穿思政教育的全过程。读书是提升个人修养，积累知识文化的重要途径。在开展思政教育时融入"读书正业"的"三苏"家风，可以激励学生励志求学，报效祖国的个人理想和家国情怀。"三苏"家风不仅为开展大中小学思政课一体化建设提供了文化价值还提供了丰富的素材。

《新时代公民道德建设实施纲要》中指出"中华文明源远流长，孕育了中华民族的宝贵精神品格"，要做到"坚持马克思主义对人类美好社会的理想，继承发扬中华传统美德，创造形成了引领中国社会发展进步的社会主义道德体系"。"三苏"家风为开展大中小学思政课一体化建设提供道德指引，展示了"三苏"文化的博大精深，做到了将优秀传统文化与马克思主义基本原理相结合开展新时代公民道德建设。明礼知耻、崇德向善是中华民族的优良传统，与"三苏"家风主张的"孝慈仁爱、非义不取"不谋而合，是开展大中小学思政课一体化建设的重要道德价值支撑之一。诚实守信、仁爱、孝顺、重义轻利都是中华优秀传统美德，这也与新时代开展社会公德、职业道德、家庭美德、个人品德教育相辅相成，是在继承中推陈出新。

人民立场是中国共产党的根本政治立场，人民至上是中国共产党不懈奋斗的价值遵循。"三苏"家风提出的"为政清廉"为中国共产党提出人民至上理念提供了理论基础。以苏轼、苏辙为例，他们刻苦学习，追求报效国家，从政生涯中始终保持廉正，做到爱民、敬民。除水患、抗饥荒、赈灾民、养弃儿是苏轼交出的廉政爱民答卷，无论是顺境还是逆境，苏轼都始终以家国为己任，忧患着人民的忧患。正是这样的坚守传承，才淬炼出"三苏"家风，也正是这样的治国理政价值追求，为中国共产党将马克思主义基本理论和中华优秀传统文化结合提供了连接点。"为政清廉"为开展大中小学思政课一体化建设提供了重要内容支撑。正如习近平总书记所言，青年一代有理想，有担当，国家有前途，民族有希望。理想和担当不是口号，而是从继承优秀传统文化、学习优秀理论，将小我奉献到祖国的大我之中的行动中来。

三、"三苏"家风融入大中小学思政课一体化教育的路径

（一）顶层设计：明确"三苏"家风融入大中小学思政课的目标体系

思想政治教育目的是实现立德树人，为中国特色社会主义社会培养德、智、体、美、劳全面发展的接班人和建设者。因此眉山市在将"三苏"家风融入大中小学思政课一体化建设的过程中要时刻立足党和国家发展全局，立足中华民族伟大复兴战略全局，实现全员育人、全过程育人、全方位育人。

"三苏"家风融入眉山市大中小学思政课一体化建设要以东坡文化为立足点，打造地方特色思政一体化课程。东坡文化是优秀的眉山市地方文化，为思政教育提供源源不断的支撑。立足东坡文化，立足"三苏"家风，是构建眉山市大中小学思政课一体化建设的特色和亮点所在，是将地方优秀文化与马克思主义基本原理相结合的表现，是在继承的基础

上实现创新发展。

　　"三苏"家风融入眉山市大中小学思政课一体化建设要遵循思想政治教育规律和个人成长规律，构建全面系统的特色思政一体化课程。大中小学各学段学生生理发展和心理发展都存在差异性，因此，在建设一体化思政课程体系时既要根据学生发展需求建设，做到各学段既相互区别又相互联系，将"三苏"家风分层次、分阶段融入各学段之中，让学生实现从认识"三苏"家风、认同"三苏"家风到践行"三苏"家风的蜕变。此外思想政治教育课是一门系统的课程，眉山市在开展"三苏"家风融入眉山大中小学思政课程一体化建设的过程中还要按照教育部颁布的《新时代学校思想政治理论课改革创新实施方案》进行改革创新，注重在小学阶段培养学生的思想道德感情，在初中阶段打牢学生的思想基础，在高中阶段提升学生的政治素养，在大学阶段增强学生的使命担当。"三苏"家风中蕴含了丰富的道德、思想、政治素养和知行合一资源，均可有机融入其中。

　　"三苏"家风融入眉山市大中小学思政课一体化建设，要从大中小学一体化思政课程建设现状出发。眉山市大中小学思政课一体化建设，目前正处在初步建设期，在眉山市教育局的组织下，大中小学各阶段教师、科研工作者积极投入其中，在各学段思想政治教育的改革中取得一定成就，开展了各类研讨会，形成了研究论文，打造了以名师工作室为依托的大中小学各学段对接机制。这为将"三苏"家风融入眉山市大中小学思政课一体化建设奠定了坚实的基础。但是，在建设过程中，要将"三苏"家风融入大中小学思政课程中还存在一定挑战，如一体化教材的开发还有待加强，各类东坡文化实践活动的有机整合还处在探索期等。因此，"三苏"家风融入眉山市大中小学思政课一体化的建设，要以问题为导向，对症下药。

　　（二）中层设计：构建"三苏"家风融入大中小学思政课的实践体系

　　构建"三苏"家风融入大中小学思政课的实践体系，首要的是健全"三苏"家风一体化思政课教学师资队伍。教师是上好思政课的核心要素，思政教师不仅要有知识素养还要有教育素养。基础的知识素养和教育素养，大多数教师都是具备的，但在将"三苏"家风融入大中小学思政课一体化建设的过程中，要更加注重提升教师专业水准。"三苏"家风源于东坡文化，在眉山市就职的高校教师来自全国各地，对东坡文化的掌握参差不齐，因此，在知识素养上，要以专业团队为依托，开展东坡文化教育提升班，让教师了解、掌握东坡文化，从而更好地开展思政课程。此外，特色的"三苏"家风，融入思政课堂的教学，对教学水平各不相同的教师来说也是一种挑战，因此，开展线上线下示范课程建设、名师进学校进行一对一培训、召开全市集体备课会等是有效的措施。

构建"三苏家风"融入大中小学思政课的实践体系离不开统筹推进"三苏"家风系列思政课教材建设。教材是开展课堂教学的重要依托，也是构建一体化教学课程的重要枢纽。因此，在眉山市将"三苏"家风融入大中小学思政课一体化建设的过程中，要在专家学者的带领下，开发一套系统、科学、权威的教材。教材设置首要的是内容的选取，"三苏"家风是从苏家的家庭生活实践中提炼而来的，其相关的历史事迹、文学作品都是重要的教材内容来源，要有针对性地根据各学段的需求进行选择。大中小学一体化思政课教材的设置，还要关注整体的层次性、阶段性、衔接性，在教材编写过程中，要注意"三苏"家风在不同年龄段学习深度的探究，确保大中小学各阶段接受有梯度的、循序渐进的"三苏"家风思政教育。如小学阶段学习"三苏"童年故事，认识"三苏"家风；初中阶段品读"三苏"文学，掌握"三苏"家风思想；高中阶段学习"三苏"为官之道，牢固学生报国情怀；大学阶段，听我讲"三苏"家风教育，让学生做到知行合一。

构建"三苏"家风融入大中小学思政课的实践体系需探索教学一体化系列实践活动课程。第二课堂是开展思政教育的重要阵地，需要牢牢把握。在开展"三苏"家风融入大中小学思政课程建设的过程中要做到统筹规划各类大中小学思政实践活动。实践活动的大中小学一体化，离不开统一的规划和部署，眉山市教育部门提出，要根据各学段不同特征，合理布局各学段开设实践课的课时。此外，眉山市是"三苏"故乡，拥有众多的教育实践基地，在各学段开展"三苏"文化教育时要有针对性地选取，做到统一规划、科学使用、避免同质化、重复化。此外，除了统一规划部署外，各学校可以根据自身特色，将"三苏"家风融入多样的社会实践活动，如志愿者活动、访谈活动等，让学生在潜移默化的影响下学习"三苏"家风，践行"三苏"家风。

（三）基层设计：完善"三苏"家风融入大中小学思政课的组织体系和评价体系

"三苏"家风融入大中小学思政课一体化建设的重要保障是完善开展家风教育工作的组织人员体系。健全的领导体系是开展工作的重要保障。"三苏"家风作为眉山市特色的优秀传统文化，将其融入大中小学思政课一体化建设中，需要以眉山市教育局为领导，以眉山市各学校领导班子为依托，建设课程开发，组织人员体系，推动工作有效进行。目前而言，全国大中小学思政课一体化建设，主要以省市委员会为组织体系。因此，眉山市推动大中小学思政课一体化建设委员会，要注重统筹规划，运用好研究"三苏"家风方面的专家学者，布局好各项工作，推动"三苏"家风融入大中小学思政课的实现。

教学评一体化测评体系，是推动"三苏"家风融入大中小学思政课一体化建设的重要保障。教学评一体化测评体系是全面了解、及时反馈、及时整改课程的重要手段。将"三苏"家风融入大中小学思政课一体化建设的过程中，要注重抓教学质量评价、学生成长评价、教师教学评价三个方面，以评价促进教学工作有效开展，以评价推动教学工作的进步。教学质量可构建大中小学各学段的质量分析报告，既能评估各学段，又能了解综合水平。学生成长评价要注重创新性发展，不能以成绩为重点，而是要以学生德育全方面发展为重点，培养学生全面发展，做到坚定"四个自信"，有家国情怀，愿意为中国特色社会主义事业奉献自己的力量。教师教学评价，要注重教学评价方式的创新发展，根据《关于深化新时代学校思想政治理论课改革创新的若干意见》进行教师考核。

"三苏"家风文化融入高职院校思政课教学研究

林 璐①

四川省作为传承和弘扬中华优秀传统文化的重要基地，拥有独特的文化底蕴与诸多的文化瑰宝，"三苏"家风就是这一宏伟文化版图中极为绚丽的一帧，它不仅是中华优秀传统文化的杰出代表，也是优质家风家教的卓越体现。高职院校思政课作为弘扬和传承中华优秀传统文化的重要平台，将"三苏"家风文化行之有效地融入高职院校思政课教学，深入挖掘"三苏"家风文化在高职院校思政课中的多重价值，对于彰显"三苏"家风文化的育人功能、增强学生的文化自信具有重要作用。

一、"三苏"家风文化融入高职院校思政课教学的多重价值

"三苏"家风文化在历史的浪潮中依然保留其应有本色，并对现代教育事业的发展和社会良好风气的形成产生了重要影响，其中所蕴含的丰富教育元素更是为现代社会高职院校思政课教学提供了重要的价值导向和理论素材，将"三苏"家风文化贯穿于高职院校思政课教学工作的始终，通过科学合理的应用与创新发展，有利于充分发挥"三苏"家风文化的思政教育价值。

（一）促进大学生形成良好的道德品质

"三苏"家风文化所蕴含的基本理念与我国教育实现立德树人根本任务有着高度的内在契合性。"三苏"家风文化体现了苏氏家族身上鲜明的道德品格和精神品质，苏轼之母

---

① 作者简介：林璐，四川城市职业学院马克思主义学院教师，研究方向为思想政治教育。课题项目：四川省大学生思想政治研究中心 2023 年度研究课题《"三苏"家风文化融入高职院校思政课教学研究》（项目编号：CSZ23060）。

程夫人的言传身教、"三苏"父子的清正廉洁、苏轼兄弟的情同手足等诸多传统美德，都成为后世所传颂的千古佳话。程夫人非常重视对儿女道德品行的教育，她的性慈仁爱、孝恭勤俭等重要思想都对儿女产生了深远的影响；苏洵的大器晚成、勤奋好学使其最终位列"唐宋八大家"之一；苏轼、苏辙兄弟二人在父母的精心培育和潜移默化的影响下，也拥有深仁厚泽、勤政爱民的崇高精神。由此可见，家庭教育对于一个人良好品行的养成和高尚人格的塑造具有重要的作用。高职院校学生正处于三观转型的重要时期，借助良好的家风思想引导他们学习并践行传统美德，是落实立德树人根本任务的重要途径。"三苏"家风文化中蕴含着丰厚的德育资源，这些资源为高职院校思政课教学提供了丰富的理论素材，思政课教师要善于将"三苏"家风文化的重要精神内涵融入思政课课堂教学，提高思政课教学的实效性与感染力，使学生能够从"三苏"家风文化中感受优良家风氛围的熏陶，学习"三苏"父子身上的优秀道德品质，把外在的推动力转化为个人的内生动力，着力提升个人的道德修养、塑造个人良好道德品质，为培养德、智、体、美、劳全面发展的社会主义建设者和接班人奠定坚实基础。

（二）培育和强化大学生的爱国主义情怀

"爱国情怀"是中华优秀传统文化的鲜明底色和根本精神，也是中华儿女共同追求的价值信仰和理想信念。从古至今，无数仁人志士为了祖国的兴亡抛头颅、洒热血，这种崇高而无私的精神在"三苏"父子身上也体现得淋漓尽致。"三苏"父子一直秉承赤胆忠心、舍己奉公的使命担当，精忠报国的理念如同不朽的勋章嵌刻在他们的生命里。苏轼在地方任官期间体恤民情、关心民生，面对朝政之失时敢于直言不讳地指出问题之所在，旨在"为天地立心、为生民立命"，在现实重重困境的围阻下，他依然能够抒发出"会挽雕弓如满月，西北望，射天狼"的豪情壮志；苏辙在被贬谪到雷州时，依旧致力于启发民智、教民致富，与雷州人民建立了深厚的友谊。诚然，"爱国情怀"对于激发高职院校学生的民族责任感、深化中华民族共同体意识具有重要的促进作用，高职院校思政课教师要善于将"三苏"家风文化所体现的爱国主义精神与思政课教学内容有效结合，促使学生体悟爱国主义的真谛，树立为全人类谋福祉的远大理想，主动将个人命运与国家命运紧密相连，以此强化思政课教学的实效性，并提升学生在思政课中的体验感与获得感。

（三）增强大学生的文化自信与认同感

习近平总书记曾多次强调："中国有坚定的道路自信、理论自信、制度自信，其本质是建立在 5000 多年文明传承基础上的文化自信。"① 文化自信的培育是一项持久而艰巨的工程，高职院校学生是未来的社会主义建设者，肩负着传承中华优秀传统文化的时代使命。但在当今社会，互联网技术的蓬勃发展致使各种不良思潮以更加隐蔽的方式侵袭大学生的头脑，高职院校学生由于文化基础较为薄弱、社会经验较为缺乏，尚未形成系统稳定的判断力和价值认知能力，在思想认识上容易出现被"带节奏"现象。"一滴水可以见太阳"，"三苏"家风文化映射出了我们中华文化的博大精深，"三苏"所缔造的文化殿堂一直滋养着无数中国人，"三苏"父子身上的诸多优秀品质更是为当代新青年树立了标杆，"没有什么事情能像榜样这么能够温和而又深刻地打进人们的心里。"② 他们身上所展现的孝慈仁爱、患难与共、乐善好施等良好家风家教，在岁月的磨砺中依然万古长青且为世人所传颂与学习。因此，将"三苏"家风文化融入高职院校思政课教学是增强学生文化自信的必然之举，高职院校思政课教师可以从"三苏"文化中汲取营养成分，讲透、讲好"三苏"家风故事，引导学生接受和认可中华优秀传统文化的优势，增强文化认同感、坚定文化自信，使学生能够时刻保持头脑清醒、提高历史站位，使"三苏"家风文化能够在与各种意识形态斗争中保持自身的生命力和影响力。

二、"三苏"家风文化融入高职院校思政课教学的实践路径

将"三苏"家风文化融入思政课教学不仅是高职院校实现自我净化与提高的重要举措，也是推动优秀传统文化适应时代发展的必由之路。针对"三苏"家风文化融入高职院校思政课教学存在的现实困境，我们可以在秉持守正创新理念的基础上，从转变旧式发展观念、加强师资队伍建设、创新教育教学模式等方面入手来破解相关难题。

（一）转变旧式发展观念，发挥各方综合效能

思想是行动的先导，正确的实践需要有科学的理论作为指南，为了将"三苏"家风文化更切实有效地融入高职院校思政课教学，需要我们转变旧式发展观念，发挥各方综合效能。首先，高职院校要注重课程体系建设，依托思政课这一载体讲好"三苏"家风故事。中华优秀传统文化是经过时光的洗涤而积淀下来的宝贵的精神财富，各高职院校要注重将中华优秀传统文化纳入思政课程体系规划与建设中，而"三苏"家风文化作为地域性文化

---

① 习近平．习近平谈治国理政（第四卷）［M］．北京：外文出版社，2022:312.

② 约翰·洛克．教育漫话［M］．北京：教育科学出版社，1999:60.

具有独特的价值意蕴和内在特征，需要借助思政课这一重要育人平台诠释与传递其重要内涵与意义，将"三苏"家风文化与思政课教学内容有机融合，使学生能够通过思政课去感悟和学习"三苏"身上的优秀品格，进而规范自己的言行举止、提升自身的道德修养，充分发挥思政课的德育功能。其次，家庭要重视优良家风家教的建设与传承。家庭是构成社会的基本细胞，也是塑造个体健全人格的重要场所，良好的家风家教会促使人踔厉奋发、笃行不怠，而苏氏家族的家风家训跨越千年依然彰显着榜样的力量，家庭成员可以从"三苏"身上汲取向上向善的能量，营造和谐美好的家庭氛围、锤炼高尚的道德品格，延续优秀文化血脉，使文化基因薪火相传。最后，学生个人要自觉学习与践行"三苏"家风文化。拥有崇高的道德修养是一个人一生的宝贵财富，对于高职院校的学生来说，重视对专业课程和实操课程的学习是完全符合学生实际发展状况的，但是，提升个人的道德修养也是每个人的人生必修课，因此，学生自身要善于挖掘"三苏"身上的优秀品质，自觉践行"三苏"优良家风家训，做新时代德、智、体、美、劳全面发展的有为青年。

（二）创新教育教学模式，突出"三苏"家风特色

随着新媒体技术的快速发展与教学环境的不断更新，单一的教学模式已经很难满足当代大学生对知识的需求，也很难凸显"三苏"家风文化的独特价值，因此，要不断创新教育教学模式，以此突出"三苏"家风特色。首先，坚持理论与实践相结合，发挥实践性教学环节的重要作用。思政课教师不仅要重视以理论教学的方式引导学生学习知识，也要注重实践性教学环节对学生的重要锤炼作用。"三苏"家风文化作为眉山市极具特色的区域性文化，"三苏"祠记载着苏氏家族的历史沿革、东坡文化的赓续传承，就眉山市本地的高职院校而言，思政课教师可以通过参观"三苏"祠的方式使学生追随"三苏"的生平足迹、体悟"三苏"身上的宝贵品质，使学生在潜移默化中感受优秀文化震撼心灵的力量，从而使思政课教学更加具有亲和力和感染力。其次，合理利用新媒体技术，打造"线上线下"联动平台。随着互联网技术的快速发展以及大数据信息对人们生活的不断渗透，学生获取信息与学习知识的渠道发生了重大改变，而这也为优秀传统文化的宣传提供重要平台。高职院校可以通过官方微博、官方微信公众号、校园文化网站等在线平台宣传"三苏"家风文化，打造"三苏"家风文化宣传专栏，使"三苏"家风文化能够走进并融入校园，推动"三苏"家风文化在融入思政课教学过程中能够实现课内课外同向共行，不仅可以增强思政课的吸引力与实效性，也可以提升"三苏"家风文化在全国范围内的传播力与影响力。最后，积极开展校园文化活动，营造风清气正的校园文化氛围。校园文化活动能够在潜移默化中发挥育人效果，"三苏"家风故事不仅可以通过课堂讲授的形式呈现，也可以通过融入校园文化活动展现其独特魅力，比如，可以通过"三苏"家风故事宣讲活动、"三苏"诗词朗诵比赛、"三苏"家风知识竞赛等方式，使学生在参与活动的过程中不仅可以加深对"三苏"家风文化的认识，而且能够增强学生的文化认同感。

（三）加强师资队伍建设，提升教师综合能力

高职院校思政课教师是宣传中华优秀传统文化的主力军，是实现"三苏"家风文化与思政课有效结合的主心骨，这便需要思政课教师具备较强的综合能力。首先，提高教师的政治素养。思政课教师肩负着立德树人、培根铸魂的崇高使命，必须具备过硬的政治素质以提升自身的素养魅力，这不仅是时代发展对思政课教师提出的现实要求，也是思政课教师提高个人道德修养的必要前提。"三苏"家风文化作为中华优秀传统文化的绮丽瑰宝，深深地烙上了中华世代儿女追求崇高精神的历史印记。因此，高职院校思政课教师要宣传和弘扬"三苏"家风文化，必须不断提升自身的政治素养，并从"三苏"家风家训中提炼适宜成分来促进自身发展。其次，增强教师的知识储备。"三苏"家风文化内涵丰富、影响深远，高职院校思政课教师要勤于挖掘"三苏"家风文化中的历史渊源与时代价值，学深悟透"三苏"家风文化的重要内涵和思想精髓，不断增强自己在中华优秀传统文化方面的知识储备，能够在读懂弄通"三苏"家风文化的基础上更加有效地将其融入思政课教学过程中。除此之外，高职院校也可以通过开展专题讲座、文化培训等形式来拓宽思政课教师的文化知识面，将"三苏"家风文化融入相应专栏中，凸显其应有的地位与优势。最后，提高教师的科研能力。高职院校思政课教师要通过提高自身的科研水平来提升自身的教学能力，可以通过撰写论文、申报课题、集体备课会等形式深化对"三苏"家风文化的研究。学校各部门之间、教师与教师之间形成常态化的研讨交流，准确剖析"三苏"家风文化所蕴含的精神内核和价值意蕴，不断提炼其中的理论精华并将其融入思政课教学中，提升思政课以德育人的教学效果。

"三苏"家风文化作为高职院校开展思政课教学的重要理论资源，对于引导学生形成正确的思想认识、养成良好的道德品行具有重要作用。"国家的希望在青年，民族的未来

在青年"，^① 将"三苏"家风文化融入高职院校思政课教学是一项系统而复杂的工程，需要通过各方合力深入挖掘其中的教育元素，推动思政课有效发挥以德育人、以文化人的功能，使高职院校学生能够深入领略"三苏"风采、学习"三苏"家风家教，做中华优秀传统文化坚定的传承者和弘扬者，成为德、智、体、美、劳全面发展的社会主义接班人和建设者。

① 中共中央党史和文献研究院 . 十九大以来重要文献选编（中）［M］. 北京：中央文献出版社，2021:29.

"三苏"家风思想对高职院校思政课教学的启示

高职院校作为高等教育的重要阵地，不仅要解决大学生的"读书"问题，更要承担起大学生思想素质的培养，解决其"正业"问题，引导大学生树立正确的择业观、就业观、创业观，内在要求就是要将"读书正业"落在思政课教学实处。2022 年 6 月，习近平总书记在视察四川省眉山市三苏祠时指出："家风家教是一个家庭最宝贵的财富，是留给子孙后代最好的遗产。要推动全社会注重家庭家教家风建设，激励子孙后代增强家国情怀，努力成长为对国家、对社会有用之才。"三苏"读书正业"的家风思想给高职院校思政课教学工作提供了可借鉴的有益元素。

一、三苏"读书正业"家风思想的形成、价值和影响

苏轼、苏辙出生在一个学习氛围浓厚、家风家训严明的北宋高级知识分子家庭，父亲苏洵是北宋著名的文学家，为二子打造了"门前万竿竹，堂上四库书"的学习环境。家学是苏轼、苏辙兄弟二人幼年获取知识的主要渠道，"读书正业"是"三苏"家族的优良传统，对"三苏"后人优良家风观、教育观的养成，乃至对当代开展思政课教学工作都具有极其深远的影响。

课题项目：本文为四川省大学生思想政治研究中心课题"三苏家风文化融入高职院校思政课教学研究"（项目编号：CSZ23060）研究成果；四川省高校思想政治理论课教师培训中心课题（项目编号：SZQ20230159）、教育部人文社会科学规划一般项目（项目编号：23XJA710005）阶段性研究成果。

（一）重视家学：三苏"读书正业"家风思想的形成条件

苏轼、苏辙年幼时便受到了父亲苏洵和母亲程夫人的言传身教，二子"皆师先君"，苏洵夫妻充当了其子启蒙阶段的第一任老师。据《宋史·苏轼传》载："轼与弟辙，师父洵为文，既而得之于天。"苏辙也在回忆往事时多次提及，他和兄长苏轼自小便在父亲的指导下学习如何写文章。此外，在父亲苏洵在外游学期间，程夫人则承担起了苏轼、苏辙二子家学老师的重担。《宋史·苏轼传》载："生十年，父洵游学四方，母程氏亲授以书，闻古今成败，辄能语其要。"苏轼后来在其所填的词《沁园春·孤馆灯青》中写到"有笔头千字，胸中万卷，致君尧舜，此事何难"，苏辙也在《闲居五咏·读书》中写到"图史纷满前，展卷辄忘睡。古今浩无垠，得失同一轨"，无疑寄托了两兄弟远大的人生抱负和豪迈的文人气节。可以说，苏洵和程夫人不仅是二子家庭教育环节的教学导师，更是二子仕途路上重要的人生导师。苏洵和程夫人对家学的重视，是三苏"读书正业"家风思想得以形成的重要基础和必要前提。

（二）经世致用：三苏"读书正业"家风思想的价值旨归

苏洵曾教育苏轼、苏辙说："犹当以其所知，著之翰墨，使人有闻焉。"这说明了知是行之始，知也是著书立说的基础，这里的"知"指的便是真才实学。可见，在读书的问题上，苏洵要求二子以真知、真学问来做文章的谆谆教诲，成为苏轼、苏辙两兄弟重视知识、以读书为乐的重要人生指引，这也说明了"三苏"家风思想的另一重要特征在于学以致用。三苏的老师欧阳修评价苏洵所著的文章是"不为空言而期于有用……辞辩闳伟，博于古而宜于今，实有用之言"。《苏氏、王氏、程式三家之学是非策》中更是称赞"苏学长于经济"，这里的"经济"指的是经世、济世，很好地说明了苏学是经世致用之学。因此，苏轼、苏辙著书立说都将文章是否实用作为首要的前提，要求自己所撰的文章要能够达到"酌古以驭今，有意于济世之实用，而不志于耳目之观美"的要求。相较于华丽的辞藻而言，所写的文章是否能够经世致用，是苏轼、苏辙两兄弟所恪守的重要标准。

（三）滴水见日：三苏"读书正业"家风思想对苏氏后人及当代的影响

苏轼、苏辙也将从父亲苏洵那里传承下来的"读书正业"的家庭传统传递给了子孙后代。据《苏符行状》记载："先公幼力学，负大志。……益闭户读书，守家学自珍。……奏事殿中，非经不言……平居以经学自娱。"这里的"先公"指的便是苏轼，说明读书是三苏日常生活的重要内容，特别是对经学颇有研究，并以此为乐，三苏好读书的家风思想也在孙辈那里得到了很好的传承。苏轼长子苏迈即将入仕之际，苏轼将一方砚台赠予他当作礼物，并撰文《迈砚铭》附赠之，文曰："以此进道常若渴，以此求进常若惊，以此治财常思予，以此书狱常思生。"用以勉励苏迈别因为入朝为官就忘记了学习圣贤之道，要懂得进取之道、要懂得治财之道、要懂得为官之道。苏轼三子苏迈、苏迨和苏过都在这种良性的家庭环境影响下，相继成为当时著名的政治家、文学家。在"读书正业"家风思想的熏陶下，三苏及其后人都将学以致用发挥到了极致，其所著文章都发人深省、启人心智，三苏家风思想也正如习近平总书记指出的那样，发挥着"一滴水可以见太阳"的重要作用。

三苏"读书正业"家风思想与高职院校思政课教学在价值观层面具有一致性，这为两者相融相通提供了学理基础和现实可能。三苏"读书正业"家风思想所蕴含的教育哲理、丰富内涵和科学方法为高职院校思政课教学提供了丰富的教育资源。将三苏"读书正业"家风思想融入高职院校思政课教学，有利于厚植高职院校思政课教学的文化基础、优化高职院校思政课教学的方式方法、提升高职院校学生的道德修养，进一步增强大学生的文化自觉和文化自信。我们要以习近平总书记来川视察重要指示精神为指引，研究好三苏家风思想，从中汲取丰富的思政课教学智慧，为高职院校思政课教学工作的开展提供有益启示。

二、三苏"读书正业"家风思想对高职院校思政课教学的启示

思政课教学是一门提升学生的政治素养、培养学生的健全人格、促进学生全方位发展的学科。大学生出现"学""业"脱节的问题，影响了大学生思想政治素养的提高，同样也影响了思政课教学的实效性。作为大学生教育的重要阵地，高职院校要积极探索三苏"读书正业"家风思想的科学培育方法，将其融入当代大学生的思政课教学中。

（一）"学""业"并进：注重理论教学与实践教学的有机统一

三苏"读书正业"家风思想整体上强调经世致用、知行合一。一个人具有理论知识固然重要，但如果不去实践它，那也只能是纸上谈兵。理论教学与实践教学是相辅相成的，高职院校也要将理论教学与见习教学有机融合，才能真正将书本上的理论内化为学生扎实的实操技能。高职院校的思政课教学最为欠缺的就是实践环节，思政课教师可以创新思政课教学这门课程的课堂形式，在课程教育内容上注重实践性，将与课堂理论相关的视频或者热点话题带入课堂，将枯燥的文字变成直观的视觉体验，或者采用翻转课堂的形式增强教师与学生之间的互动。多元的教学可以激发学生的学习兴趣，使学生真正参与其中，在

知行合一中深化学生对知识的理解。思政课教师应当充分认识自己在高等教育中所扮演的角色，将多元化的教学形式融入思政课教学中，做好大学生的思想引导工作。

和三苏良好的家庭环境一样，校园文化环境对高职院校思政课教学的作用不容忽视。大学生活中的一些宝贵经历是在课外发生的，而校园文化建设此时则承担了重要的角色，它激发学生的能动性与创造性，让学生在校园实践活动中真切体悟到知行合一的过程。在校园文化建设方面，可以注重品牌文化建设和志愿服务引领等，这些校园文化建设在无形中会陶冶学生的情操，提升大学生的文化品格。比如，可以开展知识竞赛、校园运动会、校园文化节、文明寝室创建等活动，这些活动将思想、文化、艺术、体育集为一体，丰富了校园文化建设，创建了良好的校园文化环境，建立了校园文化新格局。同样，也可以结合校庆、建党周年纪念日等节日在学生中倡导和传递爱国荣校的情怀；还可以利用志愿服务引导学生转化所学，历练成长，进一步发挥志愿服务的育人优势。总之，在众多校园文化建设的知行体验活动中，不论是时间的先后、规模的大小还是活动的种类，这些活动的最终目的是一致的，都是为了让大学生亲身参与其中，在活动中开阔视野、丰富体验，在身体力行中获得强烈的知行共鸣，使读书正业的思想深入心中。

（二）立志教育：引导学生从认识自我到坚定理想

立志就是树立志向。立志教育就是对学生的理想志向、人生观、价值观进行正确的引导和教育。三苏"读书正业"家风思想也注重立志高远，要求子孙做学问要注重实用性，做人要做经世致用之才。立志教育可以促进高职院校思政课教学工作的开展，其最重要的四个方面就是要认识自我、端正动机、确立目标以及坚定理想信念。

认识自我是立志的前提。因为只有对自己具有真知，人才能成为自己的主人，才是一个自由的人。首先，大学生不是一张白纸，要帮助学生认清自己志向的状况及其成因。其次，要帮助学生结合自己的兴趣爱好发掘自己的优势和潜能，找到自己的长处和短板，要发现和了解学生的需求，帮助学生明辨自己的价值取向。自我认识不仅需要依靠个人的努力，教育的引导也很重要。

端正动机是立志的基础。学生在各个不同的时期，对待外界事物会有不同的想法，思想上会产生各种不同的矛盾，学生的缺点和弱点也往往会在矛盾中凸显，包括立志的动机。对立志动机不纯的学生，教师要加以正确的引导，要善于了解和掌握学生思想上的矛盾，通过创设问题或者情境来激发学生的思考，触动学生，让学生懂得端正动机对树立远大志向的重要性。

确立目标是立志的目的。目标是一个人前进发展的动力，如果一个人没有目标，那么他的人生是盲目的，努力就失去意义。目标确立的过程，是一个自主选择的过程。社会千姿百态，个体也具有差异性，能否选择与自己性格、兴趣、能力相适合的发展方向和目标，对一个人能否走向成功的影响是很大的。为此，教师可以根据学生个体情况引导学生自主选择发展目标。

坚定理想信念是立志的关键。目标一旦确立，最关键的就是要坚持不懈，坚定心中的理想信念。大学生坚定理想信念，要遵循认识过程的规律。学校在强调理想信念教育的同时，也要注重务实性，应该分情况对大学生的社会理性和职业道德等做有针对性的引导教育，从学生的实际出发，根据不同情况对学生提出不同的要求。比如对学生党员来说，要鼓励他们树立共产主义远大理想，向其他同学传递一种积极向上的信号，把理想信念的先进性与广泛性结合起来，协同促进思政课教学的开展。

（三）以身作则：重视学校和家庭的言传身教

三苏"读书正业"家风思想产生的重要前提就是苏洵和程夫人的以身作则和言传身教，高职院校开展思政课教学工作也不能忽视了言传身教的重要性。

首先，就是要加强师德建设。教育大计，教师为本；教师大计，师德为本。教师"以身示教"的作用是三苏在教育过程中高度重视的，三苏认为在家学背景下教师的为人师表能对子孙健全人格的培养产生重要影响，使子孙对真知真行的认识更为深刻。因此，加强师德建设的关键在于提升教育者的形象，教师的职业技能反映的只是个体从事教育的技术水平，而师德的建设却不仅仅是教师教学的业务能力。作为学生的楷模和表率，高职院校思政课教师应该严于律己、谨言慎行，不能把自己简单地定位于知识的传播者，更应该把自己当作学生良好思想政治素质养成的示范者。教师对学生有典范性和示范性的作用，因此，思政课教师更要注重自身的言行举止。除此之外，在教学过程中，思政课教师还应注重与学生情感上的交流，不要一味地注重知识的灌输，还要不断提高自身的文化积累，与时俱进地掌握外界动态、了解新鲜事物，成为学生思想上的引领者和行动上的楷模。

其次，就是重视家庭的影响，促进学校与家庭之间的协同教育。家庭教育较之学校教育更有情感和信任层面的优势，能对学生的行为规范、价值准则和道德观念的确立的体验产生重要影响。当前，很多家庭把获得更多的物质财富作为自身思维方式和行为选择上的出发点，一定程度上影响了学生的行为认知和身心健康，很大程度上削弱了学习思政课的成效。所以家长要以身作则、以身示范，从身边的小事做起，端正日常的行为规范，树立正确的价值观，不向孩子传输负面的思想和行为，正确督促和引导孩子。另外，高职院校要善用家校共建方法，通过建立家长委员会、互访制度等途径与家长及时沟通、促进互补，进一步增强高职院校思政课教学的有效性。

田锡精神融入大中小学思政教育一体化的价值意蕴与策略路径

王宇霖[①]

习近平总书记在党的二十大报告中强调，"用社会主义核心价值观铸魂育人，完善思想政治工作体系，推进大中小学思想政治教育一体化建设"。[②]不难看出，党和政府高度重视大中小学思政教育一体化建设，并把打造高质量思政课作为立德树人任务落实的重中之重。中华民族传统文化精神财富是大中小学开展思政教育的宝贵资源，而源远流长的民族优秀传统文化长河的形成，离不开包括历史名人文化在内的地方文化支流的汇入。每每提到眉山市的名人名家，世人只知三苏，但不知田锡。田锡文化作为中华优秀传统文化的重要组成部分与伟大民族精神的生动缩影，与大中小学思政课的思想意蕴和价值导向高度契合，内含极具意义的思政教育要素，是开展大中小学思政课一体化教育取之不尽，用之不竭的精神宝库。将田锡精神融入大中小学思政课一体化教学，既是进一步提升大中小学思政课教学实效，培育新时代优质人才的重要保证，也是弘扬中华优秀传统文化，传承田锡精神的必然举措。

一、田锡精神的主要内容

"呜呼田公，天下之正人也"。[③]田锡出生于嘉州洪雅（今眉山市洪雅县），是一位官民兼爱的君子典范。田锡作风坦荡、执政惠民、清正廉洁，也因敢谏净为后人景仰，范

---

① 作者简介：王宇霖，四川成都人，四川农业大学马克思主义学院 2023 级在读硕士研究生，马克思主义基本原理专业，研究方向为马克思主义基本原理与现实研究。

② 习近平.高举中国特色社会主义伟大旗帜 为全面建设社会主义现代化国家而团结奋斗——在中国共产党第二十次全国代表大会上的报告［N］.人民日报，2022-10-26.

③ 范仲淹.范文正公文集［M］.成都：四川大学出版社，2007:321.

仲淹赞其为"天下正人"，苏轼称其为"古之遗直"。田锡精神是在田锡的人生经历和从政实践中形成的精神财富的总和，其精髓在于"忠勤廉直"，内核则是以正为魂、立德为先的正人精神，反映了田锡的思想观念、道德品质、人格魅力和价值取向，具有符合时代发展需要的恒久价值，深刻展现了内含于中华优秀传统文化之中的精神力量。

（一）精心忠诚、矢志不渝的赤子之心

忠诚文化在中国有深厚的文化基础，自古以来就在推进社会进步、维持社会稳定、规范民众行为方面发挥着不可或缺的作用。田锡做事讲原则、顾大局，不重名利、不计得失，权为民用、情为民系、利为民谋，是古代官员的楷模。田锡入仕后，无论居庙堂之高还是处江湖之远，都公忠体国、勤政为民、恪尽职守，秉笔直书、直言不讳。这种忠于初心、忠于祖国、忠于人民的赤子情怀和民族精神同习近平总书记所要求的"锤炼品格强化忠诚"忠诚精神具有高度融通性。

（二）为学以勤、奋发有为的进取精神

在几千年的历史长河中，中华民族逐渐凝练出强大的奋斗精神，强调自强不息、百折不挠，迄今为止，这一精神特质仍然是我们国家发展、民族复兴的传家之宝。田锡是一个从乡村通过勤奋读书，经过考试选拔走进朝廷为京官的典范。天赋聪颖的田锡，自幼受到父母的严格训励，对于读书习文，尤其勤勉，几乎读遍了经、史、子、集，并将读书的心得形诸笔墨，写下了大量锦绣华章，田锡勤学苦读的奋斗经历充分彰显了"自强不息"的中华优秀传统文化。

（三）刚正不阿、廉洁奉公的从政品格

"廉洁文化"作为中华优秀传统文化的重要组成部分，始终被赋予着厚重的道德意蕴，从古至今，清廉正直的人都为世人所敬重。田锡的一生，是清廉清正、精业敬业的一生。他宦海沉浮二十年，一生为官清正廉洁，作风正派，虽官位不低，俸禄优渥，但从不建豪宅享奢华；举荐人才不收礼，弹劾官员不徇私，始终一心为公，谦逊低调，不为官位投机钻营，总是为了国家利益据理力争，这种廉洁奉公的精神资源可以为新时代青少年未来的职业操守指明清正廉洁的方向。

（四）心系百姓、为民直谏的民本情怀

中华文明在漫长的历史长河中孕育了源远流长的民本思想。习近平总书记强调中华优秀传统文化中六个方面的重要思想理念里，第一条就是"民为邦本"。田锡作为一名诤臣，怀有一颗为民忧乐的心，关注民生疾苦，关心教育发展，重视人才培养，在其为官生涯中，不计个人得失，屡次犯颜直谏，被贬淡定自如，为民请命，上疏皇帝，直言不讳地指出国家赋税繁重、官吏贪污腐败、官民关系紧张等弊端，深刻展现了不畏权贵、实事求是的伟大民族精神。

二、田锡精神融入大中小学思政教育一体化的价值意蕴

2019年8月14日，中共中央办公厅、国务院办公厅印发的《关于深化新时代学校思想政治理论课改革创新的若干意见》提出，小学阶段重在启蒙道德情感，初中阶段重在夯实思想基础，高中阶段重在提高政治素养，大学阶段重在增强使命责任。① 田锡精神对不同学段学生的世界观、人生观、价值观塑造具有积极影响，将其一体化融入大中小学思想政治课程体系，既能使大中小学在思想政治理论课教学中实现一体化衔接，不断丰富教学内容，培育各学段学生的文化素养和道德情操，又能体现不同学段的特点，使思政教育更具针对性和实效性，同时还能以大中小学为阵地，对田锡精神这一中华优秀传统文化继承、宣扬、发展。

（一）学生层面

田锡精神融入思政课对于各学段学生均有重要意义。在小学阶段，可培养小学生的行为习惯和道德情感。田锡的"勤学""自律"品质，可以为小学生在日常学习生活中积累和养成良好的生活、学习习惯树立榜样。同时，田锡精神中蕴含的如"仁""义"等丰富的思想资源，对于引导小学生启蒙道德情感具有重要作用。在中学阶段，可培育中学生的文化自信和政治素养。田锡精神蕴含的丰富历史信息和人文资源，散发出中华优秀传统文化的文化魅力，其不仅有助于带领中学生领略中华文化独一无二的智慧与气韵而建立文化自信，还有利于中学生增强政治素养，启蒙爱国、爱民的政治觉悟，增强历史使命感和社会责任感。在大学阶段，可强化大学生的使命责任和信仰信念。田锡精神中精心忠诚、为民造福的精髓要义是对大学生进行爱国主义教育、信仰信念教育和社会主义教育的重要资源，将其用于大学思政课，有利于大学生在学习过程中不断强化对中国特色社会主义文化的认知，从田锡精神的学习中激发信仰、获得启发、汲取力量，树立为祖国和人民持续奋

---

① 边慧敏，李向前. 新时代高校思想政治工作指导手册［M］. 北京：东方出版社，2020:222.

斗的伟大理想，成为为人民服务与担当历史重任的时代新人。

（二）学校层面

作为一种宝贵的文化遗产，田锡精神蕴含着丰富的思政教育资源。将其融入思政课程设置和教材内容，可以在提升大中小学课程质量的同时，以田锡精神为线索促进各学段思政内容精准供给，实现各阶段的和谐衔接，不断提升大中小学思政教育水平和成效，推动新时代思政课高质量发展。田锡精神可以从不同维度转化为丰富的思政课要素，包括振奋人心的田锡事迹，"忠、勤、廉、直"的精神品质，可用于实践教育的田锡文化展厅等，根据不同学段学生的认知特征和成长规律，合理、统筹、渐进地将田锡精神资源赋能到思政课内容编排之中，构建一套有序衔接的教学体系，循序渐进、螺旋上升地推进课程教学，可以实现大中小学学生听事迹、长知识、学精神、重实践的四维统一。

（三）文化层面：赓续传统文化，弘扬田锡精神

中共中央办公厅、国务院办公厅在印发的《关于实施中华优秀传统文化传承发展工程的意见》中，强调要把中华优秀传统文化"贯穿国民教育始终"，融入思想道德教育等各环节，贯穿于基础教育、职业教育、高等教育等各领域。[①] 田锡精神是中华民族精神、民族信仰的真实写照，将田锡精神融入大中小学思政教育一体化建设，可以根据学生的年龄和认知特点，有针对性地开展田锡精神教育，形成连贯的传承体系，有助于确保田锡精神在各个教育阶段得到系统、全面的传承，对于实现田锡精神对当代的导向价值具有重要意义。一方面，扩大田锡精神的理论影响。大中小学思政课一体化使更多的学生在成长过程中接触并理解田锡精神，从而培养出具有田锡精神特质的新一代，将其传播到更广泛的社会领域。另一方面，增强田锡精神的实践性。通过与思政课的融合，田锡精神可以更好地引导学生的行为，培养他们的实践能力，使田锡精神不仅仅是一种理念，更成为一种行动指南。

三、田锡精神融入大中小学思政教育一体化的策略路径

在实践中将田锡精神融入不同学龄阶段的思政教育，实现不同学段田锡精神教育体系的有机衔接，不只需要"协同作战"，更需要"因材施教"，这就涉及厘清各学段教学目标、完善教材内容体系、统筹安排教学内容、探索多元教学方法、共享共建教学资源、强

---

① 冀晓萍.中办国办印发《关于实施中华优秀传统文化传承发展工程的意见》要求将中华优秀传统文化传承贯穿国民教育始终［J］.人民教育,2017（21）.

化实践育人功能、加强师资队伍建设、科学优化教育评价等诸多子系统。

（一）课程内容提质优化

课堂教学是思政教育的主渠道，应将大中小学思政课堂教学内容与田锡精神进行有机融合。其一，学校应当厘清各学段教学目标，在现有的教科书体系设置中，将田锡精神不同维度的教学要素融入具有共性精神特质的某一单元，抑或是加入专门的田锡精神相关单元章节，开发出对不同学段学生具有针对性的田锡精神专题课程，把田锡精神融入各学龄段课程思政的全过程，使学生在不同学习阶段层层递进、螺旋上升地耳濡目染田锡精神，在确保田锡精神教育的系统性和整体性的同时，有针对性地满足不同学龄段教育需求的特殊性。其二，应当建设共享共建田锡精神课程资源库，将田锡精神相关的历史文献、研究成果、教材、影像资料等资源收集整理，发展大中小学田锡精神教育共享资源库，并向各个学段的教师开放，更好实现各学龄段思政课程关于田锡精神内容的有机衔接和优势互补，促进大中小学思政课的学段衔接，保持不同学段田锡精神教育的开放性、共享性、连贯性和系统性。

（二）教学方法创新改进

将田锡精神融入大中小学思政教育一体化建设，应当根据不同学段学生的认知特点和发展需求，采取多元创新的教学方式，有层次性、有递进性地将田锡精神融入不同学段的思政课堂，确保知识体系的连贯性，例如，小学阶段可侧重田锡故事讲解、游戏活动等；中学阶段可引入讨论、案例分析等；大学阶段可强调研究性学习、实践探索等。通过积极开展主题鲜明、形式多样、内涵丰富的田锡精神系列教育活动，推动大中小学思政教育从"灌输式"向"体验式"转变，使学生在耳濡目染中学习田锡精神、感受田锡精神魅力的同时，增强思想政治理论课教学的吸引力和感染力，营造浓厚的田锡精神学习氛围，让不同学段的学生全过程、全方位地了解田锡精神、感悟田锡精神，培养学生正确的世界观、人生观和价值观。

（三）师资团队改良整合

教育主管部门和学校需要组织大中小学思政课教师系统深入地学习和研究田锡精神，充分发挥思想政治理论课教师在田锡精神融入大中小学思政教育一体化建设中的主导作用，探索和创新课堂教学方法。首先，加强教师培训。组织专业培训活动，邀请专家学者讲解田锡精神内涵和教育价值，提升教师对田锡精神的理解和认识。其次，开展教研活动。

建立田锡精神教研小组，组织教师共同研究如何将田锡精神与思政课教学有机结合。最后，建立合作机制。鼓励大中小学教师之间的合作与交流，形成跨学段的教学团队。通过合作，不同学段的教师可以共同制订教学计划、设计教学活动，确保田锡精神在各个学段得到有效传承和发展。

（四）课程考核体系革新完善

根据不同学龄层次的学生心理特征与发展特点，建立多元化的评价体系，不仅关注学生的知识掌握情况，更注重学生在实践中对田锡精神的理解和应用。评价可以包括课堂表现、作业、项目实践等多个方面，舍弃教条应试考核机制，注重考核田锡精神的整体性、实践性与时代精神的融合性。一是明确考核目标，确定将田锡精神融入课程考核的具体目标，如学生对田锡精神的理解、应用和实践能力等；二是设计考核内容，在现有思政课考核内容中，增加与田锡精神相关的知识点、案例分析和问题讨论等，引导学生深入思考田锡精神的内涵和实践；三是丰富考核方式，除了传统的笔试外，引入实践操作、小组项目、口头报告等多种考核方式，全面评估学生在田锡精神方面的学习成果。

新时代大学生网络文明素养提升路径探析

李　倩①

网络文明素养是人们在认识和利用网络时所应具备的一种综合素质和能力，是新时代网络文明建设过程中所表现出的规范性、导向性的个体文明水平的综合素质。以"00后"为主体的大学生群体，作为伴随网络发展而成长起来的网络"主力军"，其网络文明素养状态，反映并影响着整个网络文明生态。

一、新时代大学生网络文明素养及其意义

网络信息技术为大学生的精神生活提供了广阔的空间，深刻影响着大学生群体的求知途径、思维方式、价值观念。大学生作为网络中最活跃的群体，其网络文明素养状况在很大程度上，影响着整个网络社会的良性发展和网络文明建设的进程。

大学生网络文明素养，是大学生网民在网络中表现出来的良好道德修养、正确价值观念、优良精神风貌、融洽人际关系和协调文化氛围等方面的素养，是大学生个体在网络空间中的思想状况和精神风貌的集中体现，表现出较强的自律意识和强烈的社会责任感。

作为推动网络文明建设的中坚力量，大学生群体应充分发挥个体优势，提高自身的网络文明素养，从而引领全体网民的网络文明风尚，共治网络空间乱象，共建文明网络社会，共享网络文明成果。培育和提升新时代大学生的网络文明素养对助力高校立德树人根本任务的落实、满足新时代网络文明建设的需要、实现大学生综合素质的全面提升具有重要意义。

一是助力高校立德树人根本任务的落实。立德树人是高校的办学之本。习近平总书记

---

① 作者简介：李倩，硕士，四川大学锦江学院马克思主义学院助教，研究方向为思想政治教育。

在中国人民大学考察时强调，学校要"坚持为党和人民服务，落实立德树人根本任务"。^①高校立德树人根本任务在新时代可以具体化为培养"有德行、有才能、有根基、有格局"的时代新人。^②新时代大学生网络文明素养培育有助于高校立德树人根本任务的落实，表现为：

首先，有助于培育"有德行"的时代新人。所谓"人无德不立，国无德不兴"。"有德行"是立德树人的灵魂旨归，是对个人道德修养、理想信念、个性品格等方面的全面概括。在新时代的网络背景下，网络文明素养逐渐成为个体文明素养中不可缺少的重要部分。

其次，有助于培育"有才能"的时代新人。"有才能"是立德树人的首要目标。才能展现了一个人的本领、才干和综合能力。高校要培养兼具科技素养和人文素养的高质量、创新型人才，而能够"学网、懂网、用网"已经成为时代新人的基本素养。

再次，有助于培育"有根基"的时代新人。"有根基"是立德树人的基本要求。所谓"根基"是个体内心所存的文化立场和家国理念。高校要培养人才，必须立足我国优良传统文化和特殊国情，网络文明素养培育正是立足于我国社会主义现代化的实际，推动网络强国战略的题中应有之义。

最后，有助于培育"有格局"的时代新人。"有格局"是立德树人的目的指向。"格局"展现了一个人的宽广胸襟和独到视野。习近平总书记关于"教育决定着人类未来"的论断，^③正是站在人类社会发展高度上的高瞻远瞩。与发达国家相比，我国网络建设和相关人才培养还处于方兴未艾的阶段，新时代大学生的网络文明素养培育就是要立足网络全球化的视野，借鉴他国网络人才培育的经验与教训，以培养具有全球视野的有格局、有担当的时代新人为使命。

二是满足新时代网络文明建设的现实需要。习近平总书记强调："意识形态工作是党的一项极其重要的工作。"^④如果说现实社会是人们物质生活的基础领域，网络空间则是人们精神生活的根据地。在新时代背景下切实提高大学生的网络文明素养，是实现网络空

---

① 习近平.坚持党的领导传承红色基因扎根中国大地 走出一条建设中国特色世界一流大学新路［N］.人民日报，2022-04-26.

② 李晓华，袁晓萍.高校立德树人的时代内涵和实践路径［J］.高等教育研究，2018（3）.

③ 习近平.习近平谈治国理政：第3卷［M］.北京：外文出版社，2020:23.

④ 习近平.在全国宣传思想工作会上的讲话［A/OL］.2013-08-20.http://www.xinhuanet.com/politics/2013-08/20/c_117021464.htm.

间秩序稳定的必要条件，更是新时代下网络文明建设的现实要求。

一方面，大学生网络文明素养的培育有利于为新时代网络文明建设培养一批网络技术、管理和创新人才。网络文明素养的培养强调提高大学生的网络认知等多方面的能力，通过对大学生网络文明素养的培育，有助于提高大学生"学网""懂网""用网"等多方面的能力和素养，拓宽大学生学习专业知识、增强创新能力的渠道，早日成为新时代所需要的社会主义时代新人，为把我国从"网络大国"建设成为"网络强国"提供充足的人才储备和坚强的智力支持。

另一方面，大学生网络文明素养的培育，有益于优化网络环境，为新时代网络文明建设提供坚实基础。在互联网时代，网络信息的传播方式影响和改变着大学生认知能力和思维方式。身处在网络世界中时，大学生更应该保持清醒，并认清自我，树立网络"节点"意识，影响和感召其他社会成员提高网络文明素养，共同优化网络空间环境。

三是促进大学生综合素质的全面提升。综合素质是指个体在思想道德素质、专业知识素质、身体与心理素质等多方面的综合表现。促进人的综合素质全面提升是社会发展的基本要求，网络文明素养作为大学生综合素质中重要的组成部分，是人类在数字化、信息化时代必备的一种基本素养，特别是人类迈入网络信息时代，提高人的综合素质显得尤为紧迫。

首先，培育大学生的网络文明素养有利于提高其思想道德素质。思想道德素质是用于调节人与人以及个人与社会关系的行为规范的总和，是个体从事一切活动的根本动力。网络文明素养对大学生在网络道德、法律和网络行为方面所提出的规范要求势必也会影响其现实社会的思想行为表现。

其次，培育大学生的网络文明素养有利于提升大学生的专业知识素质。现如今，网络化生存已经成为大学生发展的一项必备技能，通过培养大学生的网络文明素养，不仅能够帮助大学生拓宽专业知识学习的途径和渠道，也有助于培养其灵活利用海量的网络信息资源，发展和培养更多兴趣爱好和知识技能的能力。

最后，培育大学生的网络文明素养能够增强大学生的身体与心理素质。瞬息万变的网络世界存在许多的诱惑和威胁，可能严重损害大学生的身心健康。通过培育大学生网络文明素养，能够引导大学生更加科学地使用网络，避免过分依赖和沉溺，从而保持身心健康。

二、新时代大学生网络文明素养存在的主要问题

从整体上来看，新时代大学生网络文明素养整体状况良好，上网目的性较强，关注的网络信息多与社会民生、时事政治、文化教育相关，表明大学生善于从网络中获取知识信息，且关注的信息内容对自身和社会具有一定积极意义，但仍有一部分大学生在网络文明素养方面存在一些亟待解决的问题。

一是网络认知理性不足。科学理性的网络认知是大学生文明上网、文明用网的基础。以"00后"为主体的新时代大学生成长于数字化信息环境下，互联网的普及使得大学生更加便捷、高效地接触各种新事物、获取大量的信息以及了解各种新思想和新观念。这极大地开阔了大学生的视野并扩展了他们的思维。然而，随着信息渠道的增加和信息量的扩大，网络信息呈现出多样化、碎片化和复杂化特点，从而给大学生的网络认知能力、理性思维和价值取向都带来了挑战。

二是网络自律精神欠佳。作为处于社会化关键阶段的群体，大学生具有自我表达欲望强烈且感情丰富的特点。然而，大学生的世界观、人生观和价值观处于尚未成熟阶段，面对良莠不齐的网络信息，难以做出正确的自我判断，克服网络认知与个体情感之间的矛盾。除此之外，网络空间的虚拟性和网络交往的隐匿性使大学生的网络行为缺少外在监督，而部分大学生面对诱惑的自律精神欠缺，容易在不良信息的诱导下误入歧途，这些都不利于大学生群体的正常成长和发展，也容易弱化大学生群体的社会责任感、个人责任感。[①] 根据《网络成瘾临床诊断标准》，连续三个月每天上网6小时被视为网络成瘾。有研究显示，我国大学生网络普及率达100%，而网络成瘾率在10%左右。[②] 这说明，部分大学生网络自律精神欠缺，不能深刻把握网络世界中的"慎独"理念，过度沉溺于网络，自我放纵，从而妨碍对自我成长的关注和自我能力的提升。

三是网络道德观念薄弱。网络的匿名性和开放性，为大学生提供了在网络环境中，任意扮演任何角色的可能性和空间性，这可能会使他们放松或完全放弃内在的道德约束。尤其是网络的隐匿性，使部分大学生在网络上不能客观冷静地看待问题，不能有效地利用网络信息进行自我反思，而是把互联网当作发泄情绪的"出气筒"，使用粗俗、鄙夷的文字

---

① 王艳.提高青年群体在网络空间的自我约束力［J］.人民论坛,2018（32）.

② 顾海根.上海市大学生网络成瘾调查报告［J］.心理科学,2017（6）.

符号随意发布带有攻击和诽谤性质的言论，甚至导致网络暴力事件。在相关调查中，有超过三成受访学生表示曾有过"网络用语不文明""浏览或传播过不良内容""剽窃他人学术成果""网络人身攻击"等不道德行为。

四是网络法律素养欠缺。大学生是网民群体中高素质和高智商的代表，理应在网络文明建设中发挥中流砥柱的作用，但现实情况却不尽如人意。当前，大学生网络文明素养的一个突出问题，就是网络法律素养欠缺。相关调查数据显示，有近6%的受访学生表示"完全不了解"网络法律相关内容。在被问到"网络权益受到侵犯时，应该怎么做？"有近10%的受访学生认为"维权较麻烦，选择忍气吞声自认倒霉"。这在一定程度上表明，大学生的网络法律知识还不够扎实，运用相关法律知识来维护自身权益的能力不足。

五是网络安全意识淡薄。由个人信息在网络上被盗取、泄露、贩卖所导致的网络诈骗，已经成为当前最大的网络安全隐患，大学生群体往往容易成为网络安全隐患的受害群体。国家反诈中心数据显示，2021年在所有电信网络诈骗的受害者中，35岁以下人群占比达67.5%。其中，身处校园内的大学生群体，成为诈骗重灾区。新京报贝壳财经联合支付宝安全中心发布的《2022中国青年反诈报告》调查结果显示，超三成大学生遇到过诈骗陷阱，其中有15.2%受访同学上当受骗，仅3.53%"被拦住了"，幸免于难。[①]

三、新时代大学生网络文明素养培育的提升路径

中共中央、国务院颁布的《关于进一步加强和改进大学生思想政治教育的意见》（中发〔2004〕16号）强调：高校必须主动占领网络思想政治教育的新阵地。[②]为此，根据上述大学生网络文明素养中存在的问题，特提出以下提升路径：

首先，在思想政治理论课教学中适时融入网络文明素养教育。例如，在"马克思主义基本原理"课程中，引导大学生运用辩证唯物主义和历史唯物主义的立场、观点和方法，对网络问题进行哲学性思考，正确看待科技进步与人的异化。又如，在"思想道德与法治"课程中，注重挖掘思想道德教育与网络文明素养培育的契合点，澄清网络道德原则和价值观念，增强自我约束和道德责任意识。

---

① 贝壳财经.@年轻人，这里有份"2022反诈心路"请查收［A/OL］. 2022-12-23. https://www.bkeconomy.com/detail-167179969614143.html.

② 蒋海升等.青少年网络道德建构研究［M］.济南：山东大学出版社，2011:176.

其次，开设网络文明素养教育公共课程和专题讲座。高校可通过中国大学 MOOC（慕课）、直播等新媒体形式，面向社会开设网络文明素养公开课，透过生动的个案分析，探究在新媒体背景下的媒体内容、舆论环境、政府决策、民众心态等方面，并在此基础上对如何利用互联网进行有效沟通、公开表达、社会参与等提出可行性建议，积极引导网民以更加理性和成熟的心态在网络空间中健康生存、良性发展。同时，面向校内大学生群体开展网络文明素养专题讲座，如要求思政课教师向大学生讲授网络相关的道德伦理问题；请计算机教师讲授网络技术特点、传播形式、如何甄别及筛选网络信息等知识；聘请或邀约互联网企业人才、网络智库专家、网络警察、法律宣讲团等专业人员向大学生讲授保护个人信息、防范电信诈骗、科普网络法律法规等，以提高大学生在网络法律、网络安全等方面的综合素养。

再次，充分发挥实践活动的培育功能。"受教育者良好思想品德的形成，不仅有赖于持续而有效的理论教育，更有赖于实践锻炼。"[①] 网络文明素养培育实效性的提升必须以实践教育为基准，一方面，建议积极开展"网络文明素养"知识竞赛。通过开展和宣传"网络文明素养"知识竞赛，让更多大学生了解什么是"网络文明素养"及其规范和要求，并主动参与到培育工作中去。另一方面，建议积极开展"校园好网民"评选活动以发扬榜样的示范作用。"校园好网民"活动旨在在互联网上评选出"有高度的安全意识、有文明的网络素养、有守法的行为习惯、有必备的防护技能"的"四有青年好网民"，这具有典型示范与激励作用，能够引领广大学生自觉遵循文明健康的网络生活方式，养成崇德向善的网络行为规范。再一方面，还可以举办以网络文明素养为主题的征文、演讲、辩论比赛、研讨会、视频大赛以及校园网络文明成果展等活动；成立"网络文明协会""网络文明督导组""网络文明自律协会"等相关社团；通过在"红色网站"开设网络文明素养教育专栏、在校园官媒和公众号上开设网络文明素养知识专题等多种形式，在校园范围内形成浓厚的崇尚网络文明的文化氛围。

复次，加强熟悉网络文明素养教育的师资队伍建设。就当前熟悉网络文明素养相关知识教育的师资力量较为短缺的情况，必须着力发展一支职业素质强、专业程度高、熟悉网络文明素养教育的师资队伍，以满足高校加强网络文明素养培育的需求。为此，一方面，

---

① 陈万柏，张耀灿.思想政治教育学理论［M］.武汉：华中师范大学出版社，2009:184.

高校应对教师开展网络知识技能集体培训，提高教师队伍的整体网络文明素养水平，促使教师始终保持对网络趋势的敏锐性，并将掌握的网络知识与技能渗透到教学实践中；另一方面，教师应转变教育观念，努力适应网络时代的新变化，以开阔的视野、较强的应变能力和丰富的教学经验，及时捕捉大学生用网过程中可能出现的网络失范端倪，对上网成瘾、存在网络心理障碍的学生，应有针对性地实施网络文明素养教育，及时进行心理疏导，帮助其走出困境；再一方面，教师要善用新媒体手段进行教学，除了采用传统"灌输式"教育方法，教师还需要充分运用微博、微信、慕课、抖音等当代大学生喜闻乐见的网络平台，充分挖掘育人资源，通过图文转换、音频结合的形式，对当下时新的网络热门话题和事件开展讨论式、专题式教学，增强教学的实效性。

最后，加强对大学生网络行为的校园监管。中共中央、国务院在《关于进一步加强和改进大学生思想政治教育的意见》（中发〔2004〕16 号文件）中明确指出：要"全面加强校园网的建设，使网络成为弘扬主旋律、开展思想政治教育的重要手段。"[①] 为此，就高校而言，一是要加强对校园局域网络的管理。高校要通过管理校园 IP 地址，推行论坛实名制、自动屏蔽不良网站、控制网络接入时间等途径，在确保学生拥有一定的自由使用校园网络权限的同时，有效控制学生上网行为，避免其遭受不良信息的侵扰；二是要加强校园网络舆情的监管。为应对新时代高校网络舆情传播环境日趋复杂的局面，高校应建立协调、高效、灵敏的网上舆情收集反馈机制，通过校园网络舆情的分析时刻把握大学生的思想动态，达到准确把握校园网络舆情事态，化解矛盾和隐患，科学引导网络舆论的功效；三是要构建网络文明奖惩机制。高校应建立网络文明行为的奖惩机制，将网络文明行为纳入大学生和教职工的考核和评优指标中，对于传播社会正能量、致力于网络公益、监督并举报网络不良信息以及创作优质网络文化内容的典范，应适当给予精神和物质奖励。同时，对于态度恶劣、屡教不改者应从严处理，酌情给予警告及处分。

---

① 中共中央，国务院 . 关于进一步加强和改进大学生思想政治教育的意见［A/OL］. 2004. http://www.moe.gov.cn/jyb_xwfb/gzdt_gzdt/moe_1485/tnull_3939.html.

中学篇

聚焦一点，"三位一体"，
眉山市全面推进大中小学思政教育一体化建设

张会全　杨　川[①]

党的二十大报告强调，要"推进大中小学思想政治教育一体化建设"，为新时代大中小学思政教育工作明确了方向。近年来，眉山市聚焦一点，将习近平新时代中国特色社会主义思想一体化融入眉山市全域大中小学思政教育，在全省率先成立眉山市大中小学思政教育一体化建设研究中心，积极探索思政教育平台建设、课程建设、队伍建设"三位一体"模式，持续将党的创新理论、"三苏"文化等有机融入各层级学校思想政治教育，全面提升眉山市大中小学思政教育一体化建设格局。

一、搭建平台，建立健全多层级、多主体联动机制

眉山市秉持"循序渐进、螺旋上升、衔接有序、内涵发展"的发展理念，成立大中小学思政教育一体化建设研究中心，健全多层级、多主体联动机制，搭建各级学校共同推进思政教育交流平台。

一是高度重视。将学校思政教育工作列入市委常委会重要议题，列入市委教育工作领导小组年度工作重要内容。落实市委、市政府主要负责人进高校做形势政策报告制度，地方党政主要负责人定期赴在眉高校宣讲。市委常委、宣传部部长定期深入学校课堂专题听思政课。常态化开展高校学生思想政治工作座谈会，市委教育工委书记带队与青少年学生面对面谈理想、话未来，推进思想政治教育与时代发展并进、与学科建设同频、与学生思

---

① 作者简介：张会全，中学高级教师，四川省眉山市教育和体育局党建办主任；杨川，四川省眉山市眉山职业技术学院教师。

想共振。

二是完善机制。印发《关于贯彻落实〈教育部关于进一步加强新时代中小学思政课建设的意见〉的工作方案》，出台 10 条具体举措，在课程体系建设、队伍建设、资源整合等方面深化改革创新。出台《眉山市大中小学思政教育一体化研究中心建设方案》，成立眉山市大中小学思政教育一体化研究中心，组建由阎钢教授为领衔，各在眉高校马克思主义学院教授、各中小学思政课正高级教师合力组成的专家委员会，指导一体化研究中心建设工作，构建各地、各部门、各学校齐抓共管、积极联动的工作格局。

三是共建共享。四川大学锦江学院和十余所中小学作为一体化研究中心成员单位，获批省委教育工委、省教育厅首批四川省大中小学思政课一体化共同体。各成员单位积极融入共同体，搭建眉山市大中小学思政教育集体备课、教学研讨、学术交流、课题研究等平台。举办两届研讨会，组织大中小学思政课教师共同交流探讨一体化思政教育中面临的问题与困境，打破了长期以来各学段思政课教学互不了解、互不沟通、互不交流的信息茧房状态。

二、整合资源，多形式拓展思政课堂活动

课程一体化是统筹推进一体化建设的重要着力点，眉山市将党的创新理论、"三苏"文化等有机融入学校思想政治教育，打造具有眉山特色的思政金课。

一是用好课内资源。持续推进《习近平新时代中国特色社会主义思想读本》"进校园、进课堂、进头脑"，覆盖 3 个学段 4 个年级 13 余万学生。以高校马克思主义学院为龙头，开展不同学段的同课异构教学实践。组织习近平新时代中国特色社会主义思想一体化融入眉山市大中小学思政课堂教学活动，由大中小学思政骨干教师共同协作完成，小学讲述"我的梦中国梦"；初中立足"以中国式现代化全面推进中华民族伟大复兴"；高中围绕"品读东坡文化　坚定文化自信"，循序渐进地引导学生逐步形成道德情感、思想基础、使命担当。

二是用好文化资源。将东坡文化等本地特色融入思想政治教育。通过编创"东坡诗词操"、组织开展"东坡小书童"品牌文化活动、举办"是父是子——'三苏家风进万家'流动展"等方式，让身边的东坡文化与社会主义核心价值观一道发力。积极发挥"东坡文化讲师团"作用，开展流动课堂、在大中小学宣讲东坡文化共 133 期，形成一批符合不同学段特点、可复制、可推广的思政金课及课程群。举办"诵东坡 爱眉山"诗词大会，覆盖 23 万名大中小学生。

三是用好红色资源。用好用活永丰村基地、眉山三苏祠博物馆、虞允文爱国主义廉政教育基地等四川省大中小学思想政治教育一体化基地，组织开展现场教学、红色研学等活动，打造"行走的思政课"。组织在眉多所高校在永丰村开展"习近平总书记关于打造新时代更高水平'天府粮仓'"现场教研暨国家粮食安全观进大中小学思政课活动。拍摄并播出以"粮食安全"为主题的开学第一课，覆盖我市大中小学20余万人。

三、建强队伍，全面提升思政教师育人水平

办好思政课关键在教师，眉山市坚持思政教师职业全周期培养，发挥好教师的积极性、主动性、创造性。

一是把好入口关。在省级公费师范生中优先培养中小学思政教师，调整、充实思政课专职教师队伍，逐步配齐专职教师。出台教师职业行为负面清单，做到师德师风教育全覆盖、违法违规行为零容忍，确保思政课教师思想政治素质和职业能力本领过硬。

二是坚持"传帮带"。对照思政课教师"六要"和"八个统一"的具体要求，统筹各学段思政课教师专业发展一体化培养。由四川大学锦江学院负责，每年选派经验丰富的高校思政课教师下沉到中小学，对思政教师进行一次培训和研修活动。邀请阎钢教授就"如何上好思想政治理论课"进行专题讲座，进一步提高思政课教师思想政治理论水平，引导大中小学思政课教师树立一体化思维模式。

三是发挥榜样性作用。承办全省第二届"'510'廉洁教育进校园"思政微课大赛，我市4所大中小学校分获一、二、三等奖。鼓励各层级思政课教师积极参与名师工作室、相互听课，带动大中小学思政课教师队伍建设。依托全省"思政课教师年度人物"评选计划，培养一批可信可敬可靠、乐为敢为有为的立德树人"大先生"。2023年眉山市1名高中校教师获评全省"学校思政课教师年度人物"，3名教师获提名。

四、结语

全面推进大中小学思政教育一体化共同体建设是一项需要长期探索、久久为功的工作。眉山市将着力依托一体化研究中心，建设"眉山市大中小学思政教育一体化网络资源库"，推进资源共建、成果共享，以现代信息技术赋能思政课教学，推动各学段之间的衔接递进，努力培养堪当民族复兴重任的时代新人。

眉山市"三位一体"持续推动和深化中小学思政课改革创新

胡思华①

教育是国之大计、党之大计，教育的根本任务是立德树人。思政课作为落实立德树人根本任务的关键课程，发挥着不可替代的作用。眉山市高度重视思政课建设，深入贯彻落实习近平总书记在学校思想政治理论课教师座谈会上的重要讲话精神和关于思政课建设的重要指示精神，持续推进思政课改革创新，不断提升思政课的思想性、理论性、亲和力和针对性。

一、系统设计思政课改革创新

眉山市委、市政府高度重视思政课建设，将思政课建设作为党的建设和意识形态工作的标志性工程，在教师队伍建设、课程建设、推动大中小学校思政课一体化建设等方面出台了多项重大举措。

（一）坚持高站位谋划

市、县（区）党委教育工作领导小组每年针对思政课建设进行专题研究，坚持把思政课建设作为党的建设和意识形态工作的标志性工程，纳入各级党委领导班子考核和政治巡视，针对教师配备、经费保障、职称晋升等思政课建设核心问题开展专项督导。同时将思政课建设纳入学校办学质量评估考核体系，建立党委政府办好思政课、书记校长带头抓思政课、思政教师上好思政课的工作机制。

---

① 作者简介：胡思华，四川省眉山市教育科学研究所办公室主任。

（二）坚持高起点建设

组织市、县（区）教研员、骨干教师、思政名师工作室成员深入学校开展调研，开发市级思政课教学资源，包括单元教学建议、导学案、作业设计、教学评价建议、视频微课等内容供全市思政课教师选择使用。印发《眉山市思想政治理论课课堂教学规范》，实现思政课教学规范化、系统化，为思政课教师有效开展课堂教学提供有力支持。依托名师工作室、名师送教和常态化教研活动开展思政课建设和课堂教学研讨，推动学校办好思政课、教师讲好思政课、学生学好思政课。

（三）坚持一体化推进

统筹推进思政课一体化建设是系统提升新时代思政教育质量和水平的政治要求。要推进思政课一体化建设，就要一体化推进课程建设，特别是一体化推进校本课程建设。在开齐开好国家课程的基础上，开好时事新闻课程、参观研学课程、社区实践课程、研究性学习课程等校本课程。以四川大学锦江学院马克思主义学院为基干组建眉山市大中小学校思政教育一体化研究中心，依托该中心实施一体化教研，加强一体化指导。聚焦大中小学教学中交叉内容的螺旋式上升、各学段内容的各自特点，定期开展交流和观摩。围绕思政教育理论热点、教学难点、时政焦点，邀请省内外专家学者开展讲座、研讨、答疑等活动。以高校和市教育科学研究所为牵引，以市、县（区）两级思政教研名师工作室以及各中学、小学为依托建立"2+2"一体化教研机制，指导市、县（区）两级各学校、各学段思政课教学工作，有效整合教研资源，推动各环节连贯融通。

二、配齐建优思政课教师队伍

教师是实施课程内容、开展课程评价的主体，是上好思政课的关键。办好思想政治理论课关键在教师，关键在发挥教师的积极性、主动性、创造性。

（一）把好"入口关"配优增量

根据区域实际情况，督促各县（区）教育行政部门配齐配强中小学思政课教师，加强教师岗前筛查、培训和考核，同时建立能上能下机制，明确无法适应思政课教学的教师必须通过专门培训再提升、再锻炼，实在无法胜任的应进行必要的岗位调整。将思政课专职教师配备纳入学校考核，鼓励学校校长、书记、思政工作骨干担任专职思政课教师。

（二）"培优""强基"盘活存量

专兼职并存是目前我市思政课教师队伍的最大特点，也是最大的实际。按照思政课教师专业发展的规律，聚焦"四有""六要"等要求，以新一轮课程改革为契机，以新教材培训为抓手，建立中小学思政课教师轮训制度，同步加强区域研训、校本教研、网络教研，加强对思政课教师的师德教育和专业培养，促进教师师德修养和专业素养全面提升。建立思政课示范授课、优质课展评等机制，围绕"新时代思政课教师教什么、如何教"进行展示交流，发挥榜样示范作用，提升教师教学基本功，为优秀教师成长搭建平台。同时，思政教育不能全靠思政课教师，每一位教师都应该是思政教育工作者。常态化开展班主任基本功大赛、优秀德育案例评选，抓好班主任队伍建设，利用主题班队会、德育主题教育活动、班级建设等途径，把思政教育渗透到学生的日常学习生活中，形成"人人都是思政教育人"的思政教育新格局。

（三）加强保障筑巢引凤

"栽下梧桐树，引来金凤凰"。真正实现"让有信仰的人来讲信仰"，吸引更多优秀人才参与思政教育是关键。为增强思政教育岗位的吸引力，眉山进行了一系列探索。一是完善思政课教师教学和科研成果认定，将其纳入教师职称评审认可条件。在正高级教师、特级教师、眉州名师评选中，单列思政课教师序列，加强思政课骨干教师培养。二是加大对思政课教师参加各类荣誉称号评比的支持力度，在各类评先选优条件中，强调政治理论水平、师德修养，为思政课教师参评提供便利条件。三是将优秀思政课教师作为干部队伍重要来源，注重在学校党政干部选拔以及后备干部培养中增加思政课教师占比。

三、打造眉山思政课特色

习近平总书记指出，"思政课不仅应该在课堂上讲，也应该在社会生活中来讲"。眉山市通过多渠道将社会资源转化为思政教育资源，推动课堂内外同向发力，使"思政小课堂"和"社会大课堂"深度融合贯通起来，形成"大思政"格局，打造眉山思政课特色。

（一）让每节课"有意义""有意思"

思政课好不好，直接关系到学生对思政教育的直观感受，课上得"有意义""有意思"，通俗易懂、生动有趣，学生才愿意听，才听得进。为此，眉山市深入推进备课、研课、磨课、晒课、评课"五位一体"，打造"思政金课"。引导教师积极回应学生需求、关注学生成长阶段性特点，通过讲身边人、身边事，以"小切口"抽丝剥茧、由表及里，把高大上的"大道理"讲出"烟火气"、讲活、讲透。

（二）深入挖掘优秀传统文化资源

眉山市是三苏故里，享有"千载诗书城，人文第一州"的美誉，拥有深厚的历史文化底蕴。2022年6月8日，习近平总书记在三苏祠考察时指出："一滴水可以见太阳，一个三苏祠就可以看出我们中华文化的博大精深。"近年来，眉山市大力弘扬优秀传统文化，开展校园文化月活动，推进"三苏"文化、端淑文化进校园，编写《品味东坡》《三苏故事》等多部校本教材（读本），举办东坡诗词大赛、"颂家风，传家风"等形式多样的活动，坚定文化自信，以丰富的文化底蕴滋养眉山思政教育守正创新，办出眉山特色。

（三）强化红色文化对课堂的浸润

红色是思政教育最亮丽的底色，红色基因是思政课的根和魂。眉山拥有丰富的红色文化和爱国主义文化资源。青神县是四川省为数不多的在第一次国内革命时期就建立了共产党组织和红军队伍，并开展武装斗争的革命老区县之一，是当时川西南革命运动的摇篮。有凭一战为南宋续命百年，被毛主席称赞为"千古一人"的南宋抗金名将仁寿县人虞允文。目前，依托这些文化资源，已经建成青神县红色西山研学基地、仁寿县虞允文爱国主义教育基地暨廉政教育基地。每年组织中小学校学生到基地开展研学学习，弘扬革命传统，传承革命精神，在广大中小学学生中扎牢"听党话，跟党走"的理想信念，树立"请党放心，强国有我"的远大理想。

四、结语

党的二十大报告提出，理直气壮办好思政课，坚持不懈传播马克思主义科学理论，引导学生深入领会党的创新理论的道理学理哲理，做到知其言更知其义、知其然更知其所以然，为学生一生成长奠定科学的思想基础。在建设教育强国的新征程上，眉山市将始终坚持以习近平新时代中国特色社会主义思想为指导，牢记初心使命，聚焦立德树人根本任务，一步一个脚印，推动课程思政与思政课程同向发力、协同育人，实现显性教育和隐性教育有机结合、育人与育才有机统一。

浅谈新时代下大中小学思政课一体化建设

李 涵^①

党的十八大以来，中国特色社会主义进入新时代。中国特色社会主义新时代，本质上就是实现国家富强、民族振兴、人民幸福。以习近平同志为核心的党中央高度重视学校思政课程建设，强调用社会主义核心价值观铸魂育人，完善思想政治工作体系，推进大中小学思想政治教育一体化建设，形成大中小学联动机制，落实新时代立德树人根本任务，创新教育教学方式，为增强思政课的针对性、有效性提出了明确的方向。现阶段，做好新时代大中小学思政课一体化建设，有利于提升思政课教育成效，培养强国、强党人才，助力中国式现代化的实现。

一、新时代下大中小学思政课一体化建设的现状

（一）大中小学思政课一体化建设取得的成就

1.科学理论基础指导

马克思主义关于人的全面发展的论述中提出，社会发展是由人的实践活动推动的，人是实践活动的主体，实践活动需要人发挥主观能动性，并产生积极效果。因而，人是社会发展的决定性因素，促进人的全面发展是社会发展的必然要求。我国的根本制度以及中国特色社会主义处于新时代的良好时代条件为促进人的全面发展奠定了良好的前提和基础。新时代推进大中小思政课一体化建设要从国家的顶层设计出发，根据时代特点和现阶段我国国情，把促进人的全面发展作为重要目标，通过发挥思政课程的重要媒介作用，实现学生全面发展，培养符合国家发展的新时代强国人才。

---

① 作者简介：李涵，四川省眉山市洪雅县柳江镇花溪初级中学二级教师。

思想政治教育课程是落实立德树人根本任务的关键性、核心性课程。近年来，党和国家高度重视高质量的思政课程建设，习近平总书记在学校思政课教师座谈会上强调："在大中小学循序渐进、螺旋上升地开设思政课非常必要，是培养一代又一代建设者和接班人的重要保障。"党的指导思想与马克思主义是一脉相承的，习近平新时代中国特色社会主义思想是对马克思主义的接续发展，是马克思主义中国化时代化新的飞跃。这些关于思政课程建设发展的重要论述为新时代大中小学思政课一体化建设、落实立德树人根本任务指明了前进的方向。

2. 深厚历史底蕴支撑

在悠久的历史长河中，中华民族在实践中形成了历史悠久、博大精深的文化，其中中华优秀传统文化是中华民族的根和魂所在，同时也是新时代大中小学思政课一体化建设的根本遵循和重要指引。新时代以新的方式创新中华优秀传统文化、不断发扬和弘扬革命文化和社会主义先进文化，展现深厚的历史文化底蕴，树立文化自信、自强，同时也为思政课程一体化建设提供了大量的优质教育教学资源。可以借助迅速发展的互联网技术，使许多中华优秀传统文化实现创造性转化和创新性发展，以新的方式重新呈现，如电影《长安三万里》《姜子牙》等。

（二）大中小学思政课一体化建设存在的不足

1. 理论与实践的联系要加强

时代发展迅速，教材理论知识与实践不相匹配，有一定滞后性，甚至出现了脱节的现象。理论与实践两者不可分离，理论与实践是相互促进的，实践产生理论，理论指导实践，在现阶段，仍有思政课教学仅停留在书本上，没有联系社会生活、时事政治，学生的理论与实践相割裂，无法从实践中感受理论，理论无法指导实践，因而，思政课无法实现育人的良好效果。

2. 一体化机制有待优化

推动大中小学思政课一体化建设旨在使大学、中学、小学不同的阶段协同起来，形成合力，根据学生的身心发展规律，不同阶段采用不同的教学内容和教学模式，在循序渐进、螺旋式上升中深层次地落实立德树人根本任务。近几年，大中小学思政课一体化共同体建设在逐步推进，但仍面临巨大考验，从覆盖面来看，大中小学思政课一体化建设尚未形成大学、中学、小学全学段的覆盖；从资源来看，资源平台、师资队伍、课程教学等一体化建设仍需进一步提高。

二、促进大中小学思政课一体化建设的对策与建议

（一）推进分学段一体化

思想政治教育贯穿大学、中学、小学教育，跨度较大，要注重不同学段之间的衔接，同时要注意学段从低到高内容要逐渐递升，理论与实践相结合，逐步深入。而中学阶段处于小学和大学的中间阶段，分为初中和高中，在整个大中小学学段中，占比相对较大，是承上启下的关键时期，并且在此阶段，青少年的"三观"逐步确立，日益牢固，后期更改较难，因而，要注意与下一阶段的衔接以及在教育过程中根据青少年的身心发展规律，对相关的思政课教育进行升级。

（二）推进教学要素一体化

教师、教材、教学是教学过程中的主要要素。教师是推动思政课教学一体化的关键因素，教师要不断提升业务水平，在把握本学段教学内容的基础之上，学习其余学段的教学内容，教学时更好地把握学段之间的上下衔接。教材设计要对不同学段不同年级有针对性，确保依据学生的身心发展规律，使教材内容结构合理、内容有效、功能互补。推动思政课一体化建设最终要落实到教学层面，体现到思政课教学效果上以及阶段性学生整体素养成上。

（三）推进各学段管理一体化

实施好大中小学思政课一体化建设，关键要推进各学段管理一体化。仍有大部分学校对于思政课一体化建设是分而治之，一体化程度仅仅在于教材、教学目标大方向，基础网络平台资源，学段之间的联动程度不深，或内容反复重复，或关键地方简而概之，衔接不恰当。因而，要注意不同学段思政教师队伍之间的沟通、交流，做到教师之间教学内容密切联动，推进各学段领导层管理一体化，完善思政课一体化建设机制，学段与学段之间以两两组合的形式进行。中学阶段处于关键阶段，上下衔接小学和大学阶段，因而，要以中学阶段思政课程为核心抓手，定期组织教师对教学目标、教学内容、教学方式等进行学习和交流，确保思政课一体化建设的质量。

一体化背景下初高中思政课教学内容衔接研究

陈丝其 [①]

2019 年 3 月 18 日，习近平总书记在学校思想政治理论课教师座谈会上强调了办好思想政治理论课意义重大，提出要把统筹推进大中小学思政课一体化建设作为一项重要工程，推动思政课建设内涵式发展。[②] 全国思政课教师开始对思政课一体化建设中的相关方面进行广泛深入的研究，但从研究的学段来看初高中阶段还相对较少，所以，本文通过分析相关理论研究成果，对比分析部编版初中《道德与法治》与高中《思想政治》教材内容以及结合教学实践对初高中思政课教学内容衔接进行研究。

一、一体化背景下初高中思政课教学内容衔接的必要性

大中小学思政课一体化，是为了充分发挥思政课的立德树人功能，对大中小不同学段进行统筹规划，使之形成有机整体，其注重的是从宏观层面解决整体的贯通与融合问题。而思政课程内容的"衔接"，则是强调相邻学段中的各要素能够有效发挥其作用，并实现功能互补。所以一体化和"衔接"之间具有辩证统一关系。在一体化背景下探讨初高中思政课教学内容有效衔接非常必要。

首先，这顺应学生认知发展规律。不同学段的学生认知具有不同的阶段性特征，这也就要求教学内容要适应学生认知发展过程，同时注重初高中阶段内容的有效衔接。

其次，这符合新课程改革要求。新课程改革强调要不断更新和调整课程内容，强调知

---

① 作者简介：陈丝其，四川省眉山市眉山实验初级中学教师。

② 习近平.用新时代中国特色社会主义思想铸魂育人贯彻党的教育方针落实立德树人根本任务[N].人民日报，2019-03-19.

识与能力并重。这也就意味着以教材为主体的教学内容要不断更新。教学内容衔接的研究更加关注学生主体，把握学生身心成长和学习发展规律，让初高中学段教学内容相互衔接，实现教学内容的螺旋上升，不断促进课程功能的转变，实现思政课育人目标。

二、一体化背景下初高中思政课教学内容衔接的问题分析

（一）顶层设计方面

近年来思政课一体化建设不断发展，但由于时间还较短，缺乏经验，因此，针对初高中思政课教学内容衔接的顶层设计还不够完善。第一，教育资源不贯通。目前在全国并没有形成统一的思政课一体化课程资源和信息资源，教育资源之间的流通还局限在小范围当中，缺乏相互流通和分享的统一平台和渠道。第二，教师交流研讨平台不完善。现在教师交流研讨的平台还不够完善，导致主要还是以同学段学科教研活动为主，不同学段思政课教师的交流研讨较少，这也间接影响和削弱了思政课教学内容的衔接性。

（二）教学内容方面

教学内容是教育活动中的核心要素，它直接关系到教学目标的实现。通过对比新版部编版初中《道德与法治》和高中《思想政治》的教材内容，发现其还存在一些问题。第一，教学内容跨度大。初中思政课教学内容总体比较基础，而高中思政课教学内容则涵盖了更加复杂的理论知识。第二，教学内容存在简单重复。通过实际分析对比发现，初高中思政课教学内容中关于"国家利益""公民基本权利和义务""基本经济制度""基本政治制度"的部分存在着简单重复的内容。一体化建设过程中，对于相同知识点，在不同学段或相同学段不同年级之间也要各有侧重，各具特色，要体现出进阶思维。[①]因此，初高中思政课教学内容上的问题制约着教学内容的有效衔接。

三、一体化背景下初高中思政课教学内容衔接的优化策略

在一体化背景下，初高中思政课教学内容衔接过程中面临的这些现实问题需要从不同的方面进行解决。

（一）整合教育资源

教育资源影响着教学内容，影响着教育的质量和效率，所以，要实现一体化背景下初

---

① 王西亚，闫成俭.大中小学思政课实践教学有序衔接的困境与对策［J］.晋中学院学报，2024（1）.

高中思政课教学内容的有效衔接就必须整合教育资源。首先，在国家层面，需要建立关于大中小学思政课一体化资源共享的全国性大平台。平台上有对资源进行分类整理的单元，汇总了全国对一体化研究的各项内容。让想要获取教育资源、想学习相关思政课教学内容一体化前沿知识的教师能够通过这一平台丰富自己并不断提升自己的理论水平以及加深对思政课一体化建设的了解。其次，在学校层面，要对现有的教育资源进行梳理和评估，充分挖掘现有教育资源。学校要重视思想政治课，重视一体化建设，整合学校教学资源，助力初高中思想政治教学内容衔接。[①] 最后，在教师个人层面还要充分利用互联网。通过互联网共建共享优势，不断提升自己整合和利用资源的能力，提高自己在实践过程中对初高中思政课教学内容的把握，更好地衔接两个学段内容以最终达到帮助学生更好地理解知识、更充分地学习之目的。

（二）打造教研平台

教师教研平台为教师进行初高中思政课教学内容衔接研究提供了保障。通过创建初高中思政课教研平台，让教师在平台中能与不同地区、学段、学校的教师进行合作交流，并对不同学段思政课教学等内容进行分析和研究。教师们也可以发挥平台优势，与其他教师相互合作研究关于思政课教学内容衔接的课题和项目。同时学校层面也可以定期举办关于初高中思政课教学内容衔接研究的研讨会或者学术沙龙，通过灵活多变的形式组织本地区各学段的思政课教师集中学习相关内容。

（三）统筹教学内容

初高中思政课教学内容各个时段具有先后顺序，从单元、课、框题的设置再到具体主题教育内容的分布，只有依据学生的认知特点和规律，循序渐进地组织教学活动才能达到事半功倍的效果，否则会造成学生知识的混乱。[②] 所以，初高中思政课教师要提高自己驾驭教学内容的能力，这也就要求教师需要不断拓宽自己的知识面，熟悉两个学段的教学内容，把握教学内容的重难点知识。高中教师要在学生已有的学习知识内容上进行拔高，或者适当补充或者拓展相关知识让学生更有学习的获得感。初高中思政课教学内容有效衔接不是一朝一夕能够做到的，也不是依靠少数教师能够做到的，而是要全体教师的共同努力。为形成各学段一体化的育人格局，思政课教师要立足生活实际，打通各学段间的教学壁垒，

① 吉星 . 中学《道德与法治》与《思想政治》教材衔接问题研究［J］. 苏州大学学报，2021（3）.
② 袁维羽 . 一体化背景下初高中思政课衔接研究［J］. 浙江师范大学学报，2023（4）.

形成协同育人理念。[①] 每位教师都要不断提高统筹教学内容的能力并结合学生的学情来因材施教。

四、结语

综上所述，实现初高中思政课教学内容有效衔接是一个系统工程，只有从整体出发对各个主体、各个方面提出相关要求，才能真正推动一体化背景下初高中思政课教学内容有效衔接，推动大中小学思政课一体化建设。

---

① 柴源，李前进．大中小学思政课教学一体化建设探析［J］．北京教育：德育，2024（1）．

推进大中小学思政教育一体化建设的路径探析

吕向阳　梁鸿翎[①]

思想政治教育是培养社会主义事业合格建设者和接班人的基础性教育，是全社会共同关注的焦点。当前，我国教育体制改革不断深化，为了更好地培养德、智、体、美、劳全面发展的社会主义建设者和接班人，大中小学思政教育一体化建设成为当务之急。

一、大中小学思政教育一体化建设

党的二十大报告强调："育人的根本在于立德。"要办好思政课，就要用习近平新时代中国特色社会主义思想铸魂育人，着力于大中小学思政课一体化建设，构建大中小学纵向衔接、横向贯通、螺旋上升的思政课体系，用中华优秀传统文化滋养学生的品德意志，用新时代历史性成就、历史性变革的鲜活事例增强学生的底气、志气，不断提升思政课的针对性和吸引力，助力学生成为强国建设、民族复兴道路上可堪大用、能担重任的栋梁之材。

二、推进大中小学思政一体化建设的意义

大中小学思政一体化建设关系到我国思想政治教育整体性的发展，对于培养担当民族复兴大任的时代新人、进一步优化学生思想道德素质具有重要意义。

（一）纵横衔接，增强育人目标的整体性

大中小学阶段是学生成长发展的重要阶段，不同学段有着不同的育人目标。大中小学思政一体化建设能更好落实立德树人根本任务，帮助学生树立正确的世界观、人生观和价值观。推进思政教育一体化建设，可以确保思政教育在不同学段之间的纵向衔接和横向互

---

① 吕向阳，四川省眉山市东坡区东坡中学教师；梁鸿翎，四川省眉山市东坡区东坡中学教师。

补，能够更好地贴近学生的成长特点，形成育人目标的整体性，为学生提供更系统、更有针对性的思政教育。

（二）整合资源，提高教育质量的高效性

大中小学思政教育一体化建设能够提升思政课的系统性、整体性、结构性、过程性，促使各个学段的教育资源得到充分整合和共享，形成教育质量的协同提升。通过从中华优秀传统文化中汲取立德树人的智慧，有效整合资源，提高教育质量，使学生在思政教育中得到更加全面的培养。[①]

（三）全面发展，培养核心素养的实效性

思政教育是培养学生德、智、体、美、劳全面发展的综合性教育，大中小学思政教育一体化建设能够更好地促进学生全面素质的培养。通过贯穿始终的思政教育，培养学生的爱国情怀、社会责任感和历史使命感，使他们成为有自信、尊道德、讲奉献、重实干、求进取的时代新人。

三、推进大中小学思政一体化建设的路径

大中小学思政一体化建设是培养德、智、体、美、劳全面发展的社会主义建设者和接班人的重要举措，对于国家的未来发展具有深远影响。推进大中小学思政课一体化的路径探索，能够为学生的成长成才和国家的繁荣发展奠定坚实的基础。

（一）精准落实育人目标，"守好一段渠"

不同学段的学生有不同的成长特点和需求，因此，需要根据实际情况制定相应的育人目标，明确思政教育的发展方向。针对不同学段的学生，可以通过调整课程内容、教学方法等方面的差异，使思政教育更好地贴合学生的实际需求，实现育人目标的精准落实。[②]

例如，弘扬中华优秀传统文化：鉴于大中小学各学段学生的认知水平和学科特点的不同，在大中小学各学段"三苏"文化的教学中，需要设计差异化的"三苏"文化教育方案：

1. 在小学阶段，可以通过简单易懂的故事情节引导学生对"三苏"的了解。

2. 在初中阶段，可以深入挖掘"三苏"的文学思想和艺术成就，使学生更深层次地理解"三苏"文化，并利用多元的教学手段提高"三苏"文化教学的吸引力和深度。可以组

---

① 李发亮.统筹推进大中小学思政课一体化建设的内在逻辑和实现路径［J］.洛阳师范学院学报，2023（10）.

② 刘小勇，文晓夏.推进大中小学思政课一体化建设的常态机制与路径［J］.中学政治教学参考，2023（3）.

织学生进行实地考察、参与戏曲表演、进行文学赏析活动等，以多样的方式激发学生对"三苏"文化的兴趣，提高他们的参与度。

3. 在高中阶段，整合跨学科的资源，形成一个全面的"三苏"文化教学体系，使学生在多个维度上全面了解和感悟"三苏"文化。在"三苏"文化思政课程中引入跨学科元素，涉及文学、历史、哲学等多个领域。通过多角度的学科融合，学生能够更全面地理解三苏文学作品，形成对中国传统文化的多层次认知。

4. 在大学阶段，设立专门的"三苏"文化思政课程，以促使学生更深入、更系统地学习三苏的文学作品和思想，深刻领会"三苏"文学的精髓。除了传统的授课形式，可以设立"三苏"文化研讨课程，鼓励学生通过小组研讨、论文撰写等方式深入思考"三苏"文学的当代价值和意义。

（二）注重打造思政金课，"跑好接力赛"

1. 深化融通式教育，打破分割式教育

为打破思政课条块分割壁垒，思政课应立足课堂，聚焦学段衔接，促进教学理念共融、内容共通。① 具体来说，初中思政课应该注重基础知识的传授，培养学生的基本素质和道德观念，在衔接小学思政课内容的同时，为高中、大学的深入学习打下基础。同时，初中思政课还应该注重与小学、高中、大学的教学内容相互补充，避免重复和脱节。

例如，在初中道德与法治"走进法治天地"这一单元教学中，教师便可以结合小学、高中与大学思政课中有关"法律"的相关内容，在课堂中引导学生回顾小学所学法律知识，并在对小学知识延伸的基础上，进一步拓展高中、大学的相关知识，进而明确课程教学重点及知识深度，保障知识深度符合初中生发展的规律特点，同时确保所讲授知识与高中、大学相关知识的衔接。此外，教师还可以将当前社会的热点问题引入课堂，如网络安全、个人信息保护等，引导学生了解相关法律法规和道德规范，培养学生的法治意识和道德观念。

2. 做实沉浸式教学，赋能高效课堂

根据学生的年龄特点和认知规律，采用多样化的教学方法和手段，增强思政课的互动性和实效性。初中思政课教师应该注重启发式教学和探究式学习的应用，旨在培养学生的思维能力和实践能力，为高中与大学思政课的探究式学习和项目式学习打下基础。②

① 韩月娥.大中小思政课一体化背景下初中思政课教学衔接的问题与对策研究［J］.求知导刊，2023（29）.
② 潘维威.初高中思政课教学衔接问题及对策研究［J］.重庆三峡学院学报，2023（5）.

（1）聚焦大单元教学，探索跨学科教学

为实现教学方法的衔接，初中思政课教师应该积极探索和实践启发式教学法、案例教学法、小组合作学习法等现代教学方法，注重引导学生主动思考和探究，培养学生的自主学习能力和合作精神。

例如，在"创新驱动发展"这一课程教学中，鼓励师生共创思政课主题微电影、动漫、音乐、短视频等"云作品"，积极开发眉山特色文化虚拟仿真教学资源，对学段特色内容进行媒体化、沉浸化、场景化、形象化、共情化创新。

（2）加强实践活动，创新作业设计

注重实践教学在思政教育中的作用，通过开展社会实践活动、志愿服务活动、校园文化活动等，让学生亲身感受和实践相关知识点，提高他们的实践能力和社会责任感。

例如，教师可以组织学生参与与国家安全相关的社会实践和志愿服务活动，如参观军事博物馆、参加反恐演练等。通过亲身参与，学生可以更好地理解和掌握相关知识点，同时也可以提高他们的实践能力、爱国观念以及社会责任感，这对学生后续在高中、大学思政课中的学习具有一定积极意义。

3. 探索立体式评价，完善保障体系

通过客观量化评价与主观效度检验相结合，综合采用结果评价、过程评价、动态评价等方式，以立体多元的评价机制推进思政课一体化建设落地。[①]

例如，初中思政课教师在设计评价方案时，应主动与小学、高中及大学的思政课教师进行沟通和协作，确保各阶段评价标准的相互衔接和一致性。这不仅有助于保证学生在不同教育阶段接受连贯的评价，还能增强评价结果的可比性和有效性。通过共同制定评价标准和方法，各阶段的思政课教师能够共同为学生的全面发展提供有力支持，充分发挥评价在激励学生成长和引导教学方面的积极作用。

（三）夯实筑牢师资队伍，"强教先强师"

为了更好地推进大中小学思政课一体化建设，需要提高教师培训水平。通过组织专业培训、邀请专家讲座等方式，不断提高教师的教学水平和思政教育理念，使其更好地适应不同学段的教育需求。为了强化大中小学思政课程的师资队伍，需要加强跨学段的师资交

---

① 伍倩倩.大中小学思政课一体化建设的宜昌实践研究［J］.三峡大学学报，2023（2）.

流。通过建立跨学段的师资培训机制，促使各个学段的思政教育工作者进行互相学习，共同提高教育水平。

四、结语

综上所述，大中小学思政教育一体化建设是当前我国教育发展的迫切需求。通过精准落实不同学段的育人目标、注重打造不同学段的思政课程、强化大中小学思政课程的师资队伍等路径，可以更好地推动思政教育的一体化建设，为培养德、智、体、美、劳全面发展的社会主义建设者和接班人提供有力支持。

东坡文化赋能思想政治教育一体化建设

齐瑞丽　李玲利 [①]

习近平总书记在党的二十大报告中强调："中华优秀传统文化源远流长、博大精深，是中华文明的智慧结晶。"人民网曾以"常提儒家名言、苏轼名句最多"来概括习近平总书记用典情况。中国特色社会主义文化，源自中华民族五千多年文明历史所孕育的中华优秀传统文化，苏轼就是其中的一座丰碑，这是馈赠给后人的一笔珍贵的精神财富。东坡文化能够担负起以文化人、以文育人、以文塑人的重任。将东坡文化赋能思想政治教育一体化建设，能够实现立德树人的目标。

一、创新并完善"东坡文化＋教材读本"统编理论体系

立德树人是教材的"根"，文化自信是教材的"魂"，高质量教材既是落实立德树人根本任务的关键要素，也是彰显文化自信的重要载体。将东坡文化这一具有眉山地方特色资源活化为思政教育的辅导性教材读本，有利于推进东坡文化赋能大中小学思政教育一体化建设。

（一）挖掘育人目标

大中小学思政课一体化建设充分展现出尊重和侧重不同学段分目标的特点：呈现为从"培养优良品德、根植核心价值"到"提高思辨能力、培育综合素质"再到"赓续传承教育、践行使命担当"的阶梯式教学设计。在此基础上，需要探索东坡文化在思政教育中要实现的育人总目标和学段性目标：一是要把握核心素养，把立德树人根本任务作为主旋

---

① 作者简介：齐瑞丽，四川省眉山市仁寿县城北实验初级中学教师；李玲利，四川省眉山市仁寿县城北实验初级中学教师。

律；二是结合东坡文化资源融入学校思政教育的时代价值和内容建构；三是坚持问题导向，根据不同学段特点，实施东坡文化教育微观设计。

（二）激活教师队伍活力

东坡文化资源的广博性和传承性，决定其在融入思政教育教材读本时必然会有一定的复杂性和多样性。因此，首先提升大中小学思政教师队伍素质，以天然的区位优势，通过东坡文化赋能教师自身的价值和效能。其次组织大中小学优秀思政教师集中交流和分散讨论，积极与兄弟学校互动，巧借各方优势，充分挖掘东坡文化，将其实效性融入地方性教材。再次立足一体化需求，由地方文化资源保护单位、代表性传承人、学科专家、一线名师等共同参与教材读本的编写和审核，实现东坡文化资源创造性转化与创新性发展。

（三）创新课程形式

发挥好地方性教材读本的文本价值，一定程度上将拓宽思政教育一体化在教学形式上的发挥空间，助推出更有说服力的教学方法。通过考虑教学方法的普适性和个性化，以不同学段相同主题教学为基础，根据主题模块设计教法，在熟练运用"教材＋读本"的前提下，在不同学段内形成教学联动效应，探索一体化的体验式教学、项目化教学、议题式教学等专题教学环节设置，打造新型教学课堂，打破各自为阵局面。

二、构建并推行"东坡文化＋校园文化"特色主流价值

长期性、整体性和系统化是大中小学思想政治教育的显著特征，校园文化营造则是渗透教育价值的重要阵地。打造以东坡文化资源为底蕴的大中小学校园文化，是因地制宜准确定位，创新舆论引导模式，以及积极营造阳光校园特色主流价值的主要途径。

（一）渗透道德情感

以苏轼的道德教育和家庭教育作为校园文化的价值典范。学生时代是世界观、人生观、价值观形成和发展的重要阶段，而家庭教育又是三观萌芽的重要环节。苏轼教导后代要以德为先、勤学好问、忠贞爱国，其道德教育和家庭教育的思想和实践可以给予学生有益启迪，树立正确三观，以"坚忍不拔"的鸿鹄之志，"诗酒趁年华"的只争朝夕，"厚积薄发"的笃定恒心，"挽弓射天狼"的壮志豪情，"烟雨任平生"的乐观豁达，"虽一毫而莫取"的浩然正气，启迪青春思索。

（二）助推价值引领

以苏轼的廉政思想和法律思想作为校园文化的法治教育指引。苏轼作为一位出色的政治家，其廉政思想和法治思想的底色与核心就是以法便民，这也是其人生的真实写照，让学生深刻理解苏轼以法便民的思想凝结着中华优秀传统文化，正如习近平总书记反复强调的，"法治建设要为了人民、依靠人民、造福人民、保护人民，全面依法治国最广泛、最深厚的基础是人民"，提升学生的法治素养。

（三）厚植精神文化

以苏轼的人生境遇和豁达胸怀作为校园文化的培厚土壤。苏轼一生命途多舛，但世间的风雨没有击垮他，他用从容乐观、豁达自适织成一件精神蓑衣，抵御人生的狂风骤雨，给无数身处逆境的后人带来慰藉和力量，其丰富的人生经历和精妙的文学作品，在思政教育中有着无与伦比的价值，引导学生领悟生命的真谛，辩证地看待事物与矛盾，创造有意义的人生。

三、开展并协调"东坡文化＋教育实践"多项联动机制

守一方土，尽一份责，思想政治教育实践教学依托优秀的地方文化资源展现其天然适用性。审视地方文化资源的可持续价值，要以发展的眼光和整体的思维来看待，让理论走向实践，协调大中小学思政教育实践活动的联动机制，助力学生实现全面发展。

（一）拓宽实践渠道

"知"是基础和前提，"行"是重点和关键，"知行合一"是教育发展内生动力的延续。拓展东坡文化这一地方性实践教育的实施途径，可开设专题板块、进阶渠道和合作学习等教育实践项目。依托地方性教育资源，以将具体人物变成文化符号和文化 IP 为主，开展主题活动班会、东坡文化节、演绎情景剧、诗词大赛等活动，拓宽德育的现场式、体验式、调研式、访谈式等多种内外形式。

（二）搭建实践网络

文化渗透要基于目标开展分阶段、分层式教学活动。初阶实践以情感体验为主，通过古迹追寻、文物参观、基地观瞻等形式，开设现场教学的校本课程；中阶实践以更深厚宽广的文化熏陶为主，如征集不限形式的文艺作品、"数字人苏东坡"信息互动、主题调研等活动；高阶实践以地方资源开发利用的课题选择为主，通过名人访谈、传承人寻访、短

视频记录等多种形式，公开展示教育实践活动的优秀成果。

（三）践行东坡精神

充分利用学生的课余时间，以假期实习和校外实习的形式，打造"阶梯式建设"大中小学思政教育社会实践模式，利用本地东坡文化资源开展志愿服务活动，以文化科普为主，通过古迹解说、项目研究、岗位历练等方式，打造学生特色文化队伍，组织起"大手拉小手"的大中小学社会实践联动体系活动，借力东坡文化资源，让思政教育走深走实、入脑入心。

丝路精神融入大中小学思政课一体化建设探析

杨 梅[①]

长期以来，我国的大中小学思想政治理论课建设主要聚焦于马列主义理论和中国特色社会主义理论体系的教学，较少涉及中华优秀传统文化的内容。随着党和国家对传统文化弘扬的高度重视，近年来，各地在思政课教学中也开始融入中华传统文化的元素。其中，丝绸之路沿线流传千年的丝路精神，作为中华优秀传统文化的重要组成部分，深受党和国家领导人的推崇，被誉为"和平合作、开放包容、互学互鉴、互利共赢"的生动示范。

一、丝路精神的科学内涵及其育人价值

（一）丝路精神的科学内涵

丝路精神的科学内涵可概括为和平合作、开放包容、互学互鉴、互利共赢四个方面。第一，和平合作蕴含着中华民族历来热衷和平不好战的品质。古丝绸之路的兴衰变迁昭示我们，经济文化繁荣需以持久和平为前提。"一带一路"弘扬这一传统，致力于与各国建立合作共赢伙伴关系。第二，开放包容体现中华民族海纳百川的胸怀气度。历史上，唐朝开放政策促成丝路鼎盛。"一带一路"秉承这种开放精神，不断扩大合作范围。第三，互学互鉴彰显兼收并蓄的智慧。古丝路上，中外文化融合互鉴、使双方受益。这种文明交流砥砺人类进步。第四，互利共赢开创合作新局面。古丝路实现资源共享，让各国大发展大繁荣。"一带一路"遵循互利共赢原则，与各国携手实现协同发展。这四个方面凝结丝路精神的丰富内涵，并在时代发展中不断获得升华，具有重要的育人价值。

---

① 作者简介：杨梅，四川省眉山市彭山区第三中学教师。

（二）丝路精神的育人价值

丝路精神蕴含丰富的育人价值，可为不同学段学生的成长提供持续性滋养。对于小学生而言，丝路精神有助于其奠定道德品格基石。中小学正处于道德标准建构的关键期，丝路先贤的奋斗历程能成为榜样，感化孩子展现坚持不懈、严以修身的精神面貌。同时，丝路历史作为民族成就的光辉注脚，孕育着自豪与自信，能助力培育小学生的民族情怀与集体观念。中学时期的学生成长迅速，丝路精神对他们的效用在于巩固思想根基，提升思辨判断力。一方面，丝路精神体现着中国共产党人的精神谱系，有助于引导中学生树立正确的政治方向。另一方面，丝路弘扬的互学互鉴精神教导青少年以谦逊态度汲取群体智慧，激发个体潜力与创新精神。对大学生来说，丝路精神可助其坚守信念、切实担当。大学是思想成熟的关键期，丝路精神能帮助学生在纷繁复杂的形势中保持理想与使命，而其倡导的合作共赢积极开拓的精神更可激励大学生在机遇与挑战面前挺起责任的脊梁，与国家民族命运和时代潮流紧密相连。所以，丝路精神内涵丰富，历久弥新，能为不同阶段学生的成长提供持续滋养，引领青少年在不断探索中茁壮成长。

二、丝路精神融入大中小学思政课一体化建设的实践路径

（一）完善教学内容体系，科学规划丝路精神融入思政课

为推进丝路精神融入思政课一体化建设，首先，要明确丝路精神教育总目标并确保其贯穿于各个教育阶段，形成从小学到大学的目标体系，使各阶段达成共同育人目标，即培养"德、智、体、美、劳全面发展的社会主义建设者和接班人"。不同阶段既要贯彻共同目标，也要设立适龄化阶段性目标。小学阶段通过融入霍去病远征河西走廊等生动故事，重视启蒙道德情感；中学阶段应有机融入丝绸之路兴衰史等丝路知识，增强思想政治素养；大学阶段则需将中国构建人类命运共同体等内容与思政课主题相结合，坚定学生理想信念。

其次，要运用多种教学方法形成创新融合，推动丝路精神融入思政课教学。小学思政课可以设置"丝绸之路的英雄们"情景教学，通过诗词朗诵、英雄人物扮演等方式感染学生，理解祖先百折不挠的奋斗史；中学思想道德修养课可以设计生动的丝路文化讲堂，启发学生思考丝绸之路在历史上的意义；大学思想道德与法治基础课则可以组织学生参与"一带一路"项目实地考察，通过项目见闻，深入理解丝路精神的当代价值。此外，教师可以运用丝路题材微视频、H5互动课件等丰富的数字化手段，多层次展现丝路精神，激

发学生学习兴趣，使之真正融入思政课教学，实现时代价值的有机传承。

（二）加强教师队伍建设，合理指导丝路精神融入思政课

为推进丝路精神融入大中小学思政课一体化建设，需要加强教师队伍建设，在合理指导中推进丝路精神融入各学段思政课。首先，各学校要加强思政课教师队伍建设。可以面向思政课教师开设为期一周的丝路文化研修班，内容涵盖丝路历史、丝路文化交流、丝绸之路的现实意义等，采用专家讲授、参观展览、沿线文化体验等多种形式，以增强教师对丝路精神的历史价值和现实价值的认识，提升教师在思政课教学中传播丝路精神的能力。其次，要完善大中小学思政课教师之间的交流机制。可以每个学期举办一次省市区各学段思政课教师交流研讨会，组织孔子学院负责人作"丝路精神与中华文明复兴"专题报告，促进教师开阔视野。会后进行分组交流，大学教师重点介绍大学生对丝路理解的新视角，中学教师汇报新批改的中考思政试题；小学教师展示信息化条件下的丝路主题微课堂实践。使各教育阶段教师对丝路精神内涵理解能形成梯度提高与协同融合。与此同时，要构建大中小学段之间的教学资源共享平台，开展优质课程和教学方法的交流，共享丝路精神题材教学资源，实现教育资源的一体化配置。通过加强教师队伍建设，可以更好地发挥教师的主体作用，在课堂上终身学习、互鉴，将丝路精神内化于心、外化于行，传承并发扬于学生之中。

（三）打造良好育人环境，积极推进丝路精神融入思政课

打造融入丝路精神的育人环境，有利于弘扬民族精神，培养学生崇德向善、爱国爱民的情感，是推进思政课育人的必然选择。第一，营造良好的校园环境。学校应营造浓厚的丝路文化氛围，通过悬挂丝路题材标语、设置丝路文化角和丝路图书专区等方式增加学生对丝路精神的了解。同时，学校可以组织丝路文化主题活动，如丝路服装秀、丝路美食体验、丝路知识竞赛等，使学生在轻松愉悦的氛围中接受丝路精神熏陶。此外，学校还应积极创建丝路文化社团，鼓励学生自发学习和传播丝路文化。第二，营造良好的社会环境。家长和社会各界都应为学生营造一个优良的丝路文化环境。家长可以选择丝路题材优秀影视作品陪伴孩子成长，组织丝路文化主题活动；学校也可以与博物馆、文化单位等社会资源对接，推出丝路主题展览、丝绸之路考察等活动。政府则应加大丝路文化建设投入力度，举办高规格的丝路文化节，使丝路精神成为全民参与的重要内容。在家庭、学校和社会的共同努力下，学生将在丝路文化理念的熏陶中健康成长。第三，营造良好的网络环境。在

新时代背景下，网络空间已成为当代青少年获取信息和交流的主要平台。因此，有必要营造一个良好的丝路文化网络环境。政府和企业应建设更多专业丝路文化网站和新媒体账号，提供丰富的丝路历史文化素材，完善网络内容审核，营造清朗的网络环境。同时，要开展丝路文化网络宣传入脑入心活动，引导青少年在网络中正确认识和传播丝路精神。

三、结语

在新时代背景下，推进丝路精神教育深度融合，既继承了中华文明"海纳百川"的开放包容精神，也是激发当代青少年文化自信、凝聚共识的重要举措。当前和未来一个时期，教育主管部门要不断加强顶层设计，充分发挥思政课主渠道作用，推动构建起从传承民族文化到弘扬时代新风的生动有效的丝路精神教育体系，以助力中华民族伟大复兴的中国梦早日实现。

义务教育阶段学生法治教育一体化建设的实践探究

张文华^①

当前义务教育阶段学生法治教育仍存在定位不够准确、法治专业教师稀缺、教育针对性和实效性不强、教学方式方法创新不够等问题。学段间、学校间、教师间仍存在各自为政、单打独斗现象，缺乏整体育人、系统育人理念。实现青少年法治教育内容和方法的创新，形成循序渐进、螺旋上升的法治教育体系，增强教育的实效性和针对性是当前法治教育的重点任务。^②因此，这就迫切需要加快推进义务教育阶段学生法治教育一体化建设。

一、顶层设计，促进课程内容一体化建设

作为义务教育阶段学生法治教育的专门教材，道德与法治教材内容整体呈现循序渐进、螺旋上升的特点，但仍存在部分内容重叠、衔接性不高等问题，如小学、初中教材中都论述了人大代表产生、人民代表大会以及人民代表大会制度。因此，国家应进一步加强道德与法治课程内容的一体化建设，遵循学生身心发展规律、认知发展规律，体现学段特点，在小学教材中删减繁难的法律知识以及与初中教材内容重复的知识，开展好启蒙性学习，增加更多的活动情境，引导小学生积极主动参与到活动中去，在活动中得到丰富情感体验，从而更好地了解法治的基本常识；在初中教材中删减理论性较强的知识和与高中教材内容重叠内容，增加符合初中学生生活实际的真实情境以及社会生活中的鲜活案例，开展好体验性学习，引导初中生在情境中体验感悟，在案例中思考提升，帮助初中生自觉养成尊法、守法、用法、护法意识，从而提升初中生法治思维。

---

① 作者简介：张文华，四川省眉山市青神县初级中学校高级教师。

② 教育部，司法部，全国普法办. 关于印发《青少年法治教育大纲》的通知［Z］.2016-6-28.

二、强化管理，推进实施主体一体化建设

加强义务教育阶段学生法治教育一体化建设是一项复杂的系统工程，需要整合各方面力量协同推进。因此，要积极构建"政府主导、学校主体、部门联动、家校协同"育人机制，形成纵向衔接、横向贯通的一体化育人体系，让义务教育阶段学生法治教育真正落地落实。

教育行政部门要充分发挥好主导作用，加强组织领导，坚持系统思维，整体规划区域义务教育阶段学生法治教育工作，制定实施方案，做好条件保障，系统推进区域义务教育阶段学生法治教育工作。建立健全各项管理制度和运行机制建设，加强过程管理与指导。不断完善督导评估考核体系，增加法治教育在中小学素质教育工作督导评估指标体系中的权重，细化考核要求。加强督导和考核，将法治教育与学校评优评先、职务晋升考核和奖励性绩效工资、教育质量奖挂钩，并按一定比例纳入学校校长的年度考核。

学校是青少年法治教育的主阵地、主战场。小学、初中要高度重视学生法治教育，将法治教育列入学校总体发展规划和年度工作实施计划，贯穿到学校教育的各个阶段和各个环节中去。要强化制度保障，加强过程考核，考核结果与教师评优评先、晋职晋升、年终绩效挂钩。要充分发挥课堂教学的主渠道作用，革新教师观念，优化教学方法方式，多采取实践式、体验式、参与式等教学方式，推进高效课堂改革，切实提高法治教育的质量和实效。要优化整合小学、初中涉及法治教育内容的课程，如《家庭·社会·法治》《语文》《体育与健康》等课程，深入挖掘各学科蕴含的法治教育内涵，在学科教学中渗透法治教育。要统筹设计好主题教育活动、课外活动和社会实践活动，根据不同年级学生的身心发展规律开展活动，不断创新活动形式，提高法治教育的针对性和实效性。要办好家长学校，通过多种途径和形式，加强对家长法律知识培训与学习，提高家长法律素养。

公检法等司法机关要充分利用自己的专业优势和资源，主动与教育行政部门、学校对接，积极参与学生法治教育工作。扎实开展"法治进校园"活动，定期到校对师生进行法律知识普及教育；开展学生课外法治实践活动，旁听法院案件审理、模拟法庭活动等，让学生零距离感受法律威严，增强法治观念，使法治精神内化于心，外化于行。乡镇、社区也要因地制宜开展多种形式的法律知识宣传教育，提升家长的法律素养，营造良好法治氛围。

家长应主动尽责，身体力行，以身示范，自觉遵守法律法规，做子女的榜样，在教育

子女时，也要遵循法律法规，不做违法的事情。同时，家长要切实转变自己对孩子法治教育的认识，树立科学的人才观，关注孩子全面发展，同时，加强法律知识的学习，不断提高自身法律素养。

三、重视人才，促进教师队伍一体化建设

习近平总书记指出："办好思想政治理论课关键在教师，关键在发挥教师的积极性、主动性、创造性。"① 当前，义务教育阶段道德与法治教师存在年龄结构老化、专业化程度不高等问题，尤其是专业法治教师十分欠缺。因此，要强化师资队伍建设，重点是加强对非专业教师和兼职教师的专业培训。同时，加强人才引进，及时补充新的年轻的专业教师，解决退休潮和教师老龄化带来的冲击，从而促进法治专业教师队伍一体化建设。

地方党委政府要高度重视法治教育人才引进，制定法治教育人才引进机制和培育支持措施，给予政策和资金支持，筑巢引凤，汇聚和打造一批高素质专业化法治教育队伍。

教育行政部门、教师进修校、教培中心、学校等要统筹规划好道德与法治教师专业培训工作，避免时间冲突、内容重复，提高培训针对性和有效性，切实减轻教师负担。

整合资源，搭建成长平台。建好一批区域法治教育共同体，以"师资共用，资源共享，教研互助，科研互动"为目标，促进校际互助合作，形成具有地方特色法治教育一体化共同体建设的好经验、好做法，并转化为可推广、可借鉴的工作模式；成立法治教育名师工作室，发挥名师示范引领辐射作用，助力教师法治专业成长；积极推广"互联网+"，构建集体备课、课例展示、教法研讨、试题命制、拔尖创新人才培养等平台，开展共同体道德与法治大教研活动，促进教师之间跨学段互动交流，提升教师教学教研能力与水平。

积极与高校签订战略合作协议，实现融合发展，协同育人。建立高校优秀法治专业的毕业生实习、就业基地，弥补师资不足和教师专业能力不高的现实问题。同时，通过高校送培到校、教师跟岗学习、实地观摩等多种形式开展师资培训，赋能教师专业成长。

---

① 习近平.思政课是落实立德树人根本任务的关键课程［M］.北京：人民出版社，2020:10.

突出精神成长引领，落实学校思政教育

江　峻^①

思政教育是培养学生正确的价值观、道德观和世界观的重要教育环节，是教育学生立德树人的主渠道，其目的是帮助学生成为一个有信仰、有担当、有责任感的社会主义建设者和接班人，为中国式现代化建设作出积极的贡献。

价值观、道德观和世界观直接关联精神素养，精神素养决定着一个人成长的正确方向、选择与坚守，决定着学生发展的原动力与持续性动力，决定着学生潜能开发与个性发展，决定着一个人的人格情怀与使命担当。从某种程度上讲，学生精神成长直接关乎立德树人、培根铸魂教育使命的达成。

然而，随着时代变化，学生精神成长面临着诸多不利的主客观因素。从客观层面看，一是受互联网新技术冲击。如手机的普及以及缺乏有效管控，造成学生在现实环境中人际交往减少而在网络虚拟空间中的交往增多，学生获得现实中优秀人格、情感影响的机会减少。特别是游戏及短视频大行其道，造成学生阅读不足，从中华优秀传统文化、中华现代文明和人类文明中汲取的精神营养不足。二是生产力大幅提升和长期以来忽视了劳动教育，导致学生参与劳动的机会减少，难以在切身的劳动实践体验中培养劳动能力、劳动情感、劳动精神。尤其在独生子女家庭中，孩子连家务劳动的机会都很少，更不用说为父母分忧了，其精神成长远落后于身体成长。从主观层面看，长期以来的分数至上、考试为本的教育，导致绝大多数学校、家长更关心分数，而忽视影响学生一生的精神素养培养。

近年来，洪雅县实验中学校积极探索学生精神成长引领路径，助力学生精神成长，有

---

① 作者简介：江峻，四川省眉山市洪雅县实验中学校长，高级教师。

效落实思政教育。

一、德育引领催生学生精神成长

以德育促精神成长，是学生精神成长的主要途径。学校德育即学生思想政治和道德教育，一要把社会主义核心价值观教育作为精神塑造的核心，所谓铸魂育人首先是铸造价值观内生生长之魂；二要把中华优秀传统文化、中华现代文明作为重要内容，厚植学生精神生长的文化底蕴；三要把对社会主义、对祖国和人民的情感培养放在重要地位；四要注重学生在学习、生活、实践中解决问题的意志力和耐挫力培养；五要注重协同精神、人文情怀的培养。

在学生精神培养方式上，从知识灌输、道德强制、技能训练转向环境熏染、活动体验、实践探究等，让学生的精神在真实的活动场景中成长。

如持续滋养学生的爱国情感，眉山市洪雅县实验中学结合每年重大节日、纪念日活动，坚持以抗日战争和世界反法西斯战争胜利纪念日为契机，以"崇敬英雄、吾辈自强"为主题开展读书演讲活动，坚持组织师生收看 9 月 30 日烈士纪念日，党和国家领导人向人民英雄纪念碑敬献花篮仪式、12 月 13 日南京大屠杀死难者国家公祭仪式，让庄严肃穆的现场气氛感染学生，让不负先辈、强我中华的信念根植于心。

又如，突出学生心理意志品质培养，学校每年均会组织学生开展"远足"活动，教师陪同学生共同走完 5~10 公里。

二、校园文化沁润伴随学生精神成长

校园文化对学生的人生观、价值观、人文道德素养、健康人格和精神世界均有着潜移默化的深远影响。眉山市洪雅县实验中学注重文化滋养学生精神素养，在 22 年的办学历程中，形成了"创业拼搏、务实求精、立德尚雅、敢争一流"的学校精神，把"脚踏实地、雅行天下"作为校训，使"实""雅"成为校园文化的核心理念。在此基础上把"实立身，雅养德"作为学校文化的核心，转化为师生的自觉行为。如落实"实干立身"教育，我们引导学生关心家事国事天下事，培育拓展家国情怀。全校各班每天下午等 6：00 全程观看前一日《新闻联播》节目。九年级一名学生在周记中写道："以前没有看电视新闻的习惯，现在在学校每天收看新闻联播，及时了解国内外大事，感觉见识增长了，视野变宽了，精神生活更加充实了，特别是祖国建设的生动场景和点滴成就，激励我苦学本领，以便在将来担当起报国强国、民族复兴的时代使命。"学生沉浸于风声雨声读书声之余，也能做到家事国事天下事，事事关心。关心时事，既有助于学生对相关学科知识的理解，也能拓宽学生视野，有助于学生精神的成长。

繁荣校园文化生活，为学生精神成长"加餐"。学校充分开发课后服务项目，尊重学生个性特长，组建各类学生社团二十余个，涵盖阅读写作、音乐舞蹈、琴棋书画、运动健美、生物实验探究等方面，引导学生拓展兴趣才艺，感受校园生活快乐，让精神世界更加丰饶，让精神之光烛照心灵。以琴棋书画社团建设为例，不仅注重该方面的知识、技能教育，更注重这种艺术形式表现的主题和内容选择，更注重审美情趣、积极的人文情感教育，让学生在琴棋书画的学习实践活动中，学习感知、体验感悟中华优秀传统文化和时代进步文化，从而厚植民族文化之根。

三、学科教学渗透涵养学生精神成长

毋庸置疑，课堂不仅是学生获得知识、增长才干的重要场所，也是其精神成长的主要载体和途径。

注重在学科育人中生长精神素养，眉山市眉山实验初级中学在教学实践中坚持把精神素养生长资源带进课堂、带给学生，让感动传递，让学生感悟，一个鲜活的故事、一件当下的新闻、一段视频、一幅图片等都是学生精神素养生长的重要资源。如第十批在韩中国人民志愿军烈士遗骸归国相关图文和视频、被称为中国人的年度精神史诗的"感动中国"年度人物颁奖盛典、中华优秀传统文化的视频素材等，我们都适时引入课堂，发挥不同学科特点，结合素材精心分析，让学生感悟其精神内涵，坚定文化自信，增强民族自豪感。

四、结语

总之，精神成长是学生一生的功课，它与个人经历、成长环境、家庭及社会因素等密切相关。我们关注"精神成长"这一概念，并强化"精神成长"引领，一个重要目的是，将日常教育指向学生情感、心灵和精神塑造，从而对学生精神成长产生积极深远的影响，为学生终身优质发展提供有力的价值观念支撑、心理动能支持、优化路径选择。

信息化背景下打造思政金课的途径探索

赵国亮 [①]

党的二十大报告提出"教育是国之大计，党之大计"。中国未来的发展离不开教育事业，国家人才的培养亦离不开教育事业，教育作为国家发展与人才培养的重要支柱，其重要性不言而喻。习近平总书记在党的十八大报告中提出，"把立德树人作为教育的根本任务，培养德、智、体、美、劳全方位发展的社会主义建设者和接班人"，而立德树人的重要培养阵地就在思政课程当中，因此，思政金课的打造就至关重要。只有立足于思政课程，将立德树人的重要理念贯穿其中，才能在青少年人生观、价值观形成的关键期打好基础。

一、什么是金课

（一）金课的概念

2018年6月，教育部部长陈宝生在"新时代全国高等学校本科教育工作会议"上提出，对大学生要适当地进行"增负"，提升大学生在学业上的挑战度，通过合理增加课程的难度，拓展课程的深度，扩大课程的可选择性，真正把敷衍了事、毫无价值的"水课"转变成有深度、难度、挑战度的金课。[②] 其实不仅仅是针对大学生，中小学金课打造在思政教育建设中也是至关重要的，我们只有摆脱课程乏味、学生收获少的"水课"才能将学生培养成才，才能将教育不断往前推进。

（二）金课的标准

2018年11月24日，在第11届中国大学教学论坛会议上教育部高等教育司司长吴岩

---

① 作者简介：赵国亮，四川省经济管理学校教师。
② 陈宝生.在新时代全国高等学校本科教育工作会议上的讲话［J］.中国高等教育，2018（3）.

作了题为《建设中国金课》的报告，报告中提出了关于建设金课的"两性一度"标准，提出金课应该是一种具有"高阶性""创新性""挑战度"的课程。[①] 不论是教师还是学生，不论从课程内容、教学形式还是培养学生学习能力等方面都应该具有较高要求。也就是说课程设置要在学生的最近发展区内。在目前应试教育的大环境下，大中小学思政课程不单要为考试服务，更要为学生未来发展方向发挥引领作用，既立足于考试需求，又要摆脱传统以考试为纲的教学目标，摆脱把思政课上成既定模式、固定思维、统一模板的程式化课程的模式，我们应当在标准化的基础之下，让思政课程在新的背景、新的阶段焕发出新的生机，打造出课程有难度、有挑战度，教学方式丰富多彩，学生兴趣高、探索性强的特色课程。真正做到让学生和教师都能在课堂上有所收获、有所成长，在教师精心引领下的课程能为学生服务，为学生未来发展方向指明道路。

二、思政课程教学中存在的问题

思政课程在教学过程中或多或少都会存在问题，我们要想打造思政金课，只有找到目前思政课程存在的问题，并去突破它、解决它，才能进一步打造出高质量的课程。就目前来说思政课程的教学存在着以下几个方面的问题亟需解决。

（一）教学方式缺乏灵活性

一般而言，一个好的教学方式往往能为课堂教学增添活力，促进课堂质量的提升，让学生沉迷于课堂之内，不易察觉时间的流逝，并且能够在一堂课程当中有重大的收获。而实际的教学过程当中，存在个别思政教师采用传统的灌输式的讲授法，在课堂上没有充分发挥学生的主体地位，让学生仅成为课堂的听众，并没有成为课堂的主人。实际上，课堂教学有 5 种境界，分别是"沉默（silence）、问答（answer）、对话（dialogue）、质疑（critical）和辩论（debate）"。[②] 而我们目前的课堂很少有达到质疑、甚至辩论的教学境界，更多的就是问答型，可能还存在沉默型的课堂，如果长此以往，教师一个人在课堂上进行"单口相声"，学生全程沉默，那样的课堂必将是毫无效率的课堂。

（二）教师质量参差不齐

从事教学工作的教师应该接受过专门课程学习，从正规的师范院校毕业步入教师岗位，

---

① 吴岩. 建设中国金课 [J]. 中国大学教学，2018（12）.
② 李志义. "水课"与"金课"之我见 [J]. 中国大学教学，2018（2）.

但是目前存在师不对岗的情况，特别是中职院校中该情况特别突出，很大一部分思政教师并不是毕业于思想政治教育专业，甚至所学专业和思政毫无关系，但是在工作中却因为种种原因被安排教授思政课程，这就导致教师在授课过程中对于知识的剖析不够深入，内容讲解不够深层次，仅停留于表面，由于教师的"专业性"不强，导致课堂质量不高，学生兴趣锐减。

（三）教学评价方式单一

教学评价是考查学生学业水平的重要方式，不仅可以帮助教师了解学生的学习情况、对知识的掌握状况，而且可以督促学生进一步学习专业知识和实际技能，帮助学生知道应该学习哪些知识、做出什么样的学习计划、向哪些方面努力等，从而发挥着一定的指导作用。在大多数高校中，思政课的教学评价方式大体包括闭卷考试、开卷考试、论文考查、平时成绩等。这些考查形式都是非常传统的评价方式。相对于思政课的评价方式，很多专业课还会安排社会实践环节，而大多数高校则较少安排社会实践方面的评价。即使有，其形式也通常是马克思经典著作的阅读报告等，学生仍然会在最后使用复制粘贴等方式应付了事，难以达到真正的检验目的。[①] 所以，在这种评价方式之下，学生真实的能力水平并不能被完全检验出来，长此以往，反而固化了学生的思维，对学生终身发展来说起到的更多是不利作用。

三、利用信息化教学促进思政金课打造

（一）何为信息化教学

信息技术作为一种重要的课堂教学手段，在教学过程中我们要加以充分运用，张一春老师在《教师教育技术能力建构——信息化环境下的教师专业发展》一书中提出"信息化教学不是简单的信息＋教学，而是让教学充满信息化，在教学中运用信息技术手段，使教学的所有环节都能够实现数字化，以此来提高教学质量和效率"。[②] 在课程教学过程中，为了让教学形式更加多样化，教学内容更富有趣味性，必不可少会用到信息技术手段，既依托于传统教学方式，又不拘泥于传统，在传统教学方式上进行改革创新，使思政课程真

---

① 刘福侠.高校思政课利用实践教学打造金课的探索［J］.广西青年干部学院学报，2020（1）.

② 张一春.教师教育技术能力建构——信息化环境下的教师专业发展［M］.南京：南京师范大学出版社，2007:7.

正成为学生喜爱的一门课程。

（二）如何利用信息技术进行思政金课打造

1.采用丰富的教学手段，推进课堂教学形式的多样化。传统的课堂教学中，教学手段较为单一，多以教师的讲授为主，但是目前随着学生接触面越来越广，了解的信息越来越多，传统的以教师单方面讲授的方式已经不能满足学生的需求，迫切需要改革教学方式，而信息技术的推广便为此提供了契机，能够通过多样化的教学模式再次让课堂"活"起来。但是思政课程由于承担着政治思想传播与立德树人的重任，又不能仅限于表层的娱乐化和游戏化，因此，在利用信息技术手段进行教学时我们要进行甄别，找出适合思政课程的教学方式。目前很多信息技术平台都被引入到课堂中，成为主流的教学辅助手段。如"雨课堂""学习通""希沃白板"等，都设置了非常多的功能，通过这些软件可以把课堂氛围充分调动起来。像"雨课堂"中设置的小组讨论、发布课件、发布试卷等都可以在一定程度上调动学生的课堂兴趣。让学生听课不单停留在书本上，还可以借助各种技术手段进行授课与听课，将以往沉闷的课堂氛围打造成学生积极参与的活力课堂；在课前进行学生学情分析时，可以利用"问卷星"发布问题，然后进行收集，开展数据统计，结合统计结果在授课过程中进行针对性教学；在课堂教学过程中我们也可以借助班级优化大师等软件辅助课堂教学，在课堂点名、提问环节都可以运用到，并进行相应的加分奖励措施，可以让学生的课堂积极性得到显著提升。由于学生水平参差不齐，我们还可以通过慕课、微课等方式来实现分层教学目标，通过录播课程，让学生的学习不仅停留在课堂上，也延伸到课堂下。同时还可以利用翻转课堂、虚拟仿真技术等手段让课堂真正实现"活"起来。

2.用活网络热点素材，让思政理论课程紧跟时代步伐。要想把思政课程上得深入人心，获得学生喜爱，除了教学方式上的改革之外，我们还要紧跟网络热点素材，找好素材，并用好素材。找到学生身边的时政热点，以此作为课程材料，引入到课堂教学过程当中，在课堂上以热点材料作为切入点，让学生进行讨论、分析，进而总结出理论知识点，充分发挥学生在教学中的主体性。通过引用一些热点素材，让思想政治理论课程弘扬出时代的精神。思想政治理论课要坚持以习近平新时代中国特色社会主义思想铸魂育人，在引导青年学生树立正确价值观的基础上，鼓励他们投身于国家建设和实现民族复兴的奋斗中来。①

利用网络热点素材让思政课程变得更加立体，更加鲜活，富有生命力。教师可以随时关注学习强国、人民日报、央视新闻等公众号或者 APP，查找热点新闻并运用到教学中。由于传统的思政课程多以教师单向讲授为主，学生在课堂上虽然有参与感，但是仅停留在教师问、学生答的这种较浅层面的师生互动上。借助网络热点素材让学生充分参与课堂，不仅可以充分调动学生的积极性，焕发课堂活力，也可以真正做到教师教一堂有意义的思政课，学生学一堂有价值的思政课。

3. 教学实践形式多样化，让作业"活"起来。一般而言，常规的思政作业布置多为写或背，但是这种作业布置方式被越来越多的学生拉入"黑名单"，现在的学生思维越来越活跃，他们不再局限于传统的模式当中，喜欢新颖性的东西，所以，在传统的教学实践方式下，学生的学习积极性是比较低的，甚至是排斥的。基于此种情况，作为教师就需要进行创新，结合思政课程的特征找到适合它的教学实践方式。随着目前网络技术的不断普及，不论年轻人还是老年人，越来越多的人成为网民，因此，我们的教学实践方式也可以结合网络技术。如在讲解法律相关的知识时，在理论知识讲解结束后，除了可以让学生走出课堂，进入社区进行普法宣传之外，也可以让学生自行组织创设法律宣传的情景剧，进行情景表演，然后上传至短视频平台，一方面达到普法宣传的目的，另一方面还可以接受大众检验，查看学生是否完全掌握教学内容，如有欠缺之处可进行查漏补缺。在讲到各种伟人事迹时也可以带领学生走出书本、走出课堂，参观各种纪念馆，利用各种 AI 技术手段实现与伟人的跨时空对话，而不仅停留于课堂上枯燥而又空洞的知识点。在信息化、网络化的大背景之下真正能够做到将信息技术融入思政课程当中，为课程建设服务。

（三）课例展示——（中职《中国特色社会主义进入新时代》）

在讲解该部分内容时我们可以充分借助信息技术相关元素，将课堂氛围充分调动起来。首先整堂课程授课借助的软件为"希沃白板"，该软件有一个优势就是在授课结束进行总结巩固时可以让学生通过竞赛的方式直接进行课堂操作，便于查看学生掌握情况。在课程开始之前将学生分成几个小组，通过古今对话的方式了解前人对新时代的畅想，有条件的学校可以采用虚拟仿真技术进行操作，可以让课堂更加活跃；紧接着通过视频引入的方式打开新时代之门，了解新时代、感受新时代并在新时代进行奋进。从政治、经济、文化等方面让小组分别进行展示，发挥学生的主体性，最终也落脚到青年学子身上，探索作为年青一代如何在新时代实现自身目标，焕发青春活力。

四、结语

　　思政课程作为落实立德树人根本任务的关键性课程，目前受到国家、学校的高度重视，相关教学改革被不断推进。面对当下思政课的种种不良现状，作为思政课教师，应当反思学生和社会究竟需要什么样的思政课。思政金课应当是一种高阶课堂、对话课堂、开放课堂、启蒙课堂，它摒弃所有形式上的应付，回归教育的初心，是真切地为学生自身发展需要、为社会进步作贡献而开设的课堂。[①] 在打造思政金课的过程中，我们要充分借助各种手段，在教师本身、教学辅助工具等方面进行改革，助力将思政课程打造成人人喜欢、有价值、有意义的高水平课程。

---

① 李亚宁，王一楠.打造高校思政金课的问题、标准与路径［J］.吉林教育：高教党建与思政版，2018（5）.

思政金课打造与学校立德树人路径初探

夏晓燕 [①]

思政金课是指在学校教育教学过程中，以马克思主义为指导，贯彻落实社会主义核心价值观，注重学生思想道德教育和价值引领，具有高质量教学效果的课堂。它具有高度的政治性、鲜明的价值导向、丰富的教学内涵、创新的教学方式。

思政金课与立德树人之间存在着密切的内在联系。思政金课是立德树人的重要载体和实现途径，是学校落实立德树人根本任务的有效方式。立德树人是思政金课的出发点和落脚点，是评价和检验思政金课质量的根本标准。

金课打造是指在教学过程中，通过一定的方法，打造具有高层次性、创新性和挑战性的优质课程，以实现立德树人的目标。金课打造主要包括以下几个方面：

一是优化课程设置。思政课有高度、有内涵、有深度，很多学校上课形式比较枯燥单一，拿我校的德育教育来说，这并不只是班主任的事情，而是所有教师的责任。所以，只要学生德育意识松散，我校所有教师，都会在自己的课堂上进行德育教育。例如，寒暑假前后，学生往往浮躁，学习效率低下，不停地违规违纪，这时候，所有任课教师都有义务对学生的纪律进行强调。我们一般利用课前几分钟，对学生进行说服教育，学生的心静下来后，才开始上课。

二是改进教学方法。学校应采用启发式、探究式等教学方法，点燃学生的学习热情和求知欲望，培养学生的创新精神和操作能力。我校采取的是小组合作课堂，教师为主导，学生为主体，通过生生交流、教师点拨的方式，使学生思维产生碰撞，并激发主动性和创

---

① 作者简介：夏晓燕，四川省眉山市仁寿县华兴中学初中部学生处副主任，一级教师。

新性，以优胜思维完成学习。

三是提高教学质量。我校鼓励教师外出参加各类学习和培训，学习归来后，在教师大会上做专题讲座，将所学毫无保留教给全校教师，实现资源共享。每学期研读至少两本教育教学相关著作，研读过程有摘抄，研读完后有心得体会，教科室负责逐一检查并考核。每位教师每学期都会参加小课堂的研究和论文比赛，以达到"以教促研，以研促教，教研相长"的目的。每周一次组内赛课，每学期分别举办一次"青蓝杯"赛课、"先锋杯"赛课、复习阶段赛课，以此达到以赛促教的目的。我校教师工资构成多样化，总体遵循"多劳多得，质优多得"的原则，各项数据均经过考核而来，以促使教师提高责任心、教学水平和教育质量。

为此，学校应加强思政金课打造，积极探索思政建设和金课打造的实践路径，努力提高学校立德树人成效。就此提出以下建议：

首先，优化学校管理机制。学校应建立健全教育质量评估体系，加强对教育教学工作的监督和管理，确保立德树人、中小学校思政建设和金课打造的落实。学校教育质量评估体系的完善，不仅有对结果的考核，更有对过程的管理。大到学生最终学习效果的监测，小到每节课课堂的组织与管理，都有专职部门和人员负责巡视和考核。对教学工作和教育质量的评估还包含教务处"六认真"检查、教师月绩效、评优选先、校内职级评定等方方面面。

其次，创新教学资源。学校应充分利用现代信息技术，开发具有创新性和实用性的教学资源，为立德树人、中小学校思政建设和金课打造提供有力支持。李晓明指出：利用现代信息技术，可以创新教学模式，如在线教育、混合式教学等，这些教学模式能够提高学生的学习兴趣和主动性。因此，学校应加大对现代信息技术的投入，完善教育信息化基础设施，为学生提供更好的学习环境。我校积极响应国家号召，组织全校教师参加"信息技术2.0"培训；校园已实现无线网络全覆盖，为老师和学生提供了便捷的办公条件和学习资源。

再次，创新教学方法。强化教师队伍建设，运用现代教育技术，如多媒体、网络等手段，提高教学效果；实施合作互动式教学，鼓励学生积极参与课堂讨论，激发学生思维活力；开展实践活动，在活动中学习，将理论知识与社会实践相结合，提高学生动手动脑、解决实际问题的能力。

从眉山市仁寿县华兴中学的建设情况来看，学校引进最先进的教学设施，基本满足情景式教学，充分激发学生学习兴趣，课堂采取小组合作方式，教师为主导，学生为主体，通过生生交流、教师点拨的方式，学生思维产生碰撞，主动性和创新性得到激发，能够以优胜思维完成学习。

每学期开展红色根据地游学、名校研学、传统文化地研学、贫困地区助学、校外实践基地乐学、走进养老院等活动，将理论知识与社会实践相结合，提升学生解决实际问题的能力；活动完成书写心得体会，逐步形成、凝实学生的思想情感。各类实践活动丰富了学生的阅历与情感，培养学生成为德、智、体、美、劳全面发展的人。

最后，优化教学内容。贯彻新时代教育方针，将党的最新理论成果融入教学内容；紧扣时代脉搏，关注社会热点问题，引导学生树立正确的价值观。

如眉山市仁寿县华兴中学担当道德与法治课程教学的毛本初老师，在打造思政金课过程中，通过优化教学内容，关注社会热点问题，引导学生树立正确的价值观。例如，在讲授"绿水青山就是金山银山"这一知识点时，毛老师结合实际案例，引导学生深入探讨环境保护与经济发展的关系，使学生深刻理解这一理念的内涵和意义。毛老师班级思政金课前后的学生思想政治素质调查数据显示，实施思政金课后，学生的思想政治素质得到了明显提高，其中，学生的爱国情感、社会责任感、环保意识等方面均显著增强。

综上所述，实践证明，积极打造思政金课在提高学校立德树人成效方面具有重要作用。因此，学校教育工作者应充分认识它的重要性，学习消化并投入实际运用，积极推广，努力提高教育教学质量，为培养德、智、体、美、劳全面发展的社会主义建设者和接班人贡献力量。

基于立德树人理念的高中思政课程建设研究

王凯丽[①]

古时，我国儒家代表人物孔子在国家治理方面倡导德治，认为"人无德不立，国无德不兴"，并提倡"克己复礼"，用礼来约束和规范人的行为。诚实守信、爱国守法、孝亲敬长……这些高尚的精神品质是我国优秀的传统文化，亦是代代传承的民族精神，彰显着中华民族的伟大气节。苏武牧羊、卧薪尝胆、孔融让梨等这些动人故事的背后所蕴含的是中华民族不朽的灵魂，也是中华民族恒久不变却又与时俱进的话题。随着新课改的进行与发展，思政课程在实现立德树人中的作用越来越凸显，成为立德树人的主阵地，对培养德、智、体、美、劳全面发展的社会主义建设者和接班人意义重大。

一、中学思政课程实施中的困境

一是学生缺乏学习兴趣。兴趣是最好的老师，激发学生对思政课的兴趣是提升思政课实效性的关键因素，学生只有对政治学科与政治课堂产生浓厚的兴趣，才会对学科理论在心中进行巩固沉淀并外化于行，作用于自己的日常生活实践。就学科特点而言，思想政治课属于人文类学科，书本上的理论很多，且思政学科有些专业名词，例如，上层建筑、经济基础等概念，理论性极强，学生在生活中又很少能接触到，这大大加深了理解难度，进一步打击学生的学习兴趣。

二是学科课程形式及教学模式单一。传统思政课教学往往是通过课堂学习来进行，思政教师更多的也是采取传统讲授法，单一的课程结构形式与教学模式，使得学生缺少生动的课外实践活动，难以将理论与实践相结合，得不到真正的体验和感悟，大大降低思政课

---

① 作者简介：王凯丽，四川省眉山第一中学教师。

的吸引力及教育效果。

三是欠缺多元化的评价方式。在思政课教学效果的评价上，基本与其他课程一样采取终结性评价。学习成绩就成为学生思政课学习唯一的评判标准，这使得学生只是关注课本上的理论知识，对思政课的学习也只是进行理论知识的背诵和记忆，而欠缺行为上的转化与践行。另外，不管是以往的文理分科，还是现在的高考选科都存在的情况是：未将政治学科作为高考科目的学生对政治学科十分不重视，学习积极性差，参与度不高，使高中思政教育在这部分学生中难以发挥作用。

四是网络信息化利用及引导不足。在网络信息化时代，网络是现代信息传播的重要手段，中学思政教师不应只囿于思政课堂，认为教师只要讲好 40 分钟的思政课就可以了。网络环境、网络信息在当代学生的生活、学习乃至三观的形成过程中都有着十分重要的影响。但网络上的信息良莠不齐，其中的一些不良信息、偏激言论，对学生的行为及正确价值观的形成易造成不良影响，同时也大大冲击了中学思政课对学生的正向引导。

二、提高中学思政课堂实效性的对策

首先，创新课程呈现形式，激发学生学习兴趣。学生对思政课不感兴趣，很大的原因在于思想政治课本知识理论枯燥和课程呈现形式的单一。要激发学生的学习兴趣，一是要将枯燥高深的政治理论生活化、具体化，拉近政治理论与学生的距离，提升思政课堂的亲和力。二是思政教师要善于运用开发多样的课程呈现形式。思政课程，不应只在思政课堂上进行，也不应仅限于教材知识，更不应只是教师去讲授，而应根据内容特点及不同目标，开发相应特色课程，采用不同的形式、设计不同的学科活动，在参与活动的过程中激发学生的兴趣，发挥学生的主体作用。如我校思政教研组为提高学生学习兴趣，促进学生全面发展，根据不同年级教学内容及目标，立足本地特色，开发了《东坡老家的味道——小泡菜、大产业》《品东坡诗词、悟哲理人生》等校本课程，助力思政课程立德树人目标的实现。

其次，实施多元化评价方式，提高学生参与度。将终结性评价与过程性评价结合起来，并更加注重过程性评价。思政课开设的重要目的是培育学生道德修养，教会学生做人。单纯的知识性考试不能考核学生的道德素质，应从学生日常行为表现上对学生进行评价，评价主体也应该是多元化的。具体可以采取的一些做法，如为学生建立学科或课程成长档案袋，搜集学生参与过程与成果，加入阶段性的学生互评、教师评价，甚至家长评价，引导学生全过程、多场景践行学科理论与要求。又如在课程实施过程及课程完结后及时对学生的优良表现进行表彰，增强学生在思政课程学习中的自信心与获得感，提高学生参与积极性。

最后，引导网络信息使用，发挥科技引领作用。目前国家十分重视网络环境治理，立法机关不断完善相应法律法规，增加网络违规成本，各执法部门严格执法，督促平台强化技术监控，从源头上减少了危害青少年身心健康发展的不良信息及游戏软件。也为思政课程与思政教师利用网络平台开展工作提供有利条件。

中学思政教师应积极引导学生树立正确是非观，帮助学生在面对良莠不齐的网络信息时做出正确的判断，明辨是非，充分利用信息技术与网络平台，助力思政教育。如教师可以引导学生通过网络了解时政热点新闻，并指导学生用学科知识与思维，分析与解读时政热点，在观点分享与思维碰撞中提高学生的学科兴趣，锻炼学生思维能力。同时，在信息被多样化利用的时代，教师还可以借助科技的力量，帮助学生打破学习的时空限制，提高学习资源的利用率，增强思政教育效果。

立德树人是教育的根本任务，思政课程是实现立德树人教育目标的关键课程。影响思政课程实效的因素是多元的，提升中学思政课堂实效性需要发挥社会、学校、思政教师乃至企业等多类主体的作用，多方面采取措施，解决教育环境、教育资源、教育形式、评价方式等多方面的问题，提高思政课程的有效性，助力学生健康成长。

教育改革一直在路上，只有教育不断改革，教学不断创新与完善，才能更好适应时代发展需求，才能更好地促进学生发展，才能更好地培育一代又一代的社会主义建设者和接班人，实现中华民族伟大复兴的中国梦。

立德树人背景下初中"立人教育"的实践探索

叶　莉[①]

立德树人思想蕴含着丰富的育人理念和实践路径，是我国社会主义核心价值观的生动体现。立德树人的最终目标是为中国特色社会主义事业培养出符合其要求的事业接班人。贯彻落实立德树人思想，必须从适龄儿童和青少年的教育实践层面入手，将其融入日常教育的全过程。本文通过对苏祠中学的实践探索，研究如何在立德树人理念指导下落实"立人教育"，从校园文化建设、教学内容和方法等多个维度入手，全面推动德、智、体、美、劳全面发展，使学生确立正确的世界观、人生观和价值观，为成长为社会主义事业的合格建设者和接班人奠定基础。

一、构建"立人教育"的学校文化

（一）塑造立德树人的校园文化

学校作为学生学习和生活的主要场所，其校园文化对学生的健康成长有着重要影响。立德树人的校园文化建设，需要从校训、教育理念、环境设计、文化符号等方面着手，将立德树人的核心价值观融入校园文化之中。眉山市眉山苏祠中学在校训的制定上强调"立德树人，全面发展"，将立德树人作为学校办学的根本任务。在环境设计上，积极营造富有特色的人文空间，在学校正大门的香樟树广场设置了"邻苏养气、立德树人"的雕刻；在学校的宣传板上布置体现立德树人核心价值观的标语、雕塑，在三苏文化墙上雕刻了许多关于苏轼三父子的文学作品等。举办具有时代品位、学生喜闻乐见的主题文化活动，积极推荐体现社会主义核心价值观的经典文化作品，培养学生的文化修养和审美情趣。我们

---

① 作者简介：叶莉，四川省眉山市眉山苏祠中学教师。

还开设丰富多彩的社团活动，组建志愿服务队，实践立德树人的公民意识。在日常管理和师生交往中，教师们时刻以身作则，践行社会主义核心价值观，用朴实无华的言传身教影响学生。

（二）打造富有特色的文化课堂

文化课堂是学生接受人文熏陶、培养审美情趣的重要途径。我们在语文、历史、音乐、美术等文化类课堂的教学中，积极融入立德树人的育人理念，打造富有时代气息、学生喜闻乐见的文化课堂。在语文课堂上，围绕立德树人主题推荐名篇和经典文章，如《圆梦飞天》《少年中国说》《一着惊海天》等，引导学生领悟家国情怀和时代精神，坚定理想信念。组织学生朗诵具有正能量的诗歌，演绎体现主流价值观的戏剧段落，开展立德树人主题征文活动等。历史课堂上设计激发爱国热情的多种互动环节，如演讲辩论、微视频创作等。音乐课堂精心选择具有正面价值观的歌曲，融入情景体验，让学生在欣赏中领悟立人精神。美术课堂组织学生创作描绘时代风貌、反映青春激情的艺术作品，在艺术实践中启迪人生思考。

（三）丰富立德树人主题活动

校园文化活动是立德树人教育的重要载体，通过开展形式多样的主题活动，促进社会主义核心价值观的践行。我们每学期组织开展多个立德树人主题系列活动，内容涵盖道德情操培育、家国情怀培育、创新实践能力培育等多个维度。在道德情操培育方面，我们举办诚信公益行、感恩献爱心、环保小卫士等主题志愿服务活动，组织师生开展养老院、福利院慰问活动，引导学生践行社会主义核心价值观，培育学生正确的世界观、人生观和价值观。在家国情怀培育方面，我们结合重要历史节点和传统节日开展主题班会、知识问答、手工制作等活动，通过丰富的实践活动唤起学生的民族自豪感和家国情感。在创新实践能力培育方面，我们为学生搭建科技创新、社会实践等广阔平台，举办机器人大赛、创意设计大赛、社会调查等特色项目，激发学生的创新精神和实践能力，促进学生立德树人理想的全面发展。这些丰富多彩的立德树人主题活动，将核心价值理念转化为生动的实践体验，通过主动参与，学生在潜移默化中践行社会主义核心价值观，德、智、体、美、劳全面提高，逐步成长为担当民族复兴大任的时代新人。

二、创新"立人教育"的教学内容和方法

（一）立德树人视角下的课程设置

课程设置是立德树人教育的重要抓手。我们在课程设置上强调立德树人的全面发展，除设置德育课程外，在文科类课程中融入思想道德元素，在理科类课程中强调科学精神培养，在体育类课程中践行奋斗意志，在艺术类课程中启迪美好情操，充分体现立人、立德、树人的理念。具体来说，我们在语文、历史等文科类课程中融入爱国主义、集体主义、社会主义思想，通过思想品德元素的内化转化帮助学生确立正确的价值取向；在数学、物理、化学等理科课程的案例和题材设置上体现科学精神，引导学生发扬理性探究的严谨态度和不盲从的创新精神；在体育课程中，通过集体项目的参与，培养学生的团队协作能力，锻炼吃苦耐劳的奋斗品质；在音乐、美术等艺术类课程中传递正能量，启发美好情操，培养健康向上的审美情趣和价值取向。除强调学科融合外，我们还开设立德树人专题选修课，系统阐释社会主义核心价值观，通过案例分析、讨论交流等方式引导学生在思想上增强立场意识、在行动上践行社会主义核心价值观。此外，积极搭建社会实践平台，开展志愿服务、勤工助学、社区调研等实践项目，支持学生的创新创业，通过实践体验、项目合作等促进立德树人素养的养成。

（二）"立人教育"理念引领的教学方法改革

教学方法改革是立德树人教育的关键环节。"立人教育"需要从主体性、问题性、体验性等方面调整教学方法与模式，促进教与学的主动积极参与，提高教学实效。主体性方面，我们开展主体性学习模式改革，强调"以学生为主体"的教育理念，鼓励学生的探究性学习和自主合作，将教师角色转变为学习伙伴和指导者；鼓励开展讨论式和参与式教学，如组织学生围绕主题开展多角度讨论，引出学习话题，在互动中启发思维。问题性方面，我们秉持"教学相长"理念，在教与学的交互过程中启发问题、引导思考。比如，案例教学中设置情景剧，模拟真实场景和问题情境，激发学生的思考兴趣，引导学生联想现实，深化对知识的理解运用。体验性方面，我们积极推动"走出去"的学习模式改革，如开展社区调查、参观实习、志愿服务等教学项目，支持学生参与社会实践，在体验中积累知识经验。

（三）立德树人素养导向的教学评价方式

立德树人教学评价需要聚焦学生综合素质和核心价值观养成情况，在评价内容和方式上实现由结果评价向过程评价、由片面评价向全面评价的转变。具体来说：在评价内容上，

我们不只关注学生的学业水平，还重视其思想品德、文化修养、体育锻炼等多个维度的发展情况，建立综合发展的学生素质档案，作为评价的重要依据；在评价方式上，我们不再简单依赖纸笔测验这类定量评价，而更加倚重教师观察、同伴互评、家长反馈等定性评价，通过全方位、多视角的评价，评估学生素质发展的真实效果；在评价目的上，我们不再将评价作为控制手段，而是作为检验立德树人教育效果、促进学生发展的工具，强调发挥诊断性评价和形成性评价的作用。

三、结语

本文通过分析苏祠中学在校园文化塑造、课程设置、教学方法改革和教学评价创新等方面所做的探索，为立德树人育人理念的实践转换提供了有益借鉴。相信通过不断探索实践，立德树人思想必将更加深入人心，为学生的全面发展打下坚实基础。

立德树人视域下传统文化融入初中道德与法治课程探析

刘 燕[①]

习近平总书记指出："中华优秀传统文化是中华文明的智慧结晶和精华所在，也是中华民族的根和魂。"为落实立德树人根本任务，必须加强优秀传统文化教育。将中华优秀传统文化有机融入初中道德与法治课程的教学，不仅能够增强初中生对该课程的兴趣，还能够增强初中生对传统文化的认同感和民族自豪感。

首先，这有助于培养学生的文化自信。《中共中央关于党的百年奋斗重大成就和历史经验的决议》提出："中华优秀传统文化是我国在世界的文化激荡中站稳脚跟的根基，必须在新时代条件下得到传承和弘扬。"而中华优秀传统文化是实现培养全面发展复合型人才的一个契机。通过深入了解中华优秀传统文化的核心价值和理念，学生可以更好地认识自己的身份和责任，增强对祖国和中华民族的认同感和自豪感。在初中道德与法治课程中，发挥中华优秀传统文化的引领作用，不仅能提高学生的学科知识水平，还能促进他们文化自信的发展，更好落实立德树人教育目标。

其次，这有助于提高初中生的道德修养。中华优秀传统文化中蕴含着丰富的德育资源，如诚信、自尊、自强、自信等，这些理念可以引导初中生形成正确的世界观、人生观与价值观，养成良好的行为习惯。除此之外，传统文化中蕴含了关于人与自然、人与社会、人与人和谐共生的理念，这些理念对于培养学生的生态文明观念、社会责任感和人际交往能力都有积极的影响。

[①] 作者简介：刘燕，四川省眉山市仁寿县鳌峰初级中学校长，二级教师。

最后，这有助于提高初中道德与法治课程的教学效率。初中道德与法治课相对于其他文科课程而言理论性较强，理论性内容多。如将优秀传统文化元素融入初中道德与法治课程，不仅能够增添趣味性，还能够丰富课程内容。通过引入中华优秀传统文化元素和案例，教师可以更加生动有趣地讲解理论知识，从而激发学生的学习兴趣和主动性。因此，领悟和掌握中华优秀传统文化中的教育思想，可以帮助教师审视自身的不足，从而提升教学效率。

由此，针对如何将中华优秀传统文化融入初中道德与法治课程，笔者提出以下几点策略：

一是深入挖掘并整合优秀传统文化元素。初中道德与法治课程的教材中蕴含着丰富的传统文化资源，教师应该充分挖掘整合教材中的传统文化内容并有效利用这些素材，如名言警句、传统美德故事等，教师可以通过引导学生阅读、讨论这些内容，让学生深入理解传统文化的内涵和精神。例如，在初中一年级道德与法治课程中，"友谊的力量"一节就包含孔子的"友直，友谅，友多闻，益矣"的古训，教师在具体教学过程中，就可以借势引用古人的名言警句，这样既有利于引发学生思考，又有利于提高初中生传统文化素养。

二是充分挖掘本土优秀文化资源。教师深入挖掘本土的优秀传统文化资源并融入课堂教学中，既能够帮助学生更好地理解教学内容，也能够增强学生的本土文化自信。以四川省仁寿县为例，仁寿县人民在修建黑龙滩水库时发扬的"黑龙滩精神"，教师可以充分利用这一资源，在课堂中开展"黑龙滩精神故事"分享活动，让学生了解修建黑龙滩水库背后的故事，再以分享交流的方式在课堂中展示。通过这类活动，不仅有助于提高学生的文化素养，还能为传承和弘扬本土文化做出积极的贡献，从而提高学生对中华优秀传统文化的认同感和归属感。

三是努力强化教学实践活动。古人云："耳闻之不如目见之，目见之不如足践之。"要增强学生对中华优秀传统文化的认同，不仅需要教师在课堂上进行讲授，还应增加学生的实践活动。学校可以组织学生参与相关的志愿服务、社会调查等实践活动，让学生在实践中增强对道德与法治课程的认同感，培养其社会责任感。

实践出真知，不仅学生应该参与社会实践，教师更应该积极参与到中华优秀传统文化的活动中去。例如，参加书法比赛、演讲比赛、东坡诗词大会等。这些活动可以帮助教师深入学习中华优秀传统文化，积累丰富的传统文化素材，让教师更具有文化底蕴，增加对学生的说服力。此外，教师还可以利用假期去各地博物馆、红色旅游城市等地了解名人的主要成就和事迹，为课堂教学中的引用提供丰富的素材。通过这些实践活动，教师可以获得更真实、生动的教学素材，更好地向学生传授传统文化的知识，培养学生对传统文化的热爱，继而有意识地继承并发扬传统文化。

总之，为落实立德树人，将中华优秀传统文化融入初中道德与法治课程，是一项长期且具有意义的工作。通过深入挖掘优秀传统文化元素、强化实践体验等措施的实施，能够实现两者的有机融合，提升德育效果。同时，这也有助于初中生养成正确的世界观、人生观与价值观，为其未来的成长和发展奠定坚实的基础。

立德树人视域下的校园文化建设策略刍议

李 鑫[①]

党的二十大报告指出："全面贯彻党的教育方针，落实立德树人根本任务，培养德智体美劳全面发展的社会主义建设者和接班人。"校园文化是落实立德树人根本任务的重要载体。因此，进行校园文化建设，是落实立德树人根本任务的有效路径，有助于培养社会主义建设者和接班人。

仁寿文同实验初中建校五年来，将学校文化特色和立德树人根本任务相结合，不断进行校园文化建设的实践和探索，以期营造良好的文化氛围，促进和引领文同师生发展。

然而，在看到学校落实立德树人根本任务中取得明显成效的同时，还必须认识到目前所存在的一些问题，如立德树人工作停留在表层，缺乏文化底蕴和涵养，只注重"应试教育"，缺乏核心价值观的有效培养。

又如，处于青春期的中学生，独立意识与自主意识明显增强，逐渐反感"灌输式"的显性德育方式，更容易接受潜移默化的隐性德育方式。然而，作为隐性德育重要载体的校园文化，在实际建设中也存在一些问题：一是文化建设目标定位不清；二是价值引领导向作用不强；三是课程资源开发力度不够；四是校园文化设施打造流于表面。

针对立德树人教育所存在的问题，作为落实立德树人根本任务有效路径之一的校园文化建设就显得尤为重要，这就需要我们不断探索，解决校园文化建设中的实际问题，完善实施策略。文同实验初中在立德树人的视域下，面向学校发展的过去、现在和未来，深入挖掘校园文化建设资源，着眼于"课程""环境""制度""精神"四个维度，遵循"历

---

① 作者简介：李鑫，四川省眉山市仁寿文同实验初级中学党政事务中心主任，二级教师。

史性逻辑""行动性逻辑""生成性逻辑"三重逻辑，融合构建校园文化生态系统，让文同师生潜移默化地受到文化涵养和价值培育。为有效地落实立德树人根本任务，我们从以下三个方面进行了积极的探索。

一方面，遵循历史性逻辑："基因诠释"中的校园环境文化建设。校园文化建设要根植于自身的历史传统，遵循"历史性逻辑"来诠释学校的文化基因，彰显独特的育人底色。

文同实验初中以北宋著名诗人、画家文同之名命名，其擅长画竹，曾留下"胸有成竹"的典故。学校充分挖掘竹文化的育人内涵，面向过去，从"环境"维度来统筹文同实验初中场域文化建设规划。

君子比德于竹。学校深入解读竹君子品德内涵，提炼出文同学子需要具备的五大素养：健康、品正、底厚、善学、敏行，以及文同教师需要具备的四大素养：坚贞、高洁、谦虚、淡泊。学校以"竹"为线索，打造"七楼两园两厅两墙一广场一长廊"系列文化空间，使文同师生置身"竹文化"场域，潜移默化地涵养"竹品格"，逐步成为理想的竹君子。

另一方面，遵循行动性逻辑："实践育人"中的校园课程文化建设。校园文化建设离不开现实中的教育行为。学校要遵循"行动性逻辑"来设计课程活动，使之成为践行育人文化的重要行动载体。

文同实验初中围绕"荟文众彩，聚同创生"的办学理念和"全人教育，全面发展"的教育理念，构建"生长"课程体系。面向现在，从"课程"维度为学校育人文化建设搭建切实可行的实施路径。

文同"生长"课程在学校顶层设计的引领下，充分挖掘四川省眉山市仁寿县的历史、地理、思政、艺术等方面丰富的文化资源，如"三苏文化""竹编文化""陶艺文化"等，开展系列课程活动，如研学课程、梦想课程、主题节日课程等，彰显了文同实验初中特色的育人文化，引导学生树立正确的理想信念，塑造健全的人格。

再一方面，遵循生成性逻辑："愿景描绘"中的校园制度文化和精神文化建设。校园文化建设是伴随着学校发展而持续推进的，要遵循"生成性逻辑"不断地继承、整合、创新。

文同实验初中一方面梳理自身文化的历史脉络，另一方面不断总结办学过程中的先进经验，找准学校文化定位，不断丰富和发展自身的愿景描绘。面向未来，从"制度"和"精神"两个维度完善学校制度文化和办学文化。

文同实验初中在立德树人的视域下，结合自身办学特色提炼出"1234"办学文化：

一种模式："两自一包，绩效管理"办学模式。

两大理念："荟文众彩，聚同创生"；"全人教育，全面发展"。

三大目标：创建管理领先、师生发展、特色突出、质量一流的高品质学校；培养具有广泛适应性的自主发展者；培养具有持续学习、自主创生能力的研究型教师。

四项举措：办学思路"四靠"；教师工作"四把"；学生成长"四我"；管理方式"四重"。

文同实验初中立足于"1234"办学文化，建立现代学校规章制度，并以此来指引学校"一训三风"的形成与确立。

办学文化是学校文化建设的精神内核，制度文化是学校文化建设的保障系统，两者互为表里，共同培育文同师生的价值认同，规范文同师生的行为，有效实现文化育人功能。

总之，校园文化建设不仅能提升学校文化软实力，更是实现立德树人根本任务的有效路径。它是一个长期传承、整合和创新的过程，需要纳入学校的发展规划中，构建起科学的、符合实际的校园文化建设体系。在立德树人的视域下，研究校园文化建设策略，最大限度地发挥其育人功能，培养新时代人才，需要我们不断地实践探索。对此，仁寿文同实验初中全体师生将继续不懈努力。

立德树人在乡村学校实施的实践与思考

张菊容 [①]

乡村学校是我国教育事业中不可或缺的一部分，而立德树人是教育的根本任务和根本目的。在乡村学校实施立德树人，不仅需要传承中华优秀传统文化，更需要注重培养学生的品德、智力、体魄、美感和劳动等多方面素质，以适应社会发展的需要。本文将从立德树人理念的内涵入手，探讨其在乡村学校中的实施策略和实践经验，以期为乡村学校教育改革提供有益参考。

一、立德树人在乡村学校实施概述

（一）立德树人理念的核心要义

立德树人理念的核心要义是通过教育培养德、智、体、美、劳全面发展的社会主义建设者和接班人。这一理念强调了培养学生良好品德、全面发展个体素质的重要性。首先，立德树人要求学校教育不仅要注重学生的知识传授，更要注重培养学生的正确价值观、道德品质和行为习惯。其次，立德树人要求学校在教育过程中注重个性化发展，关注每个学生的特长和潜能，助力其全面成长。最后，立德树人强调教育要以培养社会主义建设者和接班人为目标，强调学生要为国家和社会的发展贡献力量，使教育成为社会进步和国家发展的重要力量源泉。

（二）在乡村学校实施立德树人的紧迫性和必要性

在乡村学校实施立德树人的紧迫性和必要性凸显在多个方面。首先，乡村学校所处环境相对闭塞，信息资源相对匮乏，学生普遍面临道德观念淡薄、缺乏正确价值导向的问题。

---

① 作者简介：张菊容，四川省眉山天府新区高家初级中学一级教师。

因此，加强立德树人教育对于弥补乡村学校教育的短板、提升学生的道德修养至关重要。其次，乡村学校中学生的家庭教育和社会环境往往相对不够理想，学校成为他们塑造人格和价值观念的主要场所，因此，有必要在学校中加强立德树人教育，以弥补家庭教育和社会教育的不足。

综上所述，实施立德树人教育在乡村学校具有紧迫性和必要性，有助于提高乡村学生的综合素质，推动乡村教育的发展。

二、立德树人在乡村学校实施的具体措施

（一）课堂教学中的立德树人

1. 教师在课堂上的示范与引领。在乡村学校实施立德树人具体措施中，教师在课堂上扮演着示范与引领的重要角色。首先，教师应该以身作则，成为学生品德修养的楷模，还要言传身教，通过自己的言语和行为来潜移默化地影响学生的道德观念。例如，在讲解课文时，教师可以选取富有正能量的故事或者人物进行解说，引导学生从中汲取正面的道德价值观。其次，教师还应该及时纠正学生的不良行为，给予适当的引导和教育，让学生明白什么是正确的，什么是错误的，从而帮助他们树立正确的世界观、人生观、价值观。

2. 学生在课堂上的品德修养与实践。学生在课堂上的品德修养与实践，需要从小事做起，通过日常的言行举止来培养自身的良好品德。例如，在课堂上，学生应该尊重教师和同学，遵守课堂纪律，不打扰他人学习，主动参与课堂讨论和活动。此外，学生还应该树立正确的学习态度，努力学习，勤奋进取，不断提高自己的知识水平和综合素质。同时，学生还应该培养自己的公民意识和社会责任感，关心集体荣誉，乐于助人，积极参与学校和社区的各项公益活动，为促进社会和谐发展贡献自己的一份力量。通过这些具体实践，学生可以逐步树立正确的人生观、价值观，培养良好的品德素养，成为德、智、体、美、劳全面发展的社会主义建设者和接班人。

（二）课外活动中的立德树人

1. 社会实践活动的组织与开展。在乡村学校实施立德树人理念时，社会实践活动是培养学生全面素质的重要途径之一。首先，学校可以组织学生参与社区服务、环境保护等社会实践活动，通过亲身参与社会实践，使学生增长见识，感受社会的多样性，培养他们的社会责任感和团队协作精神。例如，可以组织学生参与义务劳动，帮助需要帮助的农民，

同时在实践中感受团结互助的社会风尚。

其次，学校还可以鼓励学生参加文化艺术、科技创新等方面的实践活动，培养他们的兴趣爱好和创新精神。通过丰富多彩的实践活动，学生能够更好地发展自己的个性，提高综合素质，同时在实践中渐渐形成正确的人生观、价值观。

2.学生社团组织的建设与管理。为了促进立德树人在乡村学校的实施，建设和管理学生社团组织是一个关键环节。学校可以设立各种类型的社团，如文学艺术社团、体育健身社团等，以满足学生多样化的兴趣需求。在建设过程中，学校要关注培养学生的领导力、团队协作力和组织管理能力。

为了保障学生社团的有效运作，学校可以设置专门的指导教师，提供必要的支持和指导。同时，学生社团应该有明确的组织结构和管理制度，鼓励学生自治、民主参与社团事务。通过参与社团活动，学生能够在实践中培养团队协作、沟通表达等能力，同时通过自我管理和互助合作，培养学生的品德修养和社会责任感。

三、结语

总体而言，在乡村学校实施立德树人是当前教育事业的迫切需要，本文对其内涵、实施策略和实践经验进行探讨，旨在为乡村学校的教育改革提供参考，促进乡村教育事业的全面发展。

在思政课中融入时政资源，培养初中学生的政治认同感

　　培养初中学生的政治认同感，是我国当前初级中学思想政治理论课道德与法治课堂教学的重要目标之一。时政资源不仅为教学提供丰富的素材，还能通过对材料的分析，使政治理论更加贴合实际，加深初中学生对知识理解的同时，也提高初中学生对国家事务和政治问题的理解和认知能力。本文将分析融入时政资源教学的意义，并提出具体的策略，以帮助教育工作者更好地培养初中学生的政治认同。

一、在道德与法治课程的教学中融入时政资源的意义

　　首先，有利于强化初中学生的公民意识。课堂中引入时政资源不仅能够帮助初中学生了解到国家以及社会的最新动态，还可以通过实际的案例来引导初中学生形成正确的价值观，促使初中学生在面对社会问题时能够明确自己的社会责任，促进初中学生的综合素质发展。

　　其次，有利于拓宽初中学生的知识视野。融入时政资源教学，能够帮助初中学生在学习的过程中，了解更为广泛的社会知识以及国际事务，能够促使初中学生在学习道德与法治课程知识的过程中建立全球化的视野，使得初中学生能够通过了解时事来掌握国内外的政治、文化以及经济等方面的发展趋势，从而了解在不同时事政治背景下所反映出的理论知识，来帮助初中学生拓宽在学习过程中的视野。

　　再次，有利于提高初中学生的思辨能力。融入时政资源教学，不仅需要初中学生在学

---

　　① 作者简介：阮艳，眉山市东坡区苏祠初级中学校长，二级教师。

习的过程中实时关注政策变化，还需要初中学生结合所学知识对时政进行分析、比较和评价。在这个过程中，不仅能够提高和培养初中学生的思辨能力，还能培养初中学生追求真理以及客观性的思维方式。

最后，有利于培养初中学生的实践能力。融入时政资源教学，能够在教学的过程中帮助初中学生将所学知识与实际生活相结合，提升初中学生的实践能力。比如，在教学过程中设置社会实践、模拟法庭等活动，既能帮助初中学生理解了道德与法律知识，同时也锻炼了初中学生解决问题的能力。

二、在道德与法治课程教学中融入时政资源，培养初中学生政治认同的基本策略

一是拓宽教学方法，将时政资源有效融入教学过程中。将时政资源有效融入道德与法治教学的过程中，在把握核心素养内涵，科学设计教学目标，将课程质量标准的能力目标与相关核心素养具体表现对接，准确定位基于核心素养的教学目标的基础上，还需要教师打破传统的教学方法，采取多元化教学方式。例如，教师可以采取课堂讨论、时政案例分析等教学方法。在讨论中，教师可以引导初中学生就不同的观点进行辩论，帮助他们了解各种立场和主张的背后原因和意义。

例如，我在"法治建设"一课的教学中，结合当前热点话题"反腐"，提问"你认为反腐对于中国的发展有何重要意义？"或者"一个廉洁的社会需要公民具备哪些品质？"，等等。通过讨论，初中学生在了解到时政问题对社会、个人的影响的同时，也锻炼了他们的思辨能力和表达能力。

二是运用时事政治向初中学生宣传社会正能量。教师可以利用多媒体工具，如投影仪、电视、电子白板等，播放一些国家重大政策的宣传片，社会进步的实证数据，介绍国家在社会发展、创新科技、脱贫减贫、改善民生等方面取得的成就和进展，帮助初中学生了解国家的历史发展进程、政治改革和现代化建设的成功案例，让初中学生感受到国家的积极进步，增强他们的民族自豪感。

例如，在"中国梦"的教学过程中，可引用《非凡十年》的新闻视频，让初中学生深刻认识祖国在中国共产党的领导下我们如期打赢脱贫攻坚战，实现了第一个百年目标的过程。

三是结合时政强化初中学生的政治认同感。首先，在教学内容的设置上，融入与初中学生所学内容或兴趣相关的时事政治问题，引起初中学生的兴趣和注意，增加他们对时政问题的关注度。其次，在课堂上，教师引导初中学生深入分析时事政治问题，讨论其背后的政治原因、利益关系和影响。通过讨论，培养初中学生独立思考能力和批判性思维，引导他们形成自己的政治观点和立场。鼓励初中学生主动表达自己的观点，促进思想交流与辩论，拓展初中学生的视野和思维深度。

四是引导初中学生结合所学知识自主搜集时政内容。教师可以鼓励初中学生主动搜索相关的新闻、报道、专题等，并进行研究和分析。例如，运用经济学知识分析法律对国家经济政策的影响，运用法律知识分析法律条文的含义等。在教学的过程中，教师还可以鼓励初中学生积极参与政治讨论、政治行动和社会实践活动，例如，初中学生可以组织政治辩论赛或参与模拟政治会议等。通过参与这些活动，初中学生能够锻炼自己的公共演讲、辩论和领导能力，培养他们的公民意识和政治参与能力。

三、结语

总而言之，在道德与法治课程的教育中融入时政资源，对于培养初中学生的政治认同具有重要意义。通过引入时政内容，可以使教学更加具有针对性和实践性，提高初中学生对国家事务和政治问题的理解和关注度。因此，教育工作者应积极采取相关策略，促进初中学生的政治认同感的形成和发展。同时，初中学生也应主动参与到时政学习中，不断提升自身对国家事务的认知和分析能力。

课程思政在初中各学科落地的探索与实践

戴 霞 杨 洋[①]

初中阶段是学生世界观和价值观建立和养成的关键时期，教育工作者要将思政教育融入初中各学科课堂中，在智育与德育的相互渗透中，培养德、智、体、美、劳全面发展的社会主义合格建设者和可靠接班人，在"五育融合"中完成立德树人根本任务。

一、初中课程思政的内涵

课程思政是学校课程育人的中国表达和中国特色的育人方式。初中课程思政遵循德育基本规律，目的是实现立德树人，通过深化课程目标、内容、结构、模式等方面的改革，把政治认同、国家意识、文化自信、人格养成等思想政治教育导向与各类课程固有的知识、技能传授有机融合，实现显性教育与隐性教育的有机结合，促进学生的自由全面发展，充分发挥教书育人的作用。聚焦课程建设和教学活动，改变课程教学以知识传授为主要目的的原有路向，使思想政治教育融入教育教学的各个要素之中，填补了专业课程教学在育人环节上的空白，打通了学校思想政治教育的"最后一公里"，从而使全面协同育人落实到细微之处。

二、初中课程思政建设存在的问题

基础教育发展到今天，成绩有目共睹，但问题依然不少。学科教师课程思政意识淡薄，学科教学仍然存在较为严重的"教""育"分离、"唯分数"远重于"育人"的现象；学

---

① 作者简介：戴霞，四川省眉山市东坡区苏祠初级中学校长，正高级教师，眉州名师；杨洋，四川省眉山市东坡区苏祠初级中学教科室主任，二级教师。本文为 2021 年四川省基础教育教学阶段性成果。

科教师思政育人目标模糊，在学科教学中出现"各自为政"、价值中立等不利于"为谁培养人"的价值观确立的现象；学科课堂教学方式落后，学生被束缚于各个学科书本之中，被禁锢在学科课堂之内，无法贯通各学科，学习兴趣低下，创新意识淡薄，课程思政成为空谈，等等。

三、课程思政在初中各学科落地的措施

学科教师是实施课程思政的关键。学生在学校中，与学科老师接触最多，从某种意义上说，学科教师是落实铸魂育人的重要力量，对学生的影响很大。所以，切实提高学科教师的思想政治教育素养是课程思政在初中各学科落地的重要保障。

（一）明确课程思政育人目标

2014 年 9 月 9 日，习近平总书记在同北京师范大学师生代表座谈时讲道："好老师应该懂得，选择当老师就选择了责任，就要尽到教书育人、立德树人的责任，并把这种责任体现到平凡、普通、细微的教学管理之中。"立德树人根本任务在具体教学中必须转化为学科教学目标、课堂教学目标。

苏祠初级中学要求教师对照课程标准，按德、智、体、美、劳"五育并举"的指导思想，根据各学科核心素养，由各教研组分头实施，在集体备课时挖掘教材每一章节、每一课时的育人点，形成独具学科特色的课堂教学。

1.把握核心素养内涵，科学设计教学目标。将课程质量标准的能力目标与相关核心素养的具体表现相对接，准确定位基于核心素养的教学目标。

2.拓宽课程思政途径，实践课程思政价值。从课程特点和学生发展需要出发，找准学科教学内容与学科核心素养的切合点，深挖本课程独特的思政价值。

3.培育学科创新思维，创设有效问题情境。发展学科核心素养，设计能引发学生认知冲突、具有新颖性、真实性和趣味性的问题情境。

4.贯穿学科核心素养，以问题引领教学。设计能够帮助学生用所学知识解释和解决现实生活中的一些问题，增强对学科核心素养获得过程的体验。

各学科在全面推进对标学科核心素养落实课程思政的过程中形成了不少成果。以初中历史学科为例，苏祠初级中学历史教研组对标唯物史观、时空观念、史料实证、历史解释、家国情怀等学科核心素养，推进课程思政在历史课堂落地。经过三年的培育实践，教研组

把全体教师的实践案例汇编成系列校本读物——《基于课堂教学的历史学科核心素养培育实践》，真正实现了学科核心素养课落地。

（二）丰富课程教学方式

我校以学科、学生和时代需求为原点，以建构学生立体知识网络为主旨，以系统设计、有机整合为关键，在发挥课程思政独特功能的基础上，将学科与学科、生活、文化等进行有机融合，开拓主题性项目学习、系统性实践指南、创新性特色课程。

1.学科与学科融合

学科联结，主题融合。以教学目标为统领，寻求学科间共同点，打破学科课程各自为营的藩篱，整合相关课程资源，确立跨学科课程综合化实施的主题，围绕统一主题组织共同的教学单元。如"黄河母亲"主题学习周，以"增强民族自信"为综合目标，整合语文、地理、美术、音乐四门课程资源，通过不同角度的黄河研究视角，介入不同领域的知识。地理学科了解黄河源流概况、开发利用状况；美术学科赏析、创作黄河作品；音乐学科鉴赏歌唱《黄河大合唱》；语文学科诵读描写黄河的文学作品。通过同一主题下的多学科综合教学，学生感叹：以前的黄河在我眼里就是一条泥沙滚滚的河流，通过主题学习，她蜕变成一条气势磅礴、坚强不屈、滋养中华民族的母亲河。

实践证明，学科与学科的融合便于学生形成知识体系，增强知识理解，培养核心素养，破除狭隘学科思维。

2.学科与生活融合

问题贯通，指南引导。发掘身边资源与学科间的联系，实现"问题—学科知识—生活实践"的贯通。编写学科实践指南，将相关的生活实践系统化、书面化，推进学科与生活实践深度融合。

以化学学科为试点，深度推进学科与生活实践融合，依据家庭化学实验的可操作性、趣味性以及知识性原则，编写初中生在家就可以独立完成的实验操作指南——《家庭化学实验操作指南》。学生在指南里不仅可以根据指导完成家庭化学实验，还可以根据内容提示，对部分实验进行深入研究和探索。

学科与生活融合，有利于学科知识在实践中延伸重组，综合实践活动中所发现的问题、所获得的知识技能并反馈在各学科课堂学习中，扩展学科育人空间。

3. 学科与文化融合

资源挖掘，特色课程开发。挖掘本土自然、人文、非遗资源，开发特色教材、读物，梳理本土非遗文化。教材与读物纳入课程计划。如：2011 年，苏祠初级中学成功编撰了融入课程教学的校本教材《苏祠邻里》，对千年文豪苏东坡进行全方位解读，此校本教材分篇章多方面多角度翔实、生动地再现苏东坡一生事迹和优秀品质。2017 年，我校编写了《东坡非遗——心手相传》读本，此读本选文以经典、耳濡目染的本土文化为主，把生动鲜活的本土非物质文化遗产融入学科教学。学校将校本教材、读物直接纳入学校课程计划，设置课时，分年级完成教学。

实践证明，将本土优秀文化引入课堂，有利于培养文化认同、增进文化信仰，在思想深处厚植优秀文化基因，不断坚定文化自信和文化自觉。丰富的课程教学方式，实现从单一教学方式向综合教学方式的转变，立体多元育人。

（三）创新课堂教学模式

课程育人，必须以课堂为主阵地，必须以学生为主体，必须改变"传递—接受"型的传统教学模式。"基础教育改革最主要的就是承认学生的能力，把学生放在学习的主体地位，让学生自己去学习，自己去探索，把知识内化为自己的智慧。"我校以此为理论指导，构建充分体现学生自主、合作、探究学习方式"五步课堂 + 文、理、艺体三变式"课堂教学模式。

1. 五步课堂基本模式

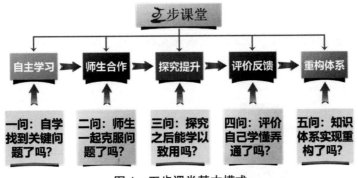

图 1　五步课堂基本模式

自主学习。学生自主研读教材，完成导读作业，初步掌握本节课的基础知识。此环节的核心是"自主学习是否找到了关键问题"。

师生合作。师生合作交流，解决预习中遇到的问题和交流对文本的理解。此环节的要务是"师生合作是否克服了关键问题"。

探究提升。学生展示已解决的疑难或提出未解决的疑难。此环节的关键是"探究之后学生是否形成核心能力"。

评价反馈。以试卷、习题或口头设问为载体，对预设学习目标进行回归性检测。此环节的重心是"学生评价自己是否学懂弄通"。

重构体系。学生归纳、梳理当堂学习的知识内容，把新知识及时纳入自己的知识体系。此环节的目标是"是否实现了知识体系重构"。

2. 文、理、艺体变式模式

（1）文科——以境促学

文科教学中将"探究提升"变式为"情境体验，以境促学"。让学生在体验情境中将知识内化为文科能力。

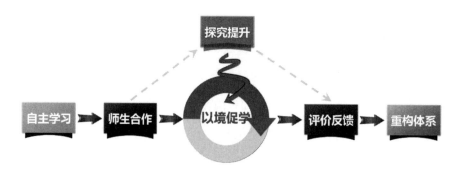

图 2　文科变式五步课堂

（2）理科——以问带学

理科教学中将"师生合作"变式为"探究发现，以问带学"。通过启发性的问题或现象，驱动学生主动建构知识。

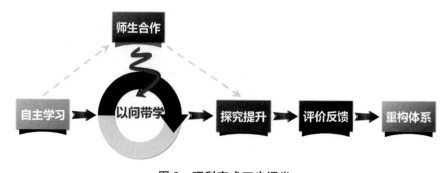

图 3　理科变式五步课堂

194

（3）艺体——以展论学

艺体学科教学是将展示练习融入"五步课堂"的每一个环节，实施以"展示"贯穿课堂教学的特色变式。

图4　艺体学科变式五步课堂

创新的课堂教学模式实现了两大转变：一是由以"教"为中心向以"学"为中心转变；二是由知识灌输向学科核心素养培养转变。形成了以"学生为主体"的可操作课堂教学模式，搭建了落实课程思政的初中课堂教学框架，实现了自主合作育人。

课程思政不可能立竿见影，仅从课堂教学改进着手，还远远不够，我们需要以平和务实的心态、淡定从容的气质、一种凌驾于喧嚣浮尘之上的睿智与笃定，去功利化长久坚持。在尊重教育基本规律、学科内在逻辑和学科教与学规律的基础上，从课堂主阵地出发，把教育真正地归还给教师和学生，科学规划、统一协调。我们还需进行多角度、多方面的探索，让课程思政真正成为立德树人的"新常态"，成为优质学校建设的"新常态"。

中华优秀传统文化融入中学思政金课建设的路径探析
——以眉山市"三苏"文化为例

乔　银①

2022年6月8日，习近平总书记在四川省眉山市三苏祠考察调研，了解历史文化遗产保护等情况，强调要敬仰中华优秀传统文化，从中汲取思想精华和道德精髓。2014年3月，教育部颁发《完善中华优秀传统文化教育指导纲要》，明确要求中小学德育课程增加中华优秀传统文化内容比重，促进二者结合。青少年是国家和民族的未来，其对中华优秀传统文化的认同感，事关中华文明延续和民族复兴大局。但是，在全球化背景下，多元文化和社会思潮交织，青少年对传统文化缺乏兴趣、认知模糊，本土文化自信不足，需要精心引导和栽培。将中华优秀传统文化融入中学思政金课建设是对国家教育政策的积极响应，也对青少年学生成长意义重大。因此，深入研究如何将中华优秀传统文化融入中学思政金课建设大有裨益且大有可为。

一、教学理念：以立德树人为根本，融入"三苏"文化德育理念

理念是行动的先导，打造思政金课首先需要从教学理念入手。立德树人是教育的根本任务，思政课是落实这一任务的关键课程。"三苏"文化归根到底是一种德育文化，其蕴含的德育理念对中学思政金课建设具有重要启示，主要包括坚持德育为先、以人为本的理念。

---

①　作者简介：乔银，四川省眉山市东坡区苏祠初级中学二级教师。

（一）坚持德育为先的理念

"德育为先"就是要把德育摆在优先发展的位置，这需要多元主体共同发力。一是压实学校党组织领导责任。学校党组织要建立思政教育工作督导体系，将思政教育作为专项工作，纳入职责清单。二是强化教师对"三苏"文化的重视度。教师要深入研读、体会国家关于德育工作的文件精神，也要广泛深入地学习"三苏"文化，使其可以更好地与思政课融合，还要在提高认识、启发自觉上下功夫，调动学生养德的积极性。

（二）坚持以人为本的德育理念

"以人为本"与立德树人理念在教育观念上具有相似性，也就是要坚持以学生为中心，这需要从多方面入手。一是了解学生需求、困难，明确教学重点。从学生出发，以问题为导向，针对性开展教学活动，提高教学效率。二是注重精讲多练，以学生活动为主。传统的"灌输式"教学模式影响较深，许多学生更加倾向于教师直接进行知识"投喂"，但这不利于拓展学生思维。教师作为教学活动的主导，要一改旧态，转用新法，设计学生活动，激发学生自主思考。三是采用启发式教学，发挥学生积极性、主动性。教师要引导学生学习"三苏"文化中勤学正业的精神，让学生通过各种形式分享"三苏"故事、事迹等，使"三苏"文化在潜移默化中入脑、入心。

二、教学内容：以高质量为标准，融入"三苏"文化教学资源

"高质量发展"首次提出时属于经济领域的概念，目前已经延伸至社会各方面，打造思政金课便是教育领域高质量发展的要求。"三苏"文化中蕴藏丰富的教学资源，能够为思政金课建设提供高质量的教学素材和思想引导。

（一）教师优选"三苏"文化思政案例

中学阶段思政课教师承担着知识传授的重点任务，这不仅需要传授教材知识，还需要注重结合地区、学生实际情况、时代特征等，有针对性地开展教学，尤其要及时将地方文化融入教学中，增强思政课的亲和力和感染力。一是结合学生关注的社会热点问题，利用"三苏"文化所蕴含的典型内容，选取进行一定思考活动所需的基本素材。二是中学思政教师的素质直接关系到中学思政金课建设的效果，本领过硬的思政教师队伍是"三苏"文化与思政课融合的重要保障。思政课教师要认真学习"三苏"文化，才能更加了解"三苏"人物故事、诗词等，进而合理地将这些具象材料运用到教学中。

（二）以社会主义核心价值观为引领融入"三苏"文化思政元素

中学思政课程不仅要进行知识传授，还需辅以必要的思想引导。与小学阶段相比，中学生的身心发展更加充分，知识储备更加丰富，知识体系逐步建立，认识问题和分析问题的能力有所提升，"三观"初具形态。同时，处于这一阶段的学生，其价值观存在较大的可塑性。"三苏"文化作为社会主义核心价值观的重要涵养源之一，其中蕴含的孝慈仁爱、修身立德、以民为本等内容是不可或缺的思政元素，有利于中学生价值观的塑造。

三、教学方式：以亲和力为抓手，丰富"三苏"文化融入形式

教学方式是教学过程的重要组成部分，会对教学目标的实现产生影响。若停留于传统的教学方式，不仅学生积极性会降低，而且学生也难以全面理解课程内容和"三苏"文化。因此，要以亲和力为抓手，从理论和实践两方面丰富"三苏"文化融入形式，主要包括组织丰富多样的教学活动和多方面开展实践教学。

（一）组织丰富多样的教学活动

思政课具有鲜明的政治性和较强的理论性，这也决定了课程具有一定的严肃性，这就需要通过多样化的教学活动提高课程趣味性。如通过"三苏"故事分享、知识问答、诗词比赛等方式，寓教于乐，引导学生在学习过程中提升对"三苏"文化的认知度、理解度，唤起学生对"三苏"文化的深厚感情，坚定文化自信。同时，这有利于激发学生主观能动性，提高学生课堂参与度，提升教学效果。此外，多媒体教学时应尽量将枯燥、抽象的思政理论以图片、图表、视频等直观的方式展示，让学生观看在视频、图集的过程中传承"三苏"文化基因，达到以"三苏"文化促进思政教育的目的。

（二）多方面开展实践教学

思政课属于理论知识和实践内容并存的课程，这就要求拓展思政课教学视野和空间。一是利用"三苏"文化资源，开辟第二课堂。如建立传统文化教育基地，指导学生开展宣传"三苏"文化的活动等，让"三苏"文化扎根于学生心中。二是组织学生参观"三苏"文化相关纪念馆、博物馆，直观感受"三苏"文化魅力，感知"三苏"文化蕴含的精神品质，读懂中国精神的渊源，厚植爱国主义情怀。三是引导中学生观看"三苏"文化经典文艺作品，或是参与部分专业讲座等，切实提升学生的获得感，充分发挥文化育人的作用。

四、结语

中华优秀传统文化融入中学思政金课建设，是"双向互动"过程，二者相得益彰，同频育人，既有利于打造思政金课，又有利于传承发展中华优秀传统文化。目前，部分教师正在逐渐将这一融合付诸实践，但作为一项教育教学系统工程，要切实发挥其文化功能，提升教学效果，还需全方位多层次构建融合机制，才能培养出堪当民族复兴大任的时代新人。

扬自信，强少年：培养初中生民族自信心的实践探索

赵 伟 杨 婷[①]

一、培养初中生民族自信心，强国强少年

国无自信不强，人无自信不立。要实现中华民族伟大复兴，就要树立起全民族的自信心；要培养社会主义建设者和接班人，首先就要培养他们的民族自信心。在实现中华民族伟大复兴的进程中，民族自信是精神引领，是动力支撑。树立人民的民族自信心对国家而言十分重要。

少年强则国强，少年拥有民族自信心，则民族之振兴就有底气。习近平总书记说过，中小学生是青少年的主体，是国家的未来和希望。初中生作为社会主义建设的接班人，担当着民族复兴大任，身上必须要具备民族自信心。

作为初中生思想教育的主要阵地，初中学校是培养学生民族自信心的肥沃土壤，学校应利用自身优势和特点，做好初中生民族自信心的培养工作。要通过各种方式树立其民族自信心，强化其民族自信心，坚定其民族自信心。

二、"五育并举"，多管齐下，培养初中生民族自信心

通过不断的探索与实践，笔者总结出一条"五育并举"，多管齐下，培养初中生民族自信心的途径，如下：

---

① 作者简介：赵伟，四川省眉山市东坡区苏洵初级中学党支部副书记，高级教师；杨婷，四川省眉山市东坡区苏洵初级中学一级教师。

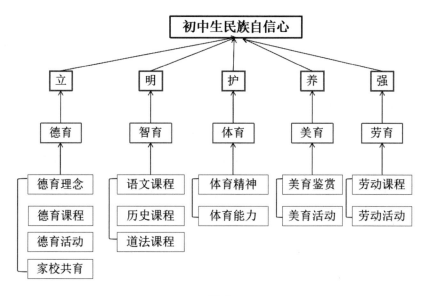

图 1

（一）"德"以立"心"

在培养初中生民族自信心的工作中，学校德育工作是基础，科学合理的德育工作能帮助初中生树立民族自信心。初中学校可以从以下几方面做好立"心"工作。

1. 将培养初中生的民族自信心纳入学校德育理念

学校德育理念是学校德育工作的指引，也是学校德育工作的重要依据。在新时代背景下，将培养学生民族自信心融入初中学校的德育理念中是十分必要的。

2. 将培养学生民族自信心纳入学校德育课程

学校可以根据实际情况打造培养学生民族自信心的特色德育课程。如：观看纪录片《"字"从遇见你》，学习汉字的造型来源及文化发展，课后再进行古汉字书写临摹活动，在学习与实践中感受中华文化的博大精深；也可以观看纪录片《大国建造》，了解全国各地 40 多个新地标的故事，课后再进行"画出最美建筑"绘画比赛，在学习与实践中感受中国崛起的力量。

3. 将培养学生民族自信心融入德育活动中

在艺术活动、学生社团活动、研学活动中培养学生民族自信心。鼓励学生在各种艺术节表演中加入中华传统元素，如古琴、古筝、民族舞、古典舞及传统服饰展示等，通过传统与现代相结合的方式，让学生体验传统之美，培养民族自豪感；组织学生成立传统文化社团，如汉服及汉文化社团、茶艺社团、古典乐器社团、传统手工艺制品社团等，拓展中国传统文化知识，增进对传统文化的了解；在研学实践活动中，选择非遗研学基地和红色研学基地，让学生在研学实践中感受中华传统文化之美，体验中华民族精神的力量。

4. 家校共育，共同树立学生民族自信心

学校可以组织开展一系列形式丰富的家校活动，与家庭一起培育学生民族自信心，如在端午佳节举行亲子包粽子活动，让学生和家长重温中华传统节日的意义；在元宵节举行线上包汤圆活动，家长和孩子一起在网络或者班级群中晒一晒家庭合作完成的汤圆，并拍全家福，让学生和家长在亲子活动中延续中国人注重家庭的传统美德。

（二）"智"以明"心"

充分发挥国家课程培根铸魂、启智增慧的作用，培育学生民族自信心。

1. 在语文教学中树立学生的文化自信

利用语文教材中关于传统文化的文章，让学生对传统文化有所了解，有所认识。如在有关文化典籍的《关雎》《陈涉世家》的教学中，让学生发掘其中蕴含的深刻道理，陶冶道德情操；在有关建筑文化的《苏州园林》《中国石拱桥》的教学中，感受中国古代劳动人民的智慧结晶。

同时，利用语文教学优势强化传统文化精神的培育，如在《论语》的教学中，培养学生乐观坚定精神；在《过零丁洋》的教学中，培养学生忧国忧民的爱国精神等。

2. 在历史教学中树立学生对民族未来发展的信心

通过对中华民族抗争史和探索救国道路历史的学习，让学生了解中华儿女维护国家主权的决心，从中感受中华民族精神的内涵；在对中国共产党领导中国人民取得新民主主义革命胜利和社会主义现代化建设成就的历史学习中，坚定学生对社会主义的信念，努力成为社会主义现代化建设的接班人。

3. 在道德与法治课中培养学生的国家认同感，增强民族使命感

通过对中国特色社会主义制度的学习，明确我国的制度优势；通过对中国改革开放以来的发展成果的学习，坚定对建设中国特色社会主义现代化强国的信心；通过对中国在世界影响力的学习，树立对国家的认同感，坚定民族自信心；通过对当今国际形势的学习，增强学生的民族使命感，促使其自觉为实现中华民族的伟大复兴而奋斗。

（三）"体"以护"心"

通过对体育精神和体育能力的培养，在守护学生健康身体的同时，培育学生的民族自

信心。

1. 体育精神教育

在体育课中，进行体育精神的教育，通过分享著名运动员顽强拼搏的事迹，让学生感受我国的体育精神，明白体育强国的意义。同时，鼓励学生积极参加各类体育竞技活动，让学生在活动中感受运动的快乐，体验体育竞技的魅力，从而爱上体育活动，弘扬体育精神，为体育强国出一份力。

2. 体育能力培养

初中学校应积极响应国家号召，落实每天锻炼不少于 1 小时的体质健康要求，协调好大课间活动、体育课和体育选修课，做好学生的体育能力的培养，让学生爱运动、会运动，拥有一个健康的身体，为中华民族伟大复兴做出应有贡献。

（四）"美"以养"心"

通过美育教育，用中华传统艺术美的力量，养护学生的民族自信心。

1. 利用美育作品鉴赏课，向学生展示中华优秀美育作品的美

在美育课上，通过对中华优秀美育作品的鉴赏，给学生展示中华民族五千多年的灿烂文明，让学生欣赏丰富多彩的中国元素，认识和理解中华历史进程中的优秀艺术作品，从而爱上中华优秀传统文化艺术，弘扬中华美育精神。

2. 利用美育活动，引导学生传播中华文化

在美育活动中，以美育推动艺术创作，引导学生努力创作体现中华文化精神、反映中国人审美追求的作品，让世界更多人更好地看见中华艺术，欣赏中国之美，以此传播中华文化。

（五）"劳"以强"心"

勤劳是中华民族的传统美德，中华民族取得的成就无一不是辛勤的劳动创造的。在培养学生民族自信心的过程中，要充分发挥劳动育人的作用。

1. 用劳动课程让学生认识勤劳的传统美德

学校可以根据自身的实际情况，开设特色劳动教育课程。给学生分享中国历史上典型的勤劳奋斗的故事和改革开放中涌现的先进事例，让学生明白中华儿女是依靠勤劳让中国发生了翻天覆地的改变，也必将要靠着勤劳实现中华民族的伟大复兴。

2. 用劳动活动让学生继承和发扬勤劳的传统美德

初中学校也可以通过开展传统劳动教育活动，如学竹编、做扎染，包粽子等活动，让学生在传承非物质文化遗产的同时，感受劳动之美，体验劳动之乐，从而弘扬勤劳的传统美德，争做新时代的奋斗者。

如何在高中历史教学中融入家国情怀素养培养与思政教育

王 艺[①]

一、家国情怀素养与思政教育的融合背景

（一）社会发展与新高考改革的要求

随着社会主义核心价值观的深入人心，家国情怀作为其中的重要组成部分，已被广泛认为是高中思政教育的重要着力点。"国家认同感"意义重大，多民族国家民众对自己国家的认同感更是民族团结、共同繁荣及维护国家统一与实现中华民族伟大复兴的前提条件。家国情怀素养的培养不仅是教育部门的需要，也是社会发展的需求。因此，高中历史教学中融合家国情怀素养，旨在培养学生的国家责任感、文化自信心以及对历史传统的感悟，为国家的长治久安和民族复兴奠定坚实的基础。同时，将思政教育融入历史教学是开展德育工作的重要途径，可以帮助学生形成正确的世界观、人生观和价值观，培养他们具备民主意识、法治观念以及社会责任感的综合素质。

（二）内涵与价值

家国情怀是指个体对国家和民族历史、文化、事业等方面的深刻理解和挚爱之情。在新时代背景下，这种素养的培养对于引导学生确立正确的历史观、国家观、民族观和文化观具有不可替代的重要性。它要求个体对国家和民族的历史有深刻的理解，并强调对国家和民族事业的挚爱之情。历史教学不仅是传授知识的过程，更是培育学生情感态度、价值

---

① 作者简介：王艺，四川省眉山市眉山第一中学一级教师。本文为 2021 年眉山市中小学课堂教学改革专项课题"高中历史人民版与统编版教材教学融合模式探究"的阶段性成果。

观念的重要阵地。融合家国情怀素养的培育，是提高学生历史文化素质的有效途径。通过系统的历史教育，学生不但能了解国家历史，还能深刻理解个人命运与国家、民族历史的联系，从而内化为爱国情感和行动。因此，历史教学中融合家国情怀素养的培养，对于学生的全面发展和对国家未来负责的态度形成具有重要作用。同时，家庭和社会环境也是培养家国情怀素养的重要因素。

二、思政教育在高中历史教学中的作用

（一）思政教育的核心理念与高中历史教学的关系

思政教育的核心理念是培养具有良好政治素养、思想品德和社会责任感的公民。在高中历史教学中，融入思政教育的核心理念，旨在通过历史教育的内容和形式，引导学生正确理解和认同国家历史、文化遗产与发展现状，形成符合社会主义核心价值观的世界观、人生观和价值观。具体而言，思政教育注重培养学生的政治素养、思想品德和社会责任感。历史教育可以帮助学生了解历史上优秀人物的品德和价值观，从而树立正确的世界观、人生观和价值观。同时，通过历史教育中的案例分析和实践活动，可以培养学生的社会责任感和关爱他人、奉献社会的意识和行为。数据显示，参与思政教育的学生不仅对国家历史和文化有更深入的了解，并且能更积极参与社会实践活动，说明思政教育的核心理念在高中历史教学中的融入能有效帮助学生形成积极向上的人生观和价值观，并为培养具备社会责任感的公民打下坚实基础。

（二）思政教育融入历史教学的方式

在高中历史教学中融合思政教育需要采用多种教学策略和方式。教师可以通过讲述历史事件背后的理念和意义，引导学生思考国家、民族的发展与进步。例如，在历史人物评析的教学活动中，选择具有代表性的历史人物，详细解读其生平事迹，探讨其价值观和思想体系。此外，历史案例研究和时事讨论相结合也是融合思政教育的有效方式。选择具有代表性的历史案例，引导学生深入研究和分析背后的思想理念和国家发展方向。同时，引导学生关注时事热点，如国家政策、国际局势等，与历史事件进行对比和联系，形成正确的历史认知和价值判断。这些方式可以帮助学生积累丰富的历史知识，增强对国家的认同和家国情怀，从而培养具备良好政治素养、思想品德和社会责任感的公民。

三、高中历史教学中融合家国情怀素养与思政教育的具体策略

（一）教学内容设计

高中历史教学内容设计融合家国情怀与思政教育，着重展现国家发展大事、历史事件与历史名人，以及优秀的传统文化。例如，通过教授抗战历史，让学生了解中国人民的英勇牺牲和抗战英雄，引用统计数据深化理解。同时，介绍中国改革开放成就，激发对祖国的自豪感。运用多媒体资源，让学生直观感受历史与当代的联系，培养家国情怀。

（二）教学方法与手段

高中历史教学方法应采用互动性强的情景模拟、角色扮演、辩论等活动，引导学生深入思考历史事件背后的思政意义。利用多媒体工具，如历史纪录片和互动式历史软件，增强教学生动性和提高学生参与度。研究显示，情景再现和互动式历史软件能提高学生兴趣、参与度和对家国情怀的理解。合理运用这些方法，可实现家国情怀素养与思政教育的融合。

（三）教师角色与能力要求

教师是融合家国情怀素养与思政教育的关键人物，应具备扎实的专业知识、先进的教育理念和高超的教学技能。

首先，教师应加强政治意识和国史知识素养，关注教育改革和时事政治，了解国家政策和经济社会发展变化，以激发学生的家国情感。

其次，教师应具备多元化教学的能力，创造符合学生认知特点的教学情境，关注学生的兴趣和特长，进行差异化教学。

再次，教师还应挖掘和整合历史教学资源，使思政元素自然融入课程中，并具备跨学科知识整合的能力，以适应新时代教育的需要。

最后，教师应注重培养学生的历史思维能力和批判思维能力，引导学生主动思考和积极参与社会实践，培养学生的社会责任感和家国情怀。

关于将劳动教育融入初中思政课的思考

唐艳飞[①]

习近平总书记强调，思政教师要引导学生扣好人生的第一粒扣子，思政教师是立德树人的关键。作为初中的思政教师应该为国家培养什么样的人才呢？随着"五育并举"的落地生根，为各校思政教师指明了方向：要努力为国家培养德、智、体、美、劳全面发展的社会主义建设者和接班人。"劳动教育"再次被推上了热搜，重新引起了大家的重视，那么思政教师应如何有效地将劳动教育融入初中思政课，从而助推"五育并举"的实现呢？

劳动教育重新被定义、被重视绝非偶然。"民生在勤，勤则不匮。"劳动是一切幸福的源泉。初中生正处于世界观、人生观、价值观形成的关键时期，加强劳动教育可以促进中学生全面健康发展。劳动教育具体有何意义或价值呢？

一是劳动教育可以培养意志力。现在的中学生都是家长们"手心里的宝贝"，在溺爱中成长起来，在日常的学习或生活中"知难就退"的现象十分普遍。让孩子参与劳动教育，既可以让他们从中体会到劳动的辛苦和不易，同时通过教师不断地督促、鼓励，也能有效培育中学生坚持不懈的品质，进而磨炼他们的意志力。

二是劳动教育可以培养责任感。责任是每个人分内应该做的事情。通过参与各项劳动，可以培养学生的责任感。如：通过参与家庭劳动，让孩子认识到自己是家庭的一员，增强孝敬长辈的责任感；通过参与班级劳动，同学们感受到自己是班级的一员，形成集体的观念和意识，在劳动的过程中也能培养同学们团队协作的精神；通过参与社会劳动，让同学们意识到自身是社会的一员，是祖国的未来，能主动承担起国家发展的历史使命。

三是劳动教育可以提高自信心。在初中并不是所有的同学都能在学习中找到成就感和

---

① 作者简介：唐艳飞，四川省眉山市彭山区第二中学一级教师。

满足感，有一部分成绩落后的同学在班级中存在感会略低，有的同学甚至会有自卑感。让他们参与劳动教育，并在劳动过后给予他们真诚的夸赞与表扬，能使他们的自信心提高，能认识到劳动的价值，体会劳动的快乐，从而促进初中学生全面健康发展。

四是劳动教育可以树立学生正确价值观。随着自媒体的兴起和发展，网络上出现了"一夜暴富""拼爹""直播带货"等思想，这些想法对一些学生产生了一定的负面影响。我曾经在课余和同学谈及未来、理想等话题时，有同学就明确对我说："老师，以后我长大了想当'网红'，看上去挺赚钱的。"从孩子们的言语间能够感受到他们那种想不劳而获的思想已经慢慢产生。让同学们参与劳动教育，参与劳动实践，能够让他们感受到，只有"撸起袖子加油干"才能得到"稳稳的幸福"，既培养同学们劳动的意识，同时也让他们形成勤劳、踏实、肯干的良好品质。

具体如何将劳动教育融入初中思政课呢？笔者进行了如下思考：

首先，深挖教材，丰富内容。初中人教版《道德与法治》教材中有很多与"劳动"相关的内容，包含大量"劳动"元素。如八年级上册第10课《天下兴亡，匹夫有责》中就明确指出：劳动成就今天，人世间的美好梦想都是通过劳动实现的。思政教师在上课时，可以利用多媒体展示我国取得的一系列成就，以及各行各业劳动者辛勤劳动的画面，通过图片、视频等素材，让同学们直观地感受到劳动的辛苦，也能体会到国家的发展离不开各行各业的劳动者，理解并感悟到劳动的重要性，进而思考未来自己踏入社会后，能参与什么样的劳动？能为国家作什么贡献？

其次，关注时政，寻找榜样。榜样的力量无穷大。为了让学生能够更好地认识、理解、感悟劳动的重要性，思政教师可以将劳动教育与典型的劳动楷模相结合，剖析他们的事迹，让先进的榜样来影响学生们的思想，进而培养学生热爱劳动、崇尚劳动的品质。如20世纪的"扫污劳模"时传祥，他以"一人脏换来万家净"作为自己的工作原则，通过自己的辛勤劳动，成为登上天安门城楼观礼的掏粪工。通过讲解这样的事例，让同学们认识到，只要勤勤恳恳地劳动，就能成就一番事业，同时明白职业只有分工不同，没有高低贵贱之分，能够发自内心地尊重劳动者。

再次，依托班级，落实劳动。思政教师可以将劳动教育与班主任的班级管理相结合。如我班的班级理念是"人人有事做，事事有人做"，因此，将班级内的一切事务进行具体细化，小到教室内的花应该谁浇、粉笔用完应该谁拿等，把班级所有事务整理成班级"责任田"，再让同学们通过自愿来领取属于自己的"责任田"，然后张贴到墙上，让同学们对自己每天应该做什么一目了然。在日常的班级管理中，我们就按这个班级"责任田"表格进行管理和督促。同学们通过每天完成自己的"责任田"任务，参与到班级劳动中来，责任感也一点一点地形成。在这个过程中，同学们参与劳动的主动性和积极性提高了，同时也增强了班级凝聚力。

最后，用好资源，亲身实践。劳动教育并不是纸上谈兵，它应该鼓励同学们积极地参与实践活动，在实践中感悟劳动的意义和价值。学校每周会进行志愿者服务活动，如打扫学校周边的街道、对校园内的自行车进行摆放、擦拭校园内的垃圾桶，甚至可以组织学生到附近的社区打扫卫生等，对学生而言，这都是宝贵的实践机会。当同学们穿着鲜艳的志愿者服装，穿梭在校园、街道、社区，被人们投来赞许的目光时，内心的自豪感、荣誉感油然而生，这时他们才真正体会到劳动是最光荣的，劳动最美丽。

总之，为了促进同学们全面发展，落实"五育并举"，增强同学们劳动的意识，养成劳动的习惯，思政教师可以通过精心的教学设计，深挖家校社资源，有效促进劳动教育在思政课中落地实施，让学生能够真正做到知行合一，内化于心，外化于行。

网络流行语与中学思政工作结合模式的创新

胡　欣[①]

一、网络流行语在青少年群体中使用现状分析

根据《中国互联网络发展状况统计报告》第 52 次公开的信息，到 2023 年 6 月，我国的网络用户总数已经突破 10.79 亿。在这些网络用户中，10 岁及以下的网络用户和 10~19 岁的网络用户各自占据了 3.8% 和 13.9% 的份额，而年轻的网络用户则接近 2 亿。《青少年蓝皮书：中国未成年人互联网运用报告（2023）》显示，未成年人对互联网的使用主要集中在娱乐和学习上。在接受调查的未成年人中，47.5% 选择"看视频"，超过 30% 选择"写作业""查资料""聊天"。在具体的应用程序中，短视频类应用程序和其他视频网站最受未成年人欢迎。

调查显示，中学生对网络语言的使用处于适度的范围，且大部分学生能够比较客观地对待网络语言。但隐含享乐主义、功利主义的短视频对生活的深度渗透，导致如"鸡你太美""芭比 Q""绿茶婊"等网络恶俗烂梗在中学生群体中广泛传播，造成了部分中学生语言表达功能和逻辑思维能力的退化，影响了中学生价值观及思维体系的建构。

要为青少年搭建起健康的语言教育场景，一味抵制和抨击网络流行语并不能取得最优的效果，因为从网络平台获取信息、用社交媒体沟通交流已经成为青少年的日常生活方式。因此，思政教育工作者必须正确分析青少年喜爱使用网络流行语的原因，并不断提高学校思政工作水平。

---

① 作者简介：胡欣，四川省眉山市眉山苏祠中学教师。

二、青少年喜爱使用网络流行语的原因分析

一是使用流行语能提升表达速度。青少年大多思维敏捷、感情丰富，喜欢直接宣泄的情感表达。中学生常把"摆烂""躺平"、停止"内卷"挂在嘴边，这其实是一种在升学压力下充满戏谑和调侃的直接表达。"退退退"这一流行语则表达了他们对消解冲突心态的乐观情绪。他们还会通过传唱一些口水歌来释放压力、追逐乐趣。加之，在许多网络热梗、热词的背后，都有着特定的故事场景，如提到"特种兵式旅游"，就能立刻联想到年轻人在短时间内游玩众多旅游景点的疯狂旅程。使用流行语能提升表达速度，因此深受青少年的喜爱。

二是在流行语中能关注时代的变化。网络社会是现实社会的反映，网络流行语反映了真实社会问题的变化。研究表明，近十年，青少年关注的社会议题呈现阶段化特征，关注点从结构性社会问题向娱乐休闲、时政民生等领域转变。当今的中学生在学习生活中会使用"中国梦""不忘初心"等网络流行语，在某种程度上也反映了他们对社会问题和时政民生的关注。青少年关注、创造、使用网络流行语的过程，就是对时事热点问题的关注过程。

三是在群体中寻求一种身份认同。"网络流行语"独特的表达方式适应了青少年追赶新奇事物、寻求个性表达的需要，在某些特定社交场景中，它还能释放一种交友的信号。如青少年在交友过程中会使用"追星女孩""汉服圈"等网络流行语，如果对方与自己心意相通、兴趣一致，便能接收到这种交友讯号，在现实生活里毫无交集的个体便能快速产生联系。为避免被同学视为"落伍"和"异类"，遭受排挤和孤立，青少年会在交往中使用最新的网络流行语，甚至一些网络恶俗烂梗。

四是渴望在情绪表达中获得话语权。青少年处于渴望自由、找到自我的重要时期，网络的隐匿性和虚拟性又刺激了他们表达的欲望。但长期以来，青少年的话语权都处于弱势地位。大众对青少年精神世界的关注和尊重也没有达到青少年的预期。创造、使用新的网络流行语来表达内在情感与利益诉求，是青少年为得到同龄人和成年人认同所做的一种努力。但网络语言的迅速发展对青少年话语权的影响程度还值得再进行细致的研究和探讨。

三、正确看待网络流行语，提高学校思政工作水平

一方面，把握好青少年思想行为特征，推进精准思政教育。学校思想政治教育工作要把握好青少年的学习、生活和成长规律，注重教育的精确性与适配性。可以借助大数据、

云计算、人工智能等数字技术，对青少年学生进行全方位、深层次、动态式的综合分析，结合调研的实际情况，对学校关于学生网络素养培养的相关课程进行调整，分年龄段设置不同的教育内容，为青少年学生提供多元的学习选择。以高质量的优化供给代替大量的内容输出，配合丰富的学习资源和差异化的信息推送，推进精准的思政教育。

另一方面，思政教育工作者要发挥教育智慧，守好教育阵地。思政工作者要发挥教育智慧，运用好"网言网语"对青少年进行互动引导。前不久，江苏省某小学老师用"气球"和"蝴蝶"的比喻启发学生正确对待网络流行语，这一行为不仅在班级内产生了良好反应，也收获了大众的赞许。这位老师正是主动适应了青少年学生的语言风格，看到了"网言网语"后的"青"言"青"语，发挥了教育智慧，最终实现了将流行语中蕴含的"网络大流量"转化为"思政正能量"。

除传统育人课堂外，思政教育工作者还要主动把互联网当作思政教育的新阵地。在全媒体时代，思政教育工作者一定要认识到今天的青少年是自带"互联网基因"的，要把积极向上的正能量自然而然地融入青少年生活，深入青少年内心，一定要采取他们喜闻乐见的方式。如借助新媒体、新技术，将主流文化和"图、文、视、音"相结合，用好短视频、在线直播、弹幕互动、青年大学习等平台。总之，青少年在哪里，思政阵地就在哪里。

再一方面，加强通识类教育，让青少年正确使用网络流行语。2021年国务院办公厅发布的《关于全面加强新时代语言文字工作的意见》中指出：语言文字事业具有基础性、全局性、社会性和全民性特点，事关国民素质提高和人的全面发展，事关历史文化传承和经济社会发展，事关国家统一和民族团结，是国家综合实力的重要支撑，在党和国家工作大局中具有重要地位和作用。由于青少年学生在网络信息辨别、行为自律等方面存在不足，这使得他们很容易出现盲从，甚至成为网络恶俗烂梗的传播者。针对这一情况，学校要做好通识类教育，可以组织相关的汉语言文化学习的活动，如诗词通关赛、经典诵读比赛等活动，丰富学生的汉语知识储备，培养学生语言伦理规范。学校还可以开展多样化的校园网络文化活动，组织学生参与校园网络的治理，引导青少年学生对网络流行语形成基本的判断力，同网络恶俗烂梗自觉划清界限。

最后，疏导青少年成长成才压力，引导利益诉求有序表达。近年来，随着社会竞争的加剧，青少年群体面临的升学压力也越来越重，在求学、交友等方面的问题也日益显露。他们会通过"苦学"自嘲，用"躺平""佛系""天选打工人"等网络语言来表达自身的无奈。由于青少年的身心发展还不成熟，抗压能力还有待加强，思政教育工作者就更需要对他们在求学和生活中容易产生的心理焦虑进行提前预判，做好及时给予帮助与支持的准备。由于青少年对成年人有设防心理，思政教育工作者可以通过网络流行语在学生群体中的传播情况，观察青少年学生内在情感的诉求，及时化解学生中出现的负面情绪。为保证学生诉求表达、沟通对话渠道畅通，思政教育工作者还可以和学校心理健康老师通力合作，开展心理健康测评等活动，阻断负面情绪和网络恶俗烂梗在学生群体中的传播。

四、结语

社会大众需要正视青少年喜爱使用网络流行语这一现状，看到"网言网语"背后的"青"言"青"语。要避免恶俗烂梗对青少年发展产生恶劣影响，就要改变青少年的语言环境，为青少年建立起健康的语言教育场景。在这个过程中，学校要发挥教育主导作用，社会和家庭也要足够重视。政府相关职能部门和网络平台可以加强审核和把关，净化网络空间，让网络流行语往正向发展，并与主流文化保持一致。官方媒体也需要创新主流文化的内容生态，以满足青少年的价值和情感需求。家庭作为教育的第一道防线，抵制网络"烂梗"也刻不容缓。

中学心理健康教育与德育有机融合的初步探讨

周梦露[①]

在过去很长的一段时间里，学校教育由学科教育和德育构成，并没有关注到学生个体的内心需求。随着学生心理问题的日益增多，2023 年教育部等 17 部门联合印发的《全面加强和改进新时代学生心理健康工作专项行动计划（2023—2025 年）》强调，将心理健康教育融入思政工作中，提出"以德育心"的任务。实现心理健康教育与德育的有机融合，是当前教育工作的一个重要课题。

一、中学心理健康教育与德育的现状

（一）中学心理健康教育的现状

近年来，我国对国民心理健康给予高度重视与支持，很多学校加大力度建设学校心理健康教育工作，将其纳入学校教育教学的体系中。尽管目前中学心理健康教育已经取得了一定进展，但仍然存在发展不平衡、体系不完善等诸多问题。

中学阶段的学生正处于身心发展不平衡的青春期，容易出现自我同一性混乱、厌学、抑郁、恋爱等问题，但在中考及高考的升学压力下，很多中学在追求高分数的同时忽视了心理健康教育。一些中学虽然按规定配备了专职心理教师，并设有配套设施完善的心理功能室，但是并未开展心理健康课程和相关活动，心理健康教育的认识并未在学生中普及，因此效果不尽如人意。

（二）中学德育的现状

德育是学校教育工作不可忽视的部分。中学德育内容丰富多样，包括爱国主义教育、

---

① 作者简介：周梦露，四川省眉山市丹棱中学校一校区初中心理健康教育教师。

社会主义核心价值观教育、道德品质培养等多个方面，有课堂教学、校园文化建设、课外活动组织等多种形式，为学生提供了全方位的思政教育。

然而，当前中学德育也存在着一些问题：部分学校的德育内容过于单一，重点偏向于传授知识，缺乏对学生思想品德的全面培养；德育方式仍然存在陈旧的情况，主要依赖传统的教学模式，缺乏创新和活力；设计上缺乏趣味性和吸引力，导致学生参与度不高，难以实现预期的教育效果。

二、中学心理健康教育与德育有机融合的意义

德育促进心理健康教育。德育的开展有助于提高学生的思想品德素质，更有助于提高学生对个人道德以及社会公德等的认识，能提升学生对社会环境的适应能力以及实现学生的社会化，进而更容易获得社会支持，心理素质得以增强。

心理健康教育助力德育。传统的德育多以说教为主，学生容易对这种喋喋不休地讲道理感到厌烦，学生可能会迫于权威屈服一时，但长此以往会产生抵触情绪，影响师生关系，不利于后续德育工作的开展。心理健康教育中有面向集体的心理课，学生可以在朋辈群体中分享想法、得到支持，除此以外还有面向个体的一对一心理辅导，以平等、尊重、真诚的角色陪伴学生，学生更乐于接受，也有利于德育的开展和深化，提升其实效性和影响力。

综上所述，心理健康教育与德育相辅相成、相互促进，共同为学生的全面发展和成长提供了有力的支撑和保障。因此，加强心理健康教育与德育的互动与融合，有助于促进学生的全面发展和素质提升。

三、中学心理健康教育与德育有机融合的策略

（一）心理健康教育与德育融合的理论支持

心理学家亚伯拉罕·马斯洛（Abraham H. Maslow）和卡尔·罗杰斯（Carl Ransom Rogers）提出的人本主义教育理论强调关注学生的内在需求和情感体验，提倡培养学生的自我意识、自我认知和自我价值感。心理健康教育强调关注学生的情感健康和心理成长，而德育则致力于培养学生的道德情操和品德修养，两者相辅相成，共同促进学生的个体发展。

卡罗尔·吉利根（Carol Gilligan）对德育和心理健康教育提出的关爱理论强调关爱意识，认为关爱意识的产生标志着个体道德意识的成熟，由此，学生的心理健康能够得到更好的

教育支持。

（二）心理健康教育融入德育课程的策略

1. 课程融合设计。设计跨学科的课程，将心理健康教育和德育内容融入各个学科的教学中，例如，在语文课上通过文学作品展现人生道德选择，或在生物课上讨论身心健康的重要性。

2. 校园文化建设。打造积极向上、关爱互助的校园文化氛围，通过举办主题活动、组织志愿服务队伍等方式，使学生在团队和班集体中生成责任感、团队合作精神，并与教师、同学建立情感联系，从中感受到温暖和关爱。

3. 专业师资培训。心理学作为教师专业知识中的条件性知识，应作为教师教育培训的一项重要内容，心理健康教育的科普教育应首先从教师入手，拓展教师的相关知识和技能，使其能够更好地指导学生的心理健康成长和道德品质培养。

4. 建立学生参与和反馈机制。建立学生参与课程设计和活动组织的机制，鼓励学生参与校园德育建设和心理健康教育活动，并及时收集他们的反馈意见，不断改进和优化相关工作。

5. 家校合作。加强学校与家长之间的沟通和合作，共同关注学生的心理健康和德育成长，通过家长会、家访等形式，促进学校和家庭的良好互动，形成教育合力。

四、结语

在中学思政建设中，将心理健康教育融入德育之中能更好地实现立德树人目标，培养出身心素质优秀的人才。这种有机融合不仅可以促进学生道德情操和心理健康的全面发展，同时也有助于提升学生的社会责任感和综合素养，为构建和谐健康的社会奠定坚实基础。

小学篇

构建"三美三慧"德育课程，让学生心灵美丽而智慧

张红霞　彭晓兰 ①

眉山市第一小学是一个生机勃勃的大家庭。课堂上师生智慧激荡、创新灵动，课间学生们欢声笑语，保安保洁、食堂员工幸福温暖。有客人入校，学生们会争着问好："老师，你们好！欢迎来到我们学校！"校长办公室的门随时敞开，不时有孩子在门口喊"报告"，然后进去送上自己折的爱心和校长说上几句悄悄话。

向上、有礼、温馨，一个家的样子。这都源于学校"让心灵美丽而智慧"办学理念对校园的浸润，在"三美三慧"德育课程的探索实践中，努力培养"脚踏实地，眼望星空"的现代小学生。

一、"三美三慧"构建的时代背景

"百年大计，教育为本；教育大计，德育为本。"德育是教育的重中之重，但作为德育主阵地的德育课程普遍存在着这样一些问题：德育目标碎片化、课程内容偏狭化、道德教育知识化、课程评价混乱化、与家庭社会教育脱节。我们希望能开发更聚焦、更实效的德育课程。

党的十八大报告把立德树人作为教育的根本任务，党的二十大报告进一步强调教育是国之大计、党之大计，"培养什么人、怎样培养人、为谁培养人"是教育的根本问题。

"让心灵美丽而智慧"的办学理念，从关注师生身心健康发展为切入点，秉承"德育为先，五育融合"的教育理念，以"思政课堂，缤纷德育"为主阵地，有效整合学校、家

---

① 作者简介：张红霞，四川省眉山市第一小学校长，高级教师，"张红霞眉州名师工作室"领衔人；彭晓兰，眉山市第一小学教师，一级教师。

庭、社会教育资源，构建"三美三慧"德育课程。

二、明晰年级德育目标，筑牢"三美三慧"课程基础

根据学校办学理念和育人总目标，明晰年级德育目标：一年级言行得体；二年级自理合作；三年级自律自信；四年级诚信友善；五年级勤奋感恩；六年级理想担当。年级德育目标指向学生正确价值观和必备品格的培养，让每个年级的德育方向更为明确。

把德育目标具体化为指导学生行为的准则，就需要朗朗上口且落细落实的行为标准。《一小智慧娃：好品行三字歌》，就是对学生正确价值观和必备品格养成的具体、有效行为指导：

一小娃，知礼仪，讲文明，有礼貌。重修身，能律己，品行好，志气高。

一年级：言行得体。走路轻，靠右行，坐立时，身体直。对话时，眼交流，耳倾听，有回应。爱花木，护桌椅，公共区，要干净。言语美，仪表优，举止雅，精神好。

二年级：自理合作。家务活，要学习，衣和物，放整齐。讲卫生，勤洗漱，惜用品，护公物。帮同学，要热情，给意见，需听取。合作时，有主张，懂欣赏，友谊长。

三年级：自律自信。守规则，能自律，今日事，今日毕。学习时，莫分心，做事情，条理清。发言时，声音亮，遇挫折，不心慌。与人交，要大方，爱生活，心向阳。

四年级：诚信友善。讲真话，办实事，讲诚信，重品质。言语行，终一致，交往时，心坦诚。犯错时，虚心改，乐交友，能互助。待人物，需真挚，重情义，善先行。

五年级：勤奋感恩。胤集萤，康映雪，水穿石，杵磨针。书山路，勤为径，善学习，有恒心。融四岁，知让梨，香九龄，会温席。爱家庭，献孝心，敬长辈，睦邻里。

六年级：理想担当。青少年，有理想，为中华，勇担当。勤学习，善思考，敢创新，动手强。尽己能，喜奉献，做善事，成栋梁。中华龙，正腾飞，强国梦，永不忘。

三、系统构建"三美三慧"课程，让心灵美丽而智慧

德育对象是人，就决定了这是一项复杂的、需依靠多维度提供长期支持的育人工作。眉山市第一小学把学生正确价值观、必备品格和关键能力的培养落细落小落实，围绕《一小智慧娃：好品行三字歌》的年级德育目标，构建"三美三慧"德育课程，实现培根铸魂、启智增慧，从而让学生心灵美丽而智慧。

表1 "三美三慧"德育课程

让心灵美丽而智慧																			
"三美"——培根铸魂								"三慧"——启智增慧											
健全人格				道德修养		责任担当		家国情怀		守正创新							心灵赋能		
年级德育系列活动				每月主题德育活动		社会实践活动		节点课程		校园节课程							家校社协同课程		
入学礼	护蛋行动	龚村实践	十岁成长礼	清明扫墓	毕业典礼	习惯文明阅读艺术童真实践	实践品行爱国创新劳动超越	传统文化	社会实践	研学活动	劳动课程	节气课程	假日课程	艺术节	体育节	科技节	英语周	汉字书写	计算比拼	跳蚤市场	家长课堂	心育课程	社会课程

（一）"三美"课程培根铸魂

1. 美在健全人格——每年一重点，年年有提升

小学六年，是人生"拔节孕穗"关键期。根据年级德育目标设计一条纵向活动线，在学生每一个重要的时间节点，用富含审美的德育活动，实现学生"健全人格"的阶梯式成长。

一年级入学礼，增强仪式感，强化角色认知；二年级护蛋行动，感知生命脆弱，增强自我保护意识；三年级实践活动，磨炼意志，提升抗挫力；四年级十岁成长礼，感悟成长的酸甜苦辣，明白人生的真正意义；五年级清明扫墓，忆英雄壮举，慰英烈灵魂，惜今日生活；六年级毕业典礼，感恩遇见，筑梦远航。

六个仪式感满满的德育课程，贯穿于学生成长各阶段，层层递进，是童年生活最难忘的记忆，也构建起学生阶梯式成长的必要台阶。

2. 美在道德修养——每月一主题，月月有生长

树木要参天，需要肥沃的土壤。学生道德修养的培养，需要学校形成浓郁的德育"场"。"活动育人"和"无声浸润"，就是开展德育教育的优质"土壤"。一年12个月，围绕好品行、守公德、热爱劳动等每月一主题，每周有推进，年级有特色，班班有行动，构建起道德修养培育的"场"。

表 2　12 个月主题安排

上学年		主题	下学年		主题
2 月	习惯	新的起点新的面貌	8 月	实践	生活处处皆是课堂
3 月	文明	文明之花处处绽放	9 月	品行	良好品行益于终身
4 月	阅读	读万卷书行万里路	10 月	爱国	心系祖国强身健体
5 月	艺术	生命之源艺术之美	11 月	创新	敏于观察勇于创新
6 月	童真	七色彩虹快乐童年	12 月	劳动	美在劳动慧在心灵
7 月	实践	生活处处皆是课堂	1 月	超越	挑战自我超越自我

为将主题落到实处，让不同学段的孩子有不一样的体验和收获，学校将活动细化到每个年级和每个周次。整个主题活动有规划、有实施、有总结、有表彰。

以 4 月读书节为例，从主题教育、年级活动、人人出彩三个维度进行系统设计：

一是主题教育每周聚焦，有序推进。第一周"腹有诗书气自华，最是书香能致远"拉开读书节序幕；第二周"书中的英雄故事"增长见识，树立榜样；第三周"我爱苏东坡"深入了解苏东坡、爱上苏东坡；第四周"对话东坡，品味经典"升华主题，回顾总结。

二是年级活动层层递进，精彩纷呈。一年级"读东坡诗，绘东坡诗"，二年级"读东坡词，书东坡词"，三年级"读东坡故事，讲东坡故事"，四年级"学东坡菜，做东坡菜"，五年级"读东坡传记，给东坡写信"，六年级"寻东坡足迹，绘东坡足迹"。

三是成果展示形式多样，人人出彩。不同年级、不同内容有不一样的展示方式，但人人参与、个个精彩。年级活动以书画、书信、足迹展和讲故事等形式呈现，亲子共读和学做东坡菜以公众号的形式呈现。

3. 美在责任担当——实践活动，心有乾坤

眉山是"三苏"故里，学校德育应以"三苏"故事、"三苏"精神为切入点，深入挖掘中华优秀传统文化，鼓励学生积极参与社会实践与劳动锻炼，为学生烙上文化自信、勇于担当的人生底色。

（1）设置传统文化课程，彰显文化自信。丰富社团课程，优秀文化浸润，让学生胸有丘壑。社团课程包括戏曲、陶艺、剪纸、国画、书法等传统文化课程，还有地方特色文化课程，如东坡故事社团、东坡小剧场、川剧等，覆盖所有学生。

（2）参与社会实践，增强责任担当。鼓励学生走入社区、走进社会，积极参与社会实践活动。近年来，学校陆续有上百名红领巾志愿者，参加了三苏祠、湿地公园、烈士陵

园等校外志愿活动，成为中华优秀传统文化的宣传员。他们在央视《开学第一课》分享东坡文化，在三苏祠为游客讲"三苏"故事，去烈士纪念馆讲述英雄事迹……

（3）开展研学活动，培养关键能力。每一年春（秋）季研学活动都紧扣年级德育目标，根据学生年龄特征，设计不同的研学内容，选择适合的基地开展，培养学生与自然和谐共生的情感，提升学生自主自立、创新精神等关键能力。

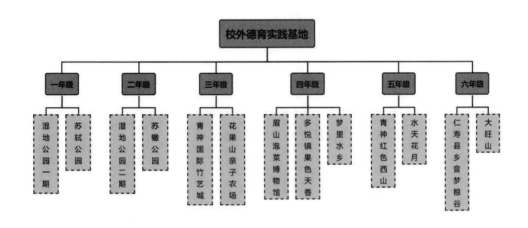

图 1　校外德育实践基地

（4）开设劳动课程，实现炼体养心。学校根据《义务教育劳动课程标准》制订了《眉山市第一小学劳动教育课程计划》，把十个任务群项目细化为每周课程内容，实现周周有劳动课和劳动作业，月月有劳动总结，期期有劳动评价，年年有劳动技能比赛。此外，将劳动融入学生每天的学习生活中，班班有劳动公区和小菜园，人人有劳动岗位。每年 12 月是"劳动月"，劳动技能大比拼，人人参与，场面火爆：一年级比整理抽屉、穿衣服，二年级比穿校服、戴红领巾，三年级比叠衣物，四年级比扎头发、系鞋带，五年级比钉纽扣，六年级比缝沙包。五年级同学还挑战了打扫学校卫生死角，六年级同学挑战了打扫厕所。

（二）"三慧"课程启智增慧

1. 慧在家国情怀——把握重要节点，厚植爱国情怀

生活处处是课堂，人人都是学习者。拓展课堂的局限，让德育浸润发生在师生活动的每个瞬间。

（1）节气（日）课程，心怀祖国

每周一升旗仪式上的主题教育活动，根据节气（日）而设定，让学生"跟着时间去旅

行"，感受中华民族的智慧。

立春、清明、小满、端午……二十四节气是农历的重要组成部分，不只对生产生活具有指导意义，还体现了中国人尊重自然、顺应自然规律和适应可持续发展的理念，彰显出中国人亲近自然、敬畏自然、与自然和谐相处的智慧和创造力。重要的节日也是教育的契机，如"三八"妇女节讲述妇女的辛苦与伟大，"五一"劳动节讲述每个劳动者都值得尊重，国庆节感受祖国的日新月异……节气和节日的文化价值永远无法磨灭，在节气（日）课程中培养文化自信，自觉铸牢爱国情怀。

（2）假日课程，启迪智慧

寒、暑假期正是学生了解生活，走向生活的大好时机。有趣的学科融合作业，有助于学生多感官参与，增长学识、提升能力、启迪智慧。

如，2023年暑假学科融合实践作业——追寻东坡的足迹

必做：

一、打卡一处东坡足迹。暑假来一次行走的阅读，去眉山市的三苏祠、中岩寺、连鳌山等地，了解东坡故事，欣赏美丽风景。当然，如果你能去更远的地方，如黄州、惠州、儋州等东坡走过的地方，也非常不错哦！

二、观看一个东坡视频。谭咏麟在三苏祠录制的《定风波》诗乐共画和动画片《少年苏东坡传奇》都非常经典，假期中可以和家长一起欣赏！

三、设计一件东坡文创。以东坡诗词、东坡文化等为主题，结合本土文化进行设计制作，欢迎全家一起动手动脑。开学后，优秀作品将会在学校进行展出。

四、诵读一些东坡诗文。眉山市教体局下半年会开展"诵东坡 爱眉山"诗词大会，暑假中他们推荐了几十首东坡诗词和几本适合小学生的书。同学们在假期中读一读，背一背，届时在诗词大会上一展风采吧！

选做：

做一道东坡菜。据说，东坡发明的美食有66道，假期中，下下厨，一边大显身手，一边感受东坡喜爱的烟火气吧！

又如，2023年寒假学科融合实践作业——家乡的"年"（四～六年级）

必做：

一、画年味：以"年"为主题创作一幅画作，可以是中国画、日记画、线描画、水彩

画……形式不限。

二、做年味：参与新年家庭打扫布置，年夜饭自己做一道美味菜肴。

三、拍年味：用镜头记录年味——集五福。

1. 采购福（拍摄购年货，逛庙会……的照片）

2. 勤劳福（拍摄做年饭，打扫房屋除尘布新……的照片）

3. 走访福（走出家门拍摄各处新年新气象的照片或视频）

4. 心意福（设计造型给家人拍一组大片）

5. 团圆福（用照片或视频记录家人新年团聚的幸福时刻）

选做：

一、写春联、写福字、剪窗花，装扮温馨小家。

二、策划一次家庭联欢会。

三、做新年贺卡，画贺卡，写祝语；长辈发红包，小辈赠贺卡。

四、利用 QQ 或微信在新年给自己的亲朋好友发一条真诚、独特的祝福信息。

五、做一个 1 分钟摆动 60 次的有新年气息的摆钟，在跨年倒计时的时候使用。

每个假期一个主题，涵盖众多学科，内容紧贴生活，有助于学生感受中华传统文化的魅力。开学后收集文创作品布展，让每一个学生都能找到自己的"杰作"，分享收获与喜悦。

2. 慧在守正创新——德育融入学科，节节处处育人

每年设立读书节、艺术节、体育节、科技节、英语周，以及一年一次的汉字书写大赛、作文竞赛、计算能力大比拼等活动，落实"全科育人、多元发展""以成功激励成功"的教育理念。

活动设计既要注重挖掘教育内涵，也要具备仪式感、参与感、激动人心等要素。如体育节入场式，各班花式入场，"八仙过海，各显神通"。有的全班穿小动物服装，好像森林运动会一般；有的全是航天员打扮，抬着宇宙飞船；《西游记》等动画片里的人物轮番上场，在展示我国传统文化的同时，彰显科技创新与进步。又如跳蚤市场，按班级分摊位，以物品类别划分为美食区、百货区、蔬果区。不同组合，不同搭配，让学生在买与卖中形成勤俭节约、生财有道的正确价值观。

3. 慧在心灵赋能——整合家社资源，实现协同育人

只有学校、家庭、社会三者协同作用，才能最大限度地放大教育价值。学校坚持每学

期开展"三个一"活动：召开一次校级家委会会议，组织一次家长全员学习，开展一次家长开放日活动。在沟通理解中达成育人共识，实现协同育人。

（1）家长课堂，拓展视野

为了解世界的多样性、职业的丰富性，形成正确的世界观、人生观、价值观，学校开设"家长课堂"，邀请有专业特长的家长走进学校，为学生授课。

（2）心育课程，赋能心灵

一是重视师生心理健康，开齐开足心理教育课程。学校引进心理专业教师任教，每周一节心理健康课，系统设计小学六年心理教育课程，有序开展心理健康教学活动。

二是心育教师利用心理班会和心理健康沙龙对学生进行团体辅导。利用"特别的爱给特别的你"心理课题研究，帮助教师心育能力提升。

三是设立学校"心理健康周"。每年5月25日当周，开展心理健康周系列活动，包括心理游戏、心理剧表演等。学校"悄悄话信箱"对所有师生员工开放，心育教师化身为"智慧姐姐"回复，让校园内每一个人都有情绪的宣泄口。

四是关注学生个体，提供及时帮助。"特别的爱"个辅课程，每个工作日下午4:10至5:30，是专职心育教师面向全体学生的个辅时间，学生可预约。关注并赋能"特别的你"，及时消除隐患。

（3）连接社会，全面育人

通过"走出去"和"请进来"两种方式，充分利用社会资源，拓宽育人渠道，实现全面育人目标。与交警队、消防队、部队、派出所、医院、心理协会等单位结成德育教育共建单位，定期邀请专业人员到校开展形式多样的专题活动。

外聘专业人才担任兴趣社团教师。学校合唱团与四川音乐学院艺术教育系合作，外聘优秀教师担任合唱团声乐指导教师，民乐团邀请成都川音大地综艺音乐进修学校教师任教，戏曲社团邀请眉山市知名川剧艺术家任教……

四、构建多元评价体系，指向美丽智慧

学校从家庭、社会、学校三个方面，多元评价学生，指向美丽智慧育人目标。

家庭方面，从孝敬父母、勤俭节约等几个方面来考量，每一项都有指标细则，全部达到就能评上"家庭的好孩子"。社会方面，从诚实守信、遵守规则等方面拟定标准，全部

达到就能评上"社会的好公民"。学校方面，聚焦于学生的全面发展，有单项的小蚂蚁奖、向日葵奖、小马驹奖、自尊自律奖，等等，学生的每一个闪光点都能得到认可。

小学校长视角下的立德树人教育理念与思政课建设的融合

何　静①

立德树人是我国教育的核心理念之一。思政课作为培养小学生思想道德素养的核心课程，如何在校长的领导下更好地实践立德树人的教育理念，是当前小学教育所面临的大问题。本文旨在从小学校长的视角，探讨优化思政课、创新教学手段、加强学科融合，探索社会实践与思政课相互融合的有效途径，为全面提升小学生素质提供借鉴。

一、立德树人教育理念的意义及践行

立德树人教育理念深刻地影响着小学生的教育实践，为此，作为小学的校长，学校的领头人，必须坚持德育为先，充分认识到品德的培养是小学生成长的关键。一定要基于倡导尊重、责任和公正的价值观来对待每一位学生，努力塑造学生成为具有良好品行的个体。由此，学校应将学生置于核心位置，遵循因材施教的基本原则，关注每一个学生的发展需求，采用灵活的教学方法，促使他们在个性化的学习环境中茁壮成长。

同时，在培养学生创新精神和实践能力方面，身为校长应积极推动多课程融合的项目学习、加强社会实习等实践性课程，为学生提供实际操作的机会，激发其创造力和解决问题的能力。通过贯彻立德树人的教育理念，努力打造一个注重品德修为、关注个体差异、培养德、智、体、美、劳综合素质全面发展的教育环境，为正处于"拔节孕穗期"的小学生提供更广阔的发展空间。

---

①　作者简介：何静，四川省眉山市丹棱县端淑小学校长。

二、思政课建设的现状与挑战

通过深入研究思政课建设的成果，我们发现，针对小学生教育教学手段的引入和教学实践活动的日渐丰富，尽管取得了一些良好的效果，但是基于小学校长的视角，首先我们更需关注课程内容的及时更新，以保持与社会发展同步，确保小学生接受的是具有前瞻性和实践性的知识。其次，思政课建设正面临着培养小学生独立思考和批判性思维的挑战，应对这一挑战需要更深入地挖掘课程中的互动性，培养学生主动思考问题的习惯，促使其形成独立见解。

另外，应对当前社会多元化的挑战也是学校思政课建设的一个亟待解决的问题。思政课需要更好地贴近学生的生活实际，尤其是小学生，更应关注社会发展的多元文化，以更好地引导学生树立正确的世界观、道德观、人生观和价值观。总体而言，尽管从目前小学发展的现状来看，我们在思政课建设方面取得了一些成果，但也必须正视存在的问题和挑战，通过不断改进和创新，确保思政课更好地服务于学生全面素质的培养。

三、立德树人教育理念与思政课建设的融合策略

（一）以立德树人为导向，优化思政课建设体系

从小学校长的视角来看，我们必须致力于培养小学生的品德美，使道德教育贯穿整个课程，助力他们在学习知识中培养出更深层次的社会责任感和思想道德素养。通过强调社会主义核心价值观的引导，设计丰富的课程内容和教学方式，引导小学生树立正确的价值观，激发积极向上的人生观。

在优化思政课体系时，我们还需注重结合学科实际，融入时事热点和社会问题，使课程更具实践性，激发小学生们对时事和社会现象的兴趣与思考。最后，我们鼓励教师采用多元化的教学方法，关注每一个学生的个性发展，创造一个包容、关爱的学习环境，让每位学生在思政课中找到自己的成长路径。

（二）创新思政课教学方法和手段

在思政课教学中，对小学校长而言应注重创新方法和手段，使小学生更主动、有趣地参与学习。例如，采用互动式教学，通过小组讨论、案例分析等形式，激发学生思考，促使他们积极参与讨论，形成独立见解。同时，引入多媒体和科技手段，结合现代技术，使教学内容更具吸引力。利用多媒体资源、在线平台，创造生动有趣的学习氛围，提高学生

对思政课的兴趣。

同时，还要鼓励实践性教学，将理论知识与实际应用相结合。通过实地考察、社区服务等形式，让小学生们在社会实践中感受到立德树人的现实意义，培养行为好习惯的实际品行。另外，采用个性化辅导方式，关注学生的学习差异，提供有针对性的辅导和支持。通过定期的学习评估，调整教学策略，确保每一位小学生都能充分理解和吸收思政课教学的内容。通过这些创新手段，我们旨在使思政课更富有活力、更贴近学生生活，激发学生的学习热情，培养他们德、智、体、美、劳全面发展所需的各方面能力。

（三）加强思政课与其他课程的融合

从校长的视角出发，应着力加强思政课与其他课程的融合，以促进各学科知识的交叉和德、智、体、美、劳全面素质的培养。鼓励教师在各学科教学中融入思政元素，通过跨学科的教学设计，让小学生在各类知识的学习中无形地接受到思政教育，起到事半功倍的效果。在跨学科知识的合作中，还需鼓励思政教师与其他学科教师的密切合作，共同设计教学内容和项目，使思政理念更好地融入不同学科的教学实践。通过这种方式，学生能够在各学科知识的学习中形成全面的道德素养以及培养良好的道德操行能力。

从校长的角度看，进一步加强思政课与其他课程的融合，有助于形成德、智、体、美、劳全面素质教育，为小学生提供更丰富的学科知识体验和更具挑战性的德育养成环境。这种融合式的教育模式将有助于让小学生成为德、智、体、美、劳全面发展、更具创新力的人才。

（四）营造良好的立德树人教育环境

基于校长视角，我们将着力营造一个良好的立德树人教育环境，以塑造积极向上的校园氛围。首先，倡导校园文化建设，通过校训、校歌等形式，弘扬立德树人的社会主义核心价值观，引导师生形成共同的价值共识；其次，在教育环境方面，强调师德师风建设，鼓励教职工成为学生的良好榜样；最后，通过培训和引导，激发教职工的教书育人热情，使他们在言传身教中传递立德树人的理念。

此外，还应创建多元化的学科竞赛和文化活动，为小学生提供展示个性和才华的平台。通过丰富多彩的活动，培养小学生团队协作力、领导力等素质，促进他们在校园中更好地践行立德树人的理念。校园管理方面，着力强化学生管理和服务，关注小学生的成长需求，建立良好的沟通机制，创造一个充满正能量、积极向上的校园氛围，为学生提供良好的成长环境，使学校成为学生德、智、体、美、劳全面发展的温暖家园，使他们在立德树人的理念中茁壮成长。

四、融合实践案例分析

案例：校长视角下的思政课与社会实践项目融合。

作为校长，我致力于将立德树人理念贯穿于教育全过程，特别是在思政课的建设中，我们采用了一项较为成功的社会实践项目与思政课相融合的案例。

（一）成功经验

引入了社区服务项目，与思政课相融合。学生通过参与社区服务，既将思政理念实际运用于社会实践中，又将所学理论知识应用到具体项目中。这一融合使得学生在实践中更深刻地理解思政课中讲授的公民责任和社会价值观念。

（二）校长视角分析

我认为这种项目的融合是一次成功的实践。通过社会实践，学生更好地理解并实践了思政课的核心理念。这不仅使思政课更具实际应用性，也激发了学生的社会责任感。

（三）存在问题

然而，我也发现一些问题，例如，部分学生在实践中面临解决实际问题的困难，需要更系统的指导和支持。同时，项目设计应更贴近学科知识，确保学生在服务实践中能够学到更多的专业知识。

（四）可供借鉴的经验和启示

其他学校可以从这个案例中体会到，将社会服务与思政课紧密结合，促使学生在实际活动中培养公民责任感。在项目实施中，需要提供足够的指导和反馈，确保学生从实践中真正受益。

五、结语

在立德树人的理念下，优化思政课、创新教学手段、学科融合和社会实践项目融合思政课都是可行的实践路径。然而，同时需要校长及教育管理者密切关注存在的问题，不断进行改进和优化，以确保学校的教育体系更好地服务学生成长。

以"善育"文化树人，倾力夯实人生底色

——以眉山市彭山区实验小学为例

袁　宏　李明菊[①]

彭山区实验小学位于四川盆地西部，地处岷江中游，古称武阳的眉山市彭山区。学校始建于1951年，占地面积约45.23亩，现有教学班42个，教职员工121名，学生2320多名。学校坐落于岷江河畔与寿乡水岸的五湖四海水域，应水而生"善育"文化，即善心·善为、善思·善美；借海洋生命的蓝色，浸润博怀生命成色，倾力夯实人生底色。

一、倡导文化育人，优化育人环境

由于学校位于岷江之畔，广阔的水资源为学校增添了一抹蓝色，确立了以海洋生命蓝为基调的校园环境文化建设。海豚是水域中最友善的精灵，依托海豚品质的"善育"文化应运而生，即善心·善为、善思·善美。

为此，学校构建了以"做最好的自己"为主题的校园标志，统一了建筑物色调，奋力打造浓郁的校园文化。实现了色彩与色调、情景与情怀、乐趣与乐学、自然景观与人文景观的高度融合。既赏心悦目，又润物无声。巨型的托举海豚、五彩缤纷的花园、曲径通幽的小道、壮硕遮天的黄桷树与榕树、生动活泼的图片、情真意切的原创诗歌、主题鲜明的楼道文化、清新别致的班级文化……，构成了书香校园、绿色校园、人文校园、和谐校园，是师生共生共长的典雅校园。

---

① 作者简介：袁宏，四川省眉山市彭山区实验小学政教主任，高级教师，市级优秀思政课教师，眉山市"小学道德与法治优质课展评"专家评委；李明菊，四川省眉山市彭山区实验小学教师，一级教师，四川省诗词协会会员，眉山市书法家协会会员，四川省"中华经典诵写活动"二等奖获得者。

学校教室文化更是百花齐放，各具特色，各班拟订了班级目标、班风、班训、班级口号，体现了班级精神风貌，在此基础上，学校统一布置了"图书角""卫生角""荣誉台""张贴栏""阳光作品展示""阳光少年星级展示台""阳光少年风采"等内容，全方位展示学校"阳光教育"校园文化建设成果，让环境成为学生的隐性课堂。

同时，结合"做最好的自己"的校训及学校水文化特色，各班选定合适的主题进行教室布置，选取寓意深刻又富有个性的班名，如海豹、虎虎生威、水滴石穿、学海无涯、大雁、海草等，精心设计，打造符合自己班级特点的班级文化墙，如"旅游见闻""成长足迹""手拉手同进步""智慧人生"等，全方位展示学校"善育"校园文化建设成果，让环境成为学生的隐性课堂。例如，在文化长廊上，时常展出学生的书法、美术、剪纸、书签、优秀作文、童谣、儿歌等，"最好的自己"得以彰显，潜移默化地增进了学生的荣誉感与自信心。

另外，学校还特别注重文化细节的优质打造。在学校少先队大队活动室、工会活动室、图书阅览室、留守儿童之家、荣誉室、会议室、报告厅、心理健康教室、社工室、文化长廊、展演台、升旗台，乃至卫生间等场所，全面融合"做最好的自己"这一主色调，彰显了文化教育特色。同时，还增设小先锋岗臂章、路队长袖章、小管理员牌、志愿者、贴心小提示、小卫士、小劝导与相关记载本等，让德育在学生行为的细微处闪光。

二、构建德育课堂，筑牢育人主渠道

面对德育工作的新形势、新任务和新要求，我们将坚定贯彻落实《中小学德育工作指南》，根据青少年特点循循善诱、春风化雨，努力做到每一堂课不仅传播知识，而且传授美德；每一次活动不仅健康身心，而且陶冶性情。于实处用力，从知行合一上下功夫，不断提高德育工作水平。让教师在活动中育人，使学生在活动中成长。

（一）培育"1+1"行为习惯

为培养学生良好的行为习惯，促进学生个性发展，学校长期坚持开展"一周一习惯""立德树人，正品成格""常规伴我行""孝道教育""美好形象工程"等系列活动。从课堂常规、礼仪、诚实、守信等二十多个习惯入手，周而复始，循序渐进地对学生进行行为习惯的训练，建立起一套严密科学的教育方法，取得了显著的教育成果。

（二）厚植爱国情怀

学校认真贯彻《中小学德育工作指南》《新时代爱国主义教育实施纲要》，多渠道、多途径引导学生从小立志听党话，跟党走。一是充分发挥课堂教学的主渠道作用，将爱国主义教育内容融入学科教学；二是充分挖掘重大纪念日、重大历史事件蕴含的爱国主义教育资源，组织开展队日主题教育活动。开展"我和祖国共成长"系列主题活动致敬祖国、祝福祖国，使国庆黄金周成为爱国活动周。充分运用"七一"党的生日、"八一"建军节等时间节点，唱响爱国的主旋律；三是开展红色基因代代传。开展学习"习近平给陕西照金北梁红军小学学生的回信"、英雄人物故事等，激发学生的爱国主义精神，我们始终把"红色基因代代传"作为培养小学生的重要内容。

（三）广泛开展社会实践活动

一是开展劳动实践活动。成立师生志愿服务队，组织志愿者开展文明城市、卫生城市创建义务宣传、环境清洁活动，举办"跳蚤市场"，让学生有初步理财概念，更好地理解交换的观念，建立学生环保意识。二是开展研学实践活动。立足红色文化主题等德育资源，让师生走出校园、走进社会。通过集体徒步旅行、集体野餐、班队活动的方式开展文明健步走活动，培养师生文明出行的好习惯，增强师生的团队意识，使师生拥有健康的体魄、充沛的精力和饱满的情绪，充分享受美好的生活。三是开展主题实践活动。利用友邻单位教育资源，带领学生走进检察院、税务局、部队、工厂，开展"庭审旁听""税法课堂"等主题实践活动。

（四）创新德育课程

学校坚持以人为本，树立为学生服务，张扬个性发展的办学宗旨，通过课堂教学、课后服务等渠道培养阳光少年，逐步形成自己的生命底色。

学校长期开展以爱国主义教育、人格教育、行为规范教育、心理健康教育为主线的德育教育活动。开展每周升旗仪式、国旗下展演、党员与先锋讲党史；每天校园广播之"海豚之声"。

开展经典诵读，沐浴传统文化。诵读《千字文》《增广贤文》《三字经》《弟子规》《小学生古诗词诵读经典》《老子》《孟子》《论语》《孝经》这些中国的文化瑰宝。我们创造条件深入开展多种形式的经典国学诵读活动，培养学生良好道德，陶冶学生高尚情操。

落实阳光体育，实现"我运动，我阳光"。实验小学是具有传统体育特色的示范性学校。体育课是孩子们最向往的课程，田径、乒乓球和足球等活动，都在这里蓬勃开展。每天下午放学后，在实验小学的运动场上，热闹非凡。孩子们在足球场上你追我赶，田径场上奔跑跳跃，乒乓球场上切磋技艺。"文明其精神，野蛮其体魄"，我们的脚步不会停歇。

丰富阳光社团，培养学生情趣。学校目前开设了合唱、器乐、舞蹈、主持、足球、篮球、琵琶、变脸等十多个社团活动，培养了学生集体主义精神，促进学生良好行为规范的养成，充分展示实验小学队员们朝气蓬勃、阳光向上、团结协助的良好精神风貌。

学校积极强化体育、艺术、德育、劳动、社会实践、科技活动、传统文化等多元开放课程，开发相应校本教材，以课堂为主阵地，多彩活动为载体，达到基础扎实，兴趣广泛，特长突出的课程育人效果。

（五）传承美好文化

学校以传承中华优秀传统文化为主线，涵养学生人格、滋养学生心灵、丰富学生学识。"读千古美文，做美好少年"是学校传承经典的重要途径，学校通过"经典诵读节""经典咏流传""班级风采展示"等走进国学；通过"浮雕故事比赛""中队活动展评""成语故事比赛""海豚故事大王 PK 赛""六一"文艺会演、传统节日庆祝等了解传统文化；通过"太极进校园""戏曲进校园""传统工艺进校园"等传承文明。

三、创编四善教材，构建"善育"框架

"四善"即"善心·善为、善思·善美"，是"善育"文化的主要组成部分，是"善育"文化的主旋律。

善心是小学生必备的思想道德品质，包括对他人有爱心、对长辈有孝心、对社会有责任心。

善为是小学生在学习、生活中应该养成的良好行为习惯，包括学会做人、学会做事、学会学习。

善思是指在读书的同时要善于去思考，把学习和思考结合起来，培养自己的观察力、想象力、创造力。

善美是由内而外的涵养，是对人的行为、思想、言论符合规范的一种赞同，包含体态美、仪表美、礼仪美。

"四善"教材从解释定义、儿歌导学、实施办法、故事拓展几方面为"善育"文化构建了框架，对"善育"文化做了进一步诠释。

四、主编儿歌读本，深化"善育"内涵

学校成立了金点子团队，围绕"善育"文化内涵，结合学生实际，量身打造了几十首"海豚娃好习惯儿歌"，并编成"海豚娃好习惯儿歌操"若干，同步编排中华传统礼仪操、筷子舞、花球操、武术操等，引领学生树立"善心铸就善为，善思促成善美"，指导学生将学习生活中的一言一行，内化为自己的品行修养。

基于学生发展六大核心素养，为学生美好人生奠基，学校因地制宜、因材施教，建立"德育课程1+X"，致力于学生终身发展，塑造学生终极价值。以"规范国家课程、开发校本课程"为宗旨，在国家课程的基础上开设足球、篮球、武术、太极、啦啦操、科技、合唱、舞蹈、魔方、书法、版画、剪纸、绘画、器乐、朗诵、主持、手工、象棋、围棋、英语、戏曲、茶艺等学校课程，关注学生个体差异，满足学生发展的不同需求。开展兴趣班特长队训练，每周二、四下午全面开放，全校设立16个特长训练班，让学生的兴趣爱好得以充分实现。

一是开发德育校本课程，强化教育引导。学校开展了"文明礼仪、经典诵读、多元社团、心理健康、孝道文化及环保、法制、安全、国防、科技"等十项德育课程。

二是拓展德育途径，理解深刻内涵。通过"校园五节和五个仪式"促进社会主义核心价值观与教学的深度融合。强化"四支队伍"（少先队大队、值周班级、校园小卫士、学生社团）。丰富学生自主管理和自我教育的平台，建立少先队大队，指导学生自我管理和自我教育。

三是实践育人。通过开展各类主题实践、劳动实践、研学旅行、志愿服务等，增强学生的社会责任感、创新精神和实践能力。自2016年以来，眉山市彭山区实验小学获得了"市级校风示范学校""省级节水校园""省级绿色校园""市级文明校园"等荣誉称号，2023年眉山市彭山区实验小学有同学被评为眉山市"新时代好少年"。

四是构建美好德育评价体系。学校开展"最美海豚娃""寻找最美海豚音""先进班集体""最美星级学生""环保达人""新时代好少年"等系列评选活动和评价方案，培育"国际视野、家国情怀、多元发展、放飞自我"的未来公民。

五、加强管理协同合作，提升育人效果

（一）管理育人，抓好队伍建设

长期以来，学校十分重视教师队伍建设，把教师发展作为学校发展的关键。一是加大

培训力度。学校积极组织教师参加各类培训，通过培训，学校干部、教师专业水平得以提高；二是加大校本研修和科研力度。学校为每位教师量身定做了专业发展计划，并严格检查考核，促进教师发展进步。三是实施青蓝工程，开展师徒结队；四是加强教学科研，广泛开展研究各类课题，学校科研水平逐年跃进。

1. 领导班子。学校领导班子是育人活动最直接的设计者、指导者和参与者，学校领导班子依据教育部《中小学德育工作指南》及省市区实施意见，拟制了学校总体工作规划，并将全年要开展的活动进行整体设计，分别分解到各班、各年级或各校区开展，确保各活动有条不紊进行。

2. 教师。"人人都是德育工作者"，每位教师都肩负着道德教育之重任。各学科教师以社会主义核心价值观为指导，将德、智、体、美、劳育人内容与学科课程进行有效融合，以育人为灵魂，让铸魂育人在课堂中闪亮起来；以课堂为阵地，引领学生厚植家国情怀。

3. 创新治理机制。学校还创新治理机制，落实学校德育的共治校园和考核评价。从纵向和横向两个方向进行校园治理。纵向是以学科为单位成立道德与法治、语文、数学、英语、音乐、体育与健康、美术、科学、信息技术、全纳教育十大课程中心。横向是以年级或学段为单位建立八个教育团队。在两个方向的治理中，学校将管理重心下移，实行教师人人当干部，合理分工、各司其职。

（二）协同育人，营造良好家风

为了提高学生综合素质，我校创建了家长学校。学校建立家庭、学校、社会"三位一体"的联动机制，形成了良好的协同育人新格局。

1. 构筑"四线"网络，形成协同育人格局。在学校德育推进中，我校主要从以下"四线"来展开：一是通过"德育领导小组—党委书记（校长）—校级干部—家长委员会"线，制定德育发展规划，决策重大德育活动；二是通过"德育领导小组—德育副校长—年级组及班主任"线，推动德育常规管理，抓好校风班风学风建设；三是通过"教学领导小组—教学副校长—教务处教科室—教研组—教师"线，抓实教学常规管理，突出课堂教学的育人主体地位；四是通过"德育处—团委会—学生组织—班级—学生"德育自主管理线，形成学生自我教育、自主管理、自觉发展的德育特色模式。正是通过这四条线，学校切实增强德育工作的开放性、系统性，突破以往德育工作"5+2=0"现象的老路子，形成"5+2 ≥ 7"的德育新格局。

2. 建立"三级"家委会，架设家校沟通桥梁。我校建立了校级、年级、班级三级家委会：家委会定期出席家校联席会议，通过话题讨论等方式，及时了解学校的发展方向、教育教学改革所取得的成绩并实施民主监督；参与学校重大活动，为年级、班级的各种活动策划、意见征询等做坚实的后勤保障。

开展亲子阅读、亲子运动会、感恩教育、孝道文化、"小手拉大手"等活动。孝道教育建起了家校互动的桥梁，学校将《孝行指南》《劳动教育指南》发到家长手中，督促学生一起完成活动任务，将家庭教育综合实践活动纳入日常的学习和生活当中。以母亲节、父亲节、妇女节等节日为契机，开展为父母做一件有意义的事、送一句祝福的话、做一张温馨的卡片等活动开展感恩教育。家长会，让家长了解学生、了解班级、了解学校，和老师一起制定教育方案，推动学校教育健康发展。亲子阅读、亲子活动、亲子运动会等趣味活动，增强家长和学生之间的凝聚力，丰富的亲子体验活动，更是调动了家长资源和能量，促进美好家风的形成。

3. 整合社会资源，齐抓共管，百名教师进千家。学校把开展家长教育，培养家长先进的教育观念和科学的教育方法作为学校的重要任务。因此，学校一直坚持开展"百名教师进千家"家访活动、月月召开家长恳谈会、每年开学前举行新生家长系列主题培训会等，扩大、加深了家长在校园活动中的参与面与参与度。

建设家长委员会。为了增进家校沟通和提升家长育人素养，学校严格根据《依法治校——建设现代学校制度实施纲要（征求意见稿）》明确要求，建立健全班级、年级和学校三级家长委员会,让家长委员会积极参与和监督学校管理,促进学校与家庭沟通、合作等。

我校以"文化育人"为引领，以"课程、活动、实践"育人为抓手，以"管理、协同"育人为支撑的校本实践模式，推进了德育的发展，收获了满满的教育硕果。

立德树人视域下小学课程思政建构研究

冯玲雪[①]

当前，小学课程思政建构逐渐引起社会大众的广泛重视，基于立德树人的教育目标，如何在教学活动中引入全新的教学理念，是当前小学教师必须思考的一个重要问题。从当前的教学现状来看，广大教师必须通过教学内容、教学目标的调整，力争进一步落实对课程思政的教学改革，创建一套高标准且有特色的教学机制，[②]并通过积极探索与思考，培养小学生的正确德育观与价值观。

一、当前小学课程思政建构中的问题

在小学课程思政建构中，不仅需要满足新课改的要求，还需要面对更多的改革压力与调整。其中如何将学校的"小课堂"转变成社会的"大课堂"，真正将小学生的学习和现实生活相结合，使教学内容丰富多彩，形式生动有趣，育人成效显著增强，是一个非常值得研究和思考的问题，就目前来看还存在着诸多不足。

一是课程活动组织相对松散。目前，尽管很多小学教师在课程思政教学活动中不断地运用新教学方法、新教育理念等，促使教学活动呈现出丰富多样的形式，但是通过实地调查与走访发现，一些小学在课程思政教学活动的管理具有散乱、无序等问题，其表现包括活动时间分散、组织管理松懈、计划无序、活动指导不到位等。探究其根源，则是由于一些小学教师对如何开展课程思政教学这个问题缺乏正确的认知与理解，其经验相对匮乏，

---

① 作者简介：冯玲雪，四川省眉山市眉山齐通小学教师，二级教师。

② 林仁柱，王洪芳.把立德树人融入思想品德教育——用好统编道德与法治课程的实践与探索［J］.吉林教育，2019（5）.

且存在严重的主观意向与客观思维，在进行活动组织与策划期间，存在严重的同质化问题，和课程理念不相符。①

二是课程活动形式相对单一。小学的课程思政教学活动，按照新课改的基本要求，需要在教学内容方面呈现出多元化特征。然而，目前由于并未创建系统性、规范化的课程思政教学运行机制，再加上师资力量相对薄弱等情况，课程思政教学在课堂教学中的形式相对单一，在实际教学中缺乏创新性，无法最大化地彰显其应用价值。此外，由于新课改的推动，尽管应试教育观念得到调整，但是对于大部分家庭、社会来说，唯成绩论的教育思想依旧发挥着主导作用，所以在课程设计、考试评比方面自然存在冲突和矛盾，造成课程的开设效果不理想。

三是课程活动资源相对匮乏。小学课程思政的课堂教学，具备较强的实践性特点，其内容需要结合学生的日常生活进行灵活创设。所以它包含一些丰富多样的教学资源，同时还非常注重相关资源的高效配置，这也是实现课程创新与发展的一个重要推动力量。在教学中，小学教师需要借助于校内的有效资源拓宽教育范围，个别教师尽管对教学工作的开展比较重视，但是在教学资源整合、价值挖掘等方面尚未达到统一性、规范性。时间长了，这必然会对这一课程活动的开设效果造成不利影响。

四是横向交流受限。在小学教学中，与其他传统学科课程教学进行对比，课程思政教学在评价标准方面的设定缺乏统一性与标准性，基本上是依靠借鉴其他学校的成功案例进行实施，所以大多数教学模式存在严重的同质化问题。按照新课改的基本要求，小学课程思政教学的教学目标是增强学生的综合素质，帮助小学生塑造正确的世界观、人生观、价值观。但当前需要注意的是，一些教师为了确保学生的活动安全，会刻意减少和社会团体、家长的互动与交流，久而久之，则会出现以纵向活动为核心的发展趋势，这与新课改的基本要求不相符。由此暴露出一些问题，例如，缺乏系统的管理体系，无法真正地构建集学校、家庭、社会等于一体的有效互动机制，也无法真正地实现协同育人的教育目的。②

---

① 杨争林.立德树人视角下的校长责任定位［J］.新课程研究：上旬刊，2015（3）.

② 朱红.系统构建课程 注重活动引领——新时代小学立德树人有效途径及方法的研究［J］.河北教育：德育版，2020（5）.

二、小学课程思政建构的基本设想

小学生正处于思想懵懂时期,基于立德树人育人目标,把握好小学教育这一"关键期",这一不容忽视的育人阶段。抓好小学课程思政建构,对于培养学生的良好素养及道德观念,促进小学生德、智、体、美、劳全面发展,具有夯实基础的引导性作用,其作用不可取代。为此,笔者就小学课程思政建构提出以下设想:

一是要加强传统教学理念的改革与创新。若要真正地实现小学课程思政教学目标,广大教师需要积极加强传统教学理念改革与创新,通过学生的日常生活、兴趣喜好、特长优势、学习习惯等方面积极考虑,设置科学、精准的教学目标,协调处理道德与法治的内在关系,由此帮助学生树立健康、积极的价值观念。

一方面,教师需要摒弃对课程思政教学的传统认识,真正地肯定其教学价值与育人优势,逐步改变传统的教学观念,摒弃错误的旧思想,避免出现"重智育轻德育"等问题。另一方面,教师需要改变传统的"大家长"的说教思想,要站在学生的立场上考虑问题,与学生平等交流与互动,逐步提高学生的自我认知能力,真正地尊重学生的课堂主体地位,改变传统填鸭式的教学模式,认真倾听学生的内心、分析学生的困惑,并主动为学生解惑,让学生的被动学习状态得以调整,最大化地彰显出广大教师的思想引导优势。在日常教学活动中,还需要注意培养学生的学科兴趣,提升学生的自主探究能力,使学生发自内心地认识到课程思政教育的价值与优势,对其形成正确的理解,使其更积极地利用道德规范条例来改变不良行为,增强自我约束力与管控力,为最终实现课程思政教学目的奠定稳固基础。①

比如,在课程思政教学活动中,组织策划一些与德育教学相关的实践活动,最大化地彰显出课堂教学内容的多样性、丰富性,逐步将丰富多样的德育知识渗透到教学中,把生活案例导入到课堂中,利用叠加的教学手段,逐步增强其思政育人功能。例如,组织策划一些和阅读密切相关的实践活动,不但能够积极响应学校创建"阅读活动日"的基本要求,而且还能够促进活动内容的多样性发展。在培养学生阅读兴趣的前提下,让学生通过积极阅读拓展眼界、塑造正确价值观、树立积极人生观等。再如,也可以在学校组织策划安全教育活动的过程中,开设以"安全为主题"的教学活动,在教师主导下确定教学主题,鼓

---

① 李笑珍.化德为智,德育为先——落实立德树人教育任务的途径〔J〕.第二课堂,2021(6).

励学生积极思考与参与，确保学生在自主实践的过程中获得更加深刻的感悟与体会。

需要注意的是，课程思政教学活动的厚度与思政课程教学活动的融合度密切相关，它能够将思政教学活动的落实与课程思政内涵的开发进行一体化融合，在两者的规划与组织中能够实现协调统一，促进相关资源的高效配置与整合，这对于实现学生知识素养的综合发展具有积极意义。

二是要强化及提升课程思政的课堂教学活力。在小学课程思政的教学活动中，很多教师发现课堂教学存在活力不足等情况。要解决这一问题，首先，教师需要努力增强自身的专业素养，通过掌握丰富、扎实的学科知识，拓展广阔眼界等方式赢得学生的尊重与信任，逐步增强学生对教师的信任感与支持度。其次，在教学模式的选择方面，教师需要按照教学大纲的基本要求，导入一些开放性的问题，尤其是针对一些争议性很大的问题，需要安排学生在课堂活动中展开集体讨论与交流，引导学生根据课程内容自主表达，促使其情感得以呈现，为学生提供一个更加自由的表达平台，促使学生的想象力、创新力得以提升，真正地将学生放在"教学主体"的重要位置上。最后，教师需要利用创设虚拟的教学情境，逐步增强课堂教学的趣味性，引导学生能够积极参与课堂活动，为创设一个活跃、自由的学习氛围做铺垫。

例如，在"手拉手，交朋友"的课堂教学活动中，教师通过分析学生对这一章节知识的理解情况，对其进行科学分组，并鼓励学生通过角色扮演的方式积极参与课堂活动，让学生在扮演不同历史人物或者动漫角色的过程中，使其对其中人物的心理有一个真实的了解与准确把握，学生能够切身体会到与不同角色进行互动的具体做法：该如何选择合适的处世态度、如何选择合适的沟通语言等，最大化地增强学生的课堂参与热情，促使其想象力、创新力等大大提升，为进一步增强课堂活力、提高教学效率等发挥积极作用。

此外，为了最大化地增强课堂教学活动效果，教师在对学生课堂表现进行评价的过程中，也可以引入多元化、个性化的评价模式，深入分析评价学生思维，并注重传统评价模式的改革与创新，为获得更加客观的评价结果、提升学生的课堂参与深度与力度等奠定稳固基础。一般来说，在对学生进行评价的过程中，需要对学生的认知、态度、实践效果等进行全面评价，在特殊情况下还需要注重对学生整个学习过程的管理与引导，为学生实现阶段性的进步与发展带来帮助。

三是要引入多元化的教学创新模式。首先，广泛整合课堂教学资源。当前，教育数字化技术的持续发展，必然会使越来越多的教师们形成数字化教学理念，这为促进教学模式改革、加强教学评价机制优化、促进课程思政教学内容创新、加强立德树人教育理念带来积极的推进作用。例如，小学教师可以通过整合课余时间来积极学习数字技术，把传统的教学资源进行整合，使其朝着智能化、数字化等方向进行转变，并且利用学校提供的各类教学资源，将其制作成不同类型的图文或短视频等，为广大学生创设一个立体化、丰富化、个性化的教学平台。例如，在《低碳生活有妙招》的教学活动中，教师利用网络平台筛选出一些内容适宜的短视频或图片，鼓励学生通过形象、生动的方式去概述自然环境恶化对人们日常生活带来的消极影响，逐步增强学生对"低碳环保"的直观性认识。又如，在《多姿多彩的民间艺术》的教学活动中，教师可以通过当地图书馆进行资料挖掘与收集，整合一些具有育人功能的线下资源，也可以利用电子书、影视等数字化工具进行呈现与展示，引导学生通过不同层面去感受民间艺术的独特魅力与育人价值，由此增强学生的探索意识，加强对中华优秀传统文化的认识，增强文化自信心和自信力，担当起自觉维护中华优秀文化的社会责任感。

其次，注重与家庭教育的全面融合。在现代教育体系中，家庭教育属于一个重要支撑力量。按照新课改的基本要求，将家庭教育和学校教育进行统筹规划与推进是非常关键的。家长的一言一行会对学生的思维、行为等带来不容忽视的影响。所以，小学教师需要鼓励广大家长积极参与到学校的课程思政的教学活动中来，利用家长们的教学资源，在教师的指导下最大化地增强教学效果。比如：在学校组织的各类社会实践活动中，鼓励广大学生家长的积极策划与指导，对相关项目活动进行统筹安排，为学生营造一个更加和谐、积极的成长环境，促使学生在家长们的潜移默化影响下，逐步形成较强的探索欲与思考欲。

最后，注重课前准备与规划。在小学的课堂教学前，教师必须提前备课，比如，对教学材料的深入分析与科学了解，既要避免脱离教学大纲，又要避免照本宣科。特别是在对教材案例进行讲解的过程中，需要筛选出一些有时代典型性的案例，不但要彰显出教学大纲的基本要求，而且还需要体现出人文关怀。由此，教师在彰显专业素养的过程中，需要对学生进行正确的引导与积极推动。例如，在"我们在整洁"教学活动中，教师在上课前通过鼓励学生分享自己的生活经验与学习情况，由此来掌握学生的日常生活习惯，然后将其与课本中的典型案例或知识相结合。根据学生的兴趣喜好、生活习惯、学习状况来选择合适的教学方法，以增强课堂教学活动的针对性与有效性，形成一套清晰、具体的教学方案，帮助学生逐步改变不良生活习惯。

三、结语

综上所述，小学教师必须深刻地认识到课程思政的重要价值及使命，持续性地加强教学模式改革与创新，将立德树人理念贯穿其中，引导学生形成正确的学习观与价值观，逐步塑造良好的思想文化观，拥有良好的道德情感，为最终促进其实现德、智、体、美、劳全面发展发挥积极作用。

立德树人理念融入小学语文写作教学初探

李敏嘉 [①]

小学语文写作作为培养学生语言表达能力和思维逻辑的重要教学手段，应将立德树人理念深入其中。尽管一直以来知识和技能的培养被视为教育的核心，但品德和人格的塑造同样不容忽视。值得注意的是，传统的小学语文写作教学方式往往过于注重技巧的传授，而忽略了对学生品德的培养。在这种教学模式下，学生虽然能够掌握一定的写作技巧，但他们的文章中往往缺乏真实的情感和深刻的思考，更难以体现出良好的品德修养。因此，为了更好地实现小学语文写作教学的目的，需要将立德树人理念融入其中。这不仅仅是为了提升学生的写作技能，更是为了引导他们通过写作来表达自己的真实情感，提升品德修养。

一、设定德育主题，引导情感表达

在小学语文写作教学中，如何有效融入立德树人理念，培养学生的道德情感和社会责任感，一直是教育工作者关注的重点。设定德育主题，引导情感表达，是一种有效的教学方法，旨在让学生在写作过程中体验和感悟德育的深刻内涵。德育主题的设定是写作教学的基础，这通常与学生的日常生活、社会现象、道德观念等紧密相连，这些主题不仅能够激发学生的写作兴趣，还能够引导他们从道德的角度去审视和思考生活中的问题。[②]

在德育主题的引导下，学生可以结合自己的经历和感受，进行深入的情感表达。这种情感表达不仅有助于提高学生的写作水平，还能够促进他们形成正确的道德观和价值观。

① 作者简介：李敏嘉，四川省眉山市眉山天府新区视高小学教师，一级教师。

② 张涛.小学语文教学中立德树人培养途径探索［J］.新课程教学：电子版，2023（19）.

例如，在"我想对您说"的写作教学中，首先，笔者在这一周的教学和学生互动中有意识地让学生参与到"我想对您说"这个活动中，引导学生们深入思考，让他们想象自己内心最真挚的话语想要对谁说。无论是想向父母表达感恩之情，或是想对生活中的某个陌生人传达关爱之心，学生们都积极参与，并为之付诸行动。然后，为学生们设定德育主题"感恩父母的无私奉献""向老师说一声谢谢""关爱身边的每一个人"。这些主题，再次引导学生们从日常生活中挖掘情感的源泉，用文字将自己的心声真诚地表达出来（小练笔）。最后在写作过程中，我鼓励学生们深入挖掘自己的情感，用真挚的语言将内心的想法倾诉出来。完成写作后，引导学生进行一次分享与交流的活动（比如互相看对方习作）。通过倾听他人的心声，学生们更加理解了彼此的感受，也学会了更加尊重和关爱他人。这种互动与交流不仅增强了学生们的自信心，也增进了他们之间的友谊，为以后更好的合作打下基础。

二、强化德育评价，促进品德发展

在小学教育阶段，语文教学承载着培养学生语言表达能力、思维逻辑能力和品德修养等多重任务。在写作教学中，融入立德树人理念，通过强化德育评价，不仅能够提升学生的写作技能，更能够促进他们品德的全面发展。传统的写作评价往往侧重于语言表达、结构逻辑等方面，而忽略了对品德的评价。

然而，立德树人的教育理念要求我们不仅要关注学生的写作技巧，更要注重他们在写作中所展现出的道德情感和社会责任感。[①] 因此，在写作评价中，教师应强化德育评价，将学生的品德表现纳入评价范畴，可以根据写作主题设定相应的德育评价标准，如是否体现出感恩之心、尊重他人、关爱社会等品德。这些标准应与学生的日常生活紧密相连，能够引导他们从道德的角度去审视和思考生活中的问题。在写作过程中，教师应关注学生的思考过程、情感投入和态度表现等方面。在评价作品时，也要注重作品所传递的道德观念和价值观。这样的评价方式能够更全面地反映学生的品德发展状况。

例如，在习作《我的心爱之物》的教学中，笔者引导学生通过描述心爱之物，学会珍惜和感恩，同时培养学生对他人劳动成果的尊重和对公共财物的爱护。首先笔者引导学生

① 张劭.立德树人背景下小学语文德育渗透思考［J］.读写算，2020（32）.

思考什么是他们的"心爱之物"，以及这个物品为何对他们如此重要，并结合"珍惜与感恩"的德育主题，鼓励学生思考这个物品给他们带来的美好回忆或感受，以及如何在日常生活中实践珍惜和感恩。在写作完成后，教师可以对学生的文字表达能力进行评价，更要注重对学生在作品中展现的德育品质，如学生是否真实地表达了对物品的珍惜和喜爱，是否通过写作传递了感恩之情，以及是否在文字中体现出对他人劳动成果的尊重和对公共财物的爱护。这种德育评价方式不仅提高了学生的写作技能，更重要的是促进了学生品德的发展。

三、引入德育素材，丰富写作内容

在写作教学中，教师可以引入一些与立德树人相关的素材，有助于培养学生的品德和道德情感。德育素材是写作教学中不可或缺的资源，包含了丰富的道德情感和价值观，能够引导学生从正面人物和事件中汲取道德力量，形成积极向上的世界观和人生观[①]。通过引入德育素材，学生可以更加深入地理解写作主题，丰富文章内涵，使文章更具说服力和感染力。在引入德育素材后，教师需要指导学生如何将其巧妙地融入写作中，这包括选择合适的角度切入、运用生动的语言描述、结合具体事例进行论证等。通过不断的练习和反思，学生可以逐渐掌握如何将德育素材与写作内容相结合，使文章更具深度和广度。

例如，在《有你，真好》的习作教学中，笔者侧重融入立德树人理念。通过引导学生回忆并表达生活中的感恩之情，不仅锻炼了学生的文字表达能力，还深化了他们对友情、亲情的理解。这种教学方式不仅丰富了学生的写作内容，更在无形中培育了他们的道德情感，使他们学会珍惜、感恩，从而促进了他们品德的发展。

四、结语

总之，将立德树人理念融入小学语文写作教学中是一项长期而艰巨的任务，教师需要不断地探索和实践、不断地创新教学方法和评价方式，积极引导学生在写作过程中实现知识与品德的双重提升。只有这样，才能真正培养出既有才华又有品德的好少年。

---

① 夏娟.构建小学"阅读与写作"高效课堂的途径［J］.写作与阅读教学研究（全国优秀作文选），2020（1）.

以核心素养为导向的小学跨学科大单元主题学习初探

徐　华[①]

《义务教育课程方案和课程标准（2022年版）》（以下简称《方案》）的颁布，标志着基础教育课程的改革进入了新阶段。新课程标准明晰了义务教育阶段学科的核心素养，而核心素养是解决现实问题的必备技能，学科知识的转化是促成核心素养养成的关键，更需要跨学科学习和落实大单元主题式学习。《方案》中提出，发挥课程的协同育人功能，要在课程上进行整合化实施，要密切加强学科之间的相互连接性，不断优化跨学科主题的设计，培养学生的核心素养。需在不同学科间整合不同的知识，并将不同学科的知识进行提炼，形成结构化体系。为此，设计跨学科的大单元主题学习，是对各学科知识的巩固和提升，以利于解决小学思政课程教学中的实际问题。

一、跨学科大单元主题学习的基本含义

跨学科大单元主题学习，主要指起源于20世纪20年代的跨学科学习，其核心是以学生兴趣为主导，设计多彩的主题式活动，引导学生综合运用知识处理现实问题。目前，在小学学科中只有地理和历史的课标中定义了"跨学科大单元主题学习"，尽管如此，跨学科大单元主题学习，已成为小学义务教育阶段的变革学习方式。它强调了不同学科的联系，构建了各学科之间的大单元关联性，结合了学科理论和生活实际，尤其注重学生之间的探究与合作，以引导学生围绕一个大主题进行学习、讨论，联结各学科，进行综合性判断，并将在课堂上学习的知识，转化成技能，再解决现实生活中所面临的问题，生成个人能力。

---

①　作者简介：徐华，四川省眉山市眉山齐通小学远景校区教师，二级教师。

依从以上定义，跨学科大单元主题学习是以一门学科为主要学习依托，综合其他学科的内容和知识，以其中一主题进行整合性学习，进而解决现实问题，推动深化对主体学科的理解与运用，培养学生的核心素养。

当前，跨学科大单元主题学习是打破学科已有壁垒，进行学科间的整合，设计大情境，解决现实问题，促进学生综合性素养提升的教学发展方向。让知识在学生的认知中呈现体系性、关联性和整合性，以大单元主题学习为载体，形成综合素养能力，从而全面地解决现实问题。跨学科大单元主题学习的本质特征是强调学科之间的相互关联性，注重不同学科之间外在和内在的联系，形成大单元主题式学习，创设大情境，让学生如同面临现实生活中的问题。[①] 因此，学生不仅要学好单科知识，更要把握各学科之间的内在联系，才能跳出单一学科的理解，整合多学科的知识与内容，形成综合性能力，才能有效进行跨学科大单元主题式学习。

二、跨学科大单元主题学习的基本框架

跨学科大单元学习是融知识与问题为一体的学习，是新时代教育课程整合的实现途径。跨学科大单元主题学习属于新时代教育生成的样态，目前研究较少，理论研究多涉及跨学科大单元主题学习的内涵、价值、存在问题、解决途径等方面的阐述，初步建构了跨学科大单元主题学习的框架体系。

因此，教师虽然已经明晰跨学科大单元主题教学"是什么"和"为什么"，但是在课堂实践中"怎么做"却成了大家的知识壁垒。为此，我们将根据"框架建立—整合联结—学评一致"的实施路径，结合小学道德与法治课程进行跨学科大单元主题学习展开相关讨论。

首先，大单元主题的确定。跨学科大单元主题学习的重点在于要确定大单元的主题。小学道德与法治课程应坚持科学性与生活性的统一，将学生生活和大单元主题相融合。其中，开展社会教育，是提高小学生自我认同的基础课程。小学道德与法治课程将抽象的"人与社会"关系转化为小学生能接受的"我是小学生啦"这个大单元主题，构建儿童与社会的自然关系，建立与社会和谐相处的核心观念，贴近儿童生活，激发儿童兴趣。

---

① 刘忠学 . 基于核心素养的小学科学跨学科学习的思考［J］. 全球教育展望，2019（10）.

其次，大单元的目标导向。"我与社会"关系在小学道德与法治学科中承担了培养学生自我认同基础的职能。道德与法治作为学习的主要科目，以"人与社会"大单元主题学习为学习核心，跨学段、跨单元纵向内化学习深度，对接小学语文、科学、英语、数学等科目中"人与社会"的目标要求，探求不同学科间"人与社会"的关联性。通过整合梳理，明确"人与社会"主题单元是人类赖以生存的基础关系，见表1。

表1"人与社会"关系在不同学科中的核心素养目标指向

学科	核心素养或大单元主题	素养目标
道德与法治	社会公德	以文明礼貌、遵纪守法、助人为乐为道德标准，做社会的好公民
语文	发展性学习任务群 实用性阅读与交流	语文实践活动中，学生通过聆听、查看、取得有用的信息，根据实际交流情境和交流对象，从容表达，传递消息，满足社会沟通需要
地理	区域认知	区域认知的培育，有利于让学生建立空间观念，认识不同的社会区域，增加对社会的理解，热爱社会。逐步产生自我认同感，有人类命运共同体意识
数学	会用数学的语言表达现实世界	数学为人们提供了一种观看与阐述现实世界的说明方式，可以精确地描述社会发生的现象，形成精明的决策，形成数学的表达与交流能力，发展数学应用意识

最后，跨学科的大概念。表1是道德与法治、语文、地理、数学学科的核心素养、学习任务群和素养目标。基于此，提炼跨学科的大单元主题"人类社会的辩证统一关系"，四个学科相互影响，相互联系，整合"人与社会"大单元主题+学科目标+道德教育，以及小学生对社会的已有认知，设定小学段跨学科的大主题为"社会相处"。①

三、跨学科大单元内容学习的整合联结

一是跨学科大单元主题学习应当重视学科之间的联系性，以及不同学科之间的相互联结性，对不同学科内容进行横向对比与纵向梳理。围绕"人与社会"大单元主题，将分布在语文、数学、地理、道德与法治等课程中的不同知识进行整合，让课程与生活紧密结合，形成知识网络，帮助学生形成系统的知识结构，提升学生认知边界。

二是明晰课标要求，联结纵向内容。涉及"我与社会"大单元的内容出现在小学阶段

---

① 俞晓婷，高德胜. 在生活世界中构筑儿童与自然的道德关系——统编小学《道德与法治》教材中人与社会教育［J］. 中国教育学刊，2023（1）.

《道德与法治》教材一年级上册、二年级上册、三年级上册、四年级下册、六年级下册共计五个教学单元。强调的是"我"对社会的情感、为人处世的态度、对自身的认同以及生活方式的转变。不同主题承载不同的内容，不同内容相互承接，相互衔接，提升小学生对社会环境的认知能力和自我认同的辩证关系，从而把小学生培养成心中有社会、行动上爱社会的社会主义建设者和接班人。[①]

部编版小学语文教材中关于"人与社会"大单元主题的课文有25篇，涵盖了1~6年级，结合新课程标准中任务群：发展性学习任务群—实用性阅读与交流，在不同学段提出的目标，引导学生在语文活动中通过聆听、朗读、查看整合有价值的信息，根据具体交际情况和交流对象，从容表达；学习与老师、同学文明沟通；乐于分享在学校中的所见所闻，激发学生热爱学校之情。

《义务教育地理课程标准（2022年版）》中指出，人类生活的环境复杂多变，要加强对学生社会区域认同的培育，帮助学生建立社会认同感，增加对世界的了解，增强热爱社会的情感。

小学数学课程内容的选取聚焦"人与社会"主题，教学生认识数字，认识数的关系，认识金钱，帮助学生掌握社会生存技能，以核心素养为导向，进一步获得知识，用数学知识分析和解决问题，形成正确的价值观。

四、跨学科大单元主题学习教学评价体系

以学科知识为载体，通过大单元主题引领，教师搭建跨学科大单元主题学习来整合知识、技能。下面以小学《道德与法治》一年级上册"我上小学啦"单元教学为例，跨学科结合社会现象和生活交际来组织单元教学，串联各科内容进行一体化设计。

首先，探究共同内容，厘清纵向联系。跨学科大单元主题学习以《道德与法治》一年级上册"我上小学啦"学习内容为抓手，打破学科间的壁垒，根据学校教学的现实需求，结合小学生目前的认知水平，整合运用多种方法，寻求大单元"社会相处"在各学科的内容相似性，融入"我上小学啦"单元教学内容。如围绕语文、道德与法治、数学、地理等学科中提及的"认识身边的同学—我上小学啦—认识周围的人物—认定熟悉的区域"的认

---

① 任学宝.跨学科主题教学的内涵、困境与突破［J］.课程·教材·教法，2022（4）.

知逻辑展开分析，由于小学生的认知属于感性认识，对身边的事物感兴趣，所以在"社会相处"这个大概念下层层深入，从了解环境开始，认识周围的事物，认识周围的人物，和同学相处，循序渐进，体现从知到行、由浅入深的递进过程。

其次，设计主题活动，组织进阶实践。结合跨学科大单元主题学习活动以及问题驱动、探究学习过程的需要，教师设计大情境，引导学生自主合作、探究学习，发展学生结构化思维，逐步形成跨学科的高阶思维，逐步设计有意义的"社会相处"大单元主题学习活动，围绕大单元学习活动，跨学科设计涉及语文、数学、道德与法治的子主题学科活动。由大单元主题活动"社会相处"引领子主题活动，展开深入学习，活动之间相互串联、层层深入，逐步形成核心素养。

最后，建构动态评价体系，落实核心要素。以跨学科问题驱动课堂展开主题活动，强调在真实情境中展开过程性评价。以目标为导向，创设真实情境下不同维度的评价体系，以评促教，以评促学。以《道德与法治》课程一年级上册"我上小学啦"主题单元为例，以认识新朋友为评价主题，贴合学生生活，直击学生心灵。评价体系随着大单元主题学习活动的展开而动态生成，真正落实大概念"社会相处"，帮助学生形成自我认同的社会归属感，落实核心要素。

五、结语

总之，跨学科大单元主题学习活动，是义务教育课程改革下生成的新生态教育模式，是联结不同学科与教学方式改革的必然趋势，是落实核心要素与主题学习活动两条主线的融合，其目的在于打破学科知识壁垒，设计大概念，助力主题学习活动，加强子任务学习内容，形成学生对主题的多向度理解，促使学生在跨学科的主题学习活动中，形成正确的价值观、道德观以及正确认识社会的能力。

浅议小学英语教学与爱国主义教育的融合

裴文秋 [①]

2022 年 4 月，习近平总书记在考察中国人民大学时明确指出："青少年思想政治教育是一个接续的过程，要针对青少年成长的不同阶段，有针对性地开展思想政治教育。"[②] 小学思想政治教育不仅仅是道德与法治课程所该承担的教学内容，更应成为当前小学各学科教育教学的常态。为此，如何在学科教育教学中融入思想政治教育的内容，是落实立德树人根本任务的关键，是培育人才的重要保障。

近年来，我国新标准小学英语教材逐步增加了中国红色元素、中国文化自信、中外文化交流的内容。作为体现中外文化碰撞的英语课程承担着帮助学生培养文化意识、树立文化自信的重任。其中培养学生的爱国主义情感是其教育的重要任务之一，将小学英语教学与爱国主义教育进行有机融合，不仅可以培养学生的文化自信，还能培养他们对祖国的热爱和责任感。

为此，我们必须认识到，爱国主义是中华优秀传统文化的重要组成部分，对培养小学生的爱国情感具有深远的意义。小学阶段是孩子们形成世界观和价值观的关键时期，英语教学融入爱国主义教育元素，可以潜移默化地影响学生，增强他们对祖国的认同感和热爱之情，主要表现为：

一是培养爱国情感。将英语学习与爱国主义相融合，在促进学生了解祖国的历史、文化和社会发展的同时，增强对祖国的认同和热爱。学生通过学习祖国改革开放的发展变化，

---

① 作者简介：裴文秋，四川省眉山市第一小学一级教师，"小学课堂教学展评活动"眉山市特等奖、四川省二等奖获得者，"程晓慧名师工作室"主要成员。

② 习近平. 坚持党的领导，传承红色基因，扎根中国大地，走出一条建设中国特色世界一流大学新路［N］. 人民日报，2022-04-26.

体会到国家的荣光和强盛，从而形成对国家的归属感和文化自信心。通过学习爱国人士的故事和贡献，学生能够感受到这些英雄为国家和社会作出的巨大牺牲和努力。这样的教学内容可以极大地激发学生的爱国情感，使他们能够从小就树立起对国家的责任感和担当精神。

二是培养国际视野。小学英语教学与爱国主义融合还能培养学生的国际视野和包容性思维。通过学习不同国家及其文化的英语知识，帮助学生了解和尊重不同国家及其文化形态，懂得不同国家与我们国家的文化差异性。由此能够拓宽学生的视野，培养他们的包容性思维能力，增加对国际交流和合作的认识，从而更好地在开放的社会中融入国际社会。

三是培养社会责任感。小学英语教学与爱国主义融合能够激发学生的社会责任感和参与意识。教育学生保护国家领土的完整、保护环境、维护社会稳定和发展国家经济的意识，使他们认识到每个人都有责任为国家的繁荣和发展作出贡献。这样的教学不仅能够培养学生的社会责任感和参与意识，而且能够促使他们成为有担当的公民。

因此，加强小学英语教学与爱国主义融合应注意以下几个方面的关系：

首先，以诗词为契机建立文本内容与爱国主义情感教育的连接点。在国家制定的《义务教育英语课程标准（2022 年版）》中强调了课程内容的组织应以主题为引领，以不同类型的语篇为依托，融入语言知识、文化意识、语言技能和学习策略等要求。

教育作为传承文化的有效途径，关系到国家的发展和社会的进步，现代教育更要汲取中国的传统文化精髓，才能为中国未来发展提供更好的人才智力支撑。中国历史悠久，文化传统深厚，而诗词作为其中一种重要的文学形式，对于中国文化的影响不容忽视。因此，以诗词作为契机，在教学活动中采用诗词的方式，引导学生在感受诗词魅力的同时，不忘传承和弘扬中国传统文化。以教授 Changes 主题文本为例（下文涉及的案例均属于 Changes 文本），教师以诗词作为连接点，不仅可以丰富英语课程资源，拓宽学用渠道，更有助于帮助学生建构爱国主义意识。

Chapter 1　Changes in me　Flowers are similar year by year, people are different year by year.（年年岁岁花相似，岁岁年年人不同。）通过诗句引出第一篇章的学习：讲述自己的变化——外貌、能力、兴趣爱好的变化等，引导学生认识到每个人都是不同的，每个人都有自己的优缺点，要努力做更好的自己，爱国先爱己。爱己者，仁之端也，可推以爱人也。

Chapter 2　Changes in hometown　When you come from your hometown, you should know your

hometown.（君自故乡来，应知故乡事。）通过此诗引出第二篇章的学习：讲述自己家乡的发展变化，从吃、穿、用、住等多个维度描述自己的家乡。在此环节中引导学生意识到每个人都有自己的家乡，爱国须先爱家。

Chapter 3　Changes in China　The land of China has changed, and China is still changing.（九州大地易容貌，依旧是中华繁华。）通过此诗引出第三篇章的学习：讲述祖国改革开放四十多年来发生的巨大变化，从航天、农业、医疗三个方面进行语言的输出。在此环节中引导学生描述祖国的飞速发展和日新月异的变化，润物细无声地渗透爱国之情。

其次，以主题为轴，推进主题意义的建构。以主题意义为引领的课堂教学离不开教师与学生对主题的提炼与确定。教师如何引领学生在教学活动中逐步走进主题、提炼主题和确定主题，是成功开展探究主题意义英语教学的关键。通过解析 Changes 文本，学生能深刻体会到祖国的发展和变化。在教师的启发和引导下，学生认识到这些变化的背后是无数爱国之士的辛勤付出和贡献。此时教师利用时间轴展示从古至今更多爱国人士的贡献，如郑成功、钱学森、杨利伟等，并选取航天、农业、医疗这三个具有代表性的方面，讲述钱学森、袁隆平、钟南山的事迹，向学生介绍他们对国家发展所作出的重要贡献。学生在了解这些人物成就的同时，也感受到他们为国家所作出的贡献，学生的爱国之情油然而生。逐步推进主题意义的建构，既提升了学生的文化意识，也培养了学生的英语核心素养，从而落实学科育人的目标。

最后，联系生活实际，升华主题意义。升华主题是对主题的提高和精炼，在课堂教学中升华主题的学习活动聚焦的是语篇所承载的深层文化内涵和价值取向，鼓励学生联系生活实际理性表达个人观点，实现基于主题意义探究的课堂教学育人价值。同样以文本 Changes 为例，在提炼主题意义时，教师始终围绕爱国主义这个中心点，引导学生说出对爱国主义的理解和体悟。文本共三个篇章，通过人的变化、家乡的变化、祖国的变化，层层推进。每个篇章结束之后，都要引导学生提炼出主题意义，如第一篇章主题意义：Better changes, Better me .（更好的改变，更好的我）；第二篇章主题意义：Better changes, Better hometown.（更好的改变，更好的家乡）；第三篇章主题意义：Better changes, Better country.（更好的改变，更好的祖国）。进而引导学生体会在祖国大家庭中，每一个人都很重要，爱祖国从爱自己做起（Everyone is important. Please love ourselves.）；家是最小国，国是千万家（The home is the smallest country, the country is thousands of families.

Please love our hometown）；有国才有家（Where there is country, there is home. Please love our country）。爱己—爱家—爱国，由浅入深，由小及大传达出爱国的主题意义。

总之，英语教学与爱国主义教育的融合，既能促进学生语言的发展，又能增强学生的文化自信，培养他们的国际视野和爱国情怀。育人以德为先，育德以人为本。与爱国主义融合的教学方式必将使学生成为有担当、有责任感的中国新一代，为学生的全面发展奠定坚实的基础。

讲好中国故事　上好思政课

代　莉[①]

2019年3月18日,习近平总书记在"全国学校思政课教师座谈会"上强调:"办好思政课,最根本的是要全面贯彻党的教育方针,解决好培养什么人、怎样培养人、为谁培养人这个根本问题。"[②]习近平总书记这段重要讲话,既提出了思政课的重要作用,也为思政课指明了正确方向。道德与法治是义务教育阶段的思政课,其作为小学思想政治教育的主阵地,是落实立德树人根本任务的关键课程。

青少年阶段是人生的"拔节孕穗期",特别是小学阶段的学生们,他们的人生观、价值观尚不成熟,社会经验欠缺,对一些社会事件和社会现象不能理性分析,对一些生活现象不能正确理解,同时缺乏理论联系实际的能力。相对于内容理论性较强的思政课,如何将抽象的知识既形象又生动地呈现在小学生面前,是每位小学思政课教师面临的问题。因此,我们思政课教师需要对教材进行深入挖掘,努力整合课内外资源,精心收集教学素材,结合课程内容讲好故事,使小学生们在较强的代入感中实现对抽象知识的认知和理解。

小学生可以说是听着故事成长的。美好的故事蕴藏着中华民族的特质和秉性,不仅启迪智慧、教化人生,而且能够点亮其理想和愿景。中国故事是对中国历史的深度提炼和集中表达,包括中国近代以来救亡图存的中国故事、中国共产党成立以来不懈奋斗的中国故事、中国特色社会主义进入新时代以来不断开拓创新的中国故事等。我们讲好中国故事,要回应学生的成长需求,强化课程教学的针对性;要眼中有人,用心选择学生熟悉的"陌生化"故事素材,激发学生听、读、悟的兴趣,"站在时代的行进点上",做到"小切口、

---

① 作者简介:代莉,四川省眉山市第一小学教师,一级教师。
② 习近平.思政课是落实立德树人根本任务的关键课程 [J].求是,2020 (17).

257

大视野"。为此，应把握好以下几点：

首先，紧扣时事政治，讲好"时代故事"。在回答"怎样办好思政课"时，习近平总书记提出了"政治要强、情怀要深、思维要新、视野要广、自律要严、人格要正"①的明确要求。情怀要深，需要在党和人民的伟大实践中关注时代、关注社会，汲取养分、丰富思想。鼓励学生看新闻，关注时政热点，比如，鼓励学生看《新闻联播》《今日说法》《道德观察》等电视节目。同时，建议在每节课课前三分钟进入"新闻播报"时刻，让学生们分享最近、最新的新闻，本着"人人参与、人人尽力、人人分享"的原则，以小组为单位，实行轮回制，负责播报的同学要收集当天或近期国内外或本省、本市的重要时政新闻，播报给大家。然后，老师引导学生结合课本知识对时政热点进行分析，通过社会热点与课本知识的对点结合，培养学生分析时政的能力，以此来真正实现思政小课堂同社会大课堂的结合，讲好"时代故事"，唱响时代主旋律，力争培育时代好青年，这是思政课的本色。

其次，结合教材，讲好"中国故事"。讲好中国故事，我们要善于整合教材，讲好中国人民奋斗圆梦的故事。例如，讲我国科技工程梦的港珠澳大桥，突出修建过程中工人在台风天紧急抢险，在工程船上艰难作业的故事；着重讲述建桥人在大桥沉管安装过程中的一波三折以及如何克服重重困难、实现大桥顺利竣工的感人故事，以展现新时代科技工程人员的精神风采，生动而深刻地体现"一国两制"，三地携手共进的同心协力和民族自信。让我们的少年学生们把"中国梦"和"我的梦"结合起来，为实现中华民族伟大复兴作出自己的努力。

在教学中，要立足课堂，结合教材、创设情境，促使学生产生正向情绪，焕发丰富、细腻的情感共鸣，助力学生探究问题，发挥情感的激励功能，使情感传递更深远，以充分引导学生青春有格，形成正确的价值观，做有骨气、有志气的时代新人。如教学"做更好的自己"时，我以"周深的成长记"为例，先以游戏形式让学生猜一猜"你听到的是哪一位歌手的声音"，再视频呈现他演唱的《我的祖国》和人物访谈，文字展示他在小时候由于声音与众不同带来的自卑心理，直到在学校比赛中得到冠军才拾得自信，最后展现他成名后热心公益活动等画面。中间穿插问题探究、交流对话，指导撰写"我要这样做更好的自己"心愿卡，一气呵成。

---

① 习近平.思政课是落实立德树人根本任务的关键课程［J］.求是，2020（17）.

再次，挖掘红色资源，讲好"红色故事"。最好的课堂在路上，思政课也不例外。为了激发学生的爱国情感，厚植爱国主义情怀，真正实现习近平总书记倡导的"把爱国情、强国志、报国行自觉融入坚持和发展中国特色社会主义事业、建设社会主义现代化强国、实现中华民族伟大复兴的奋斗之中。"学校每年会开展"传承红色基因，讲好红色故事"的活动，以缅怀红色历史，追忆峥嵘岁月。我们让每一个学生都准备一个红色故事，在深情地将一个个红色故事娓娓道来的同时，把一段段光辉历史铭记在心。因为，每一段红色故事都蕴含一段波澜壮阔的历史时光，每一个故事背后都蕴藏着无声的力量。学生们的故事里有机智勇敢的少年海娃；有巾帼不让须眉的英雄刘胡兰；有在烈火中壮烈牺牲的英雄邱少云；有将一腔热血沃中华的巾帼英雄江姐；有伟大领袖、一代伟人毛泽东主席；有至情至性、为了中华之崛起而读书的周恩来总理等精彩感人的红色故事。

同时，还将红色故事讲进红色实践中。近几年来，我们每年清明节都会组织学生到眉山市东坡区烈士陵园，开展"告慰英魂，誓做栋梁"的祭扫烈士墓活动。孩子们手捧自己亲手折的小白花，来到烈士陵园，大家怀着对革命先烈们的敬意，向庄严肃穆的革命英雄纪念碑敬献花，向长眠于地下的英烈们默哀。少先队员们用铿锵有力的声音朗诵《少年中国说》，告诉长眠于地下的烈士们，我们不会忘记这些为了新中国的今天付出了宝贵生命的烈士们。一寸山河一寸血，一抔热土一抔魂。站在这座时光之门前，带领学生回顾历史，感悟未来。在历史的新征程中，还会发生一个又一个故事。我中国少年，将赓续红色血脉，为中国梦而奋发图强。

中国故事，尤其是红色故事，在尺寸之间见证峥嵘岁月，呈现历史辉煌、时代万千，彰显大国风范。学生们既是故事的讲述者，更是中华优秀文化的传承者，他们在祖国光芒的照耀下，必定成为勇于担当建设中国特色社会主义、实现中华民族伟大复兴重任的新时代好少年。

复次，结合生活，讲好"身边故事"。榜样引领前行，时代催人奋进。我们要深度挖掘身边的党员先锋和好人好事，通过"挖先进、学模范、做表率"，树立学习榜样，以榜样的力量感染人、鼓舞人、带动人。

一是要讲好身边的生活故事。比如讲到"改革开放"，让学生们以身边的故事为切入点，讲述改革开放带给人们衣食住行的变化，感受中国"站起来—富起来—强起来"的奋斗史；讲身边的敬老、爱老的故事，理解孝敬就在身边；讲到"师生交往"，让同学们讲述自己和老师相处过程中的点点滴滴，理解老师的教育教学行为目的，理解老师的用心良苦。

二是要讲好身边的人物故事。例如，我们曾请被称为"东方维纳斯""断臂天使"的雷庆瑶女士来我们学校举行讲座，她不仅是《隐形的翅膀》的主角，还是成都市温江区残联肢残协会副主席、成都广播电视台主持人。雷庆瑶女士在3岁时，不幸被高压电击失去了双臂，面对人生如此大的打击，她没有抱怨，没有放弃，她用阳光心态面对生活，她克服了重重困难，学会了用双脚穿衣、吃饭、写字、画画、游泳、骑自行车等。雷庆瑶用轻松愉悦的演讲告诉孩子们，我们要以阳光心态面对生活中的挫折，我们心中要有梦想，只要朝着自己的梦想努力，就一定有实现的那一天。她多次为灾区捐款、为疫情捐款、为贫困地区捐物等，她用自己的行动告诉孩子们，一定要"能够勇敢去爱，并有能力接受爱"。她的演讲充满了真感情，充满了不畏生命的不幸而积极奋进的精神，让孩子们心灵深受震撼。

讲好"身边故事"，就是要让小学生们在人生"拔节孕穗期"的关键时刻，在亲身体验、参与、感受和思考中接受积极向上的生命教育，树立正确的人生价值观，弘扬社会正能量。

最后，学科融合，讲好"主题故事"。习近平总书记强调"要坚持显性教育和隐性教育相统一，挖掘其他课程和教学方式中蕴含的思想政治教育资源，实现全员全程全方位育人。"[①]为进一步拓宽思想政治理论课的教学渠道，提高思想政治理论课教学的实效性和说服力，实现学科融合，还可以做如下探索：

一是每周开展一次全校主题教育活动。每周由一个班开展一次全校性的主题教育活动，比如我校就有"快乐英语""财商要从小培养""科学复习，快乐生活"等活动。学生们可以通过小品、朗诵、课本剧、歌舞等形式寓教于乐，让他们从内心受到教育，从而落实到行动上。

二是每月开展"一月一主题"活动。为了加强学生的思想道德建设，学校可以根据不同月份的特殊性设定不同的主题活动，比如4月，我们就确定为"读书月"活动，结合处于东坡故里的优势，开展"对话东坡，品味经典"系列读书活动，让学生爱上阅读，学会读好书、好读书；5月是"红色的"，可为"劳动月"，易于开展各项劳动体验活动，让学生们感受到劳动创造美好生活；6月结合"儿童节"，开展"艺术节"活动，通过各种

---

① 习近平.思政课是落实立德树人根本任务的关键课程［J］.求是，2020（17）.

活动，让学生感受艺术的魅力，并且明白任何一项成功都是通过坚持不懈的努力得来的；10月是"国庆月"，最适合的主题就是"爱国"，可以开展"我和我的祖国"主题征文比赛、诗歌朗诵会、师生书画展等活动，真正把德育落到实处。

三是每学期开展好社团活动。社团活动在发展学生特长、陶冶情操的过程中也承担着育人的功能，如讲故事社团、国画社团、书法社团等，这些社团活动既是对学生特长的培养，又是对我国传统文化的传承与发展，是增强文化自信的重要途径。

汪国真曾说：既然选择了远方，便只顾风雨兼程。小学思政课教师要在自己的课堂上讲好中国故事，用一个个生动活泼的故事承载观点，用感人肺腑的故事传递真情，从而提高思政课的亲和力和感染力，增强思政课的实效性，增强学生对党和国家的热爱、对理想与信仰的认知、对奋斗和担当的理解、对梦想和未来的憧憬。思政课是一项系统工程，我们相信，只要每一位思政课教师心中有爱，眼里有光，脚下有方向，奋进有动力，就会使新时代思政课开出芬芳迷人之花，结出丰硕和美之果。

"五育融合"，润泽生命

——小学少先队"国旗下"课程开发初探

康红梅　陈　静[①]

自少先队活动课被列为中小学的必修课后，少先队活动课备受重视，如何更好地发挥少先队自身的优势和力量，强化以少先队活动为载体的课程建设尤为重要。在此基础上，眉山市仁寿县文同实验小学从少先队员主体性出发，以活动课程开发为重点，强调学生在活动参与中获得经验，以学生为中心，创建情境化教学，鼓励学生之间合作学习。眉山市仁寿县文同实验小学以思政课创新为切入点，打破时间、空间的界限，创立"国旗下"课程，聚焦"家国情怀、感恩意识、责任担当、自我成长"四个维度，推出"主题月"、情景式、表演式等多种模式，注重学生在实践活动中获得经验、提升自我。提出二维活动法，依托主题朝会、班会等活动开展，内外互补，从而延伸思政课教学，丰富校园立德树人教育活动。

一、课程背景及其意义

习近平总书记曾提出，在加强思政课建设的重要性和必要性的同时，要把立德树人作为一项根本任务，把培养听党话、跟党走的新时代中国特色社会主义合格建设者和可靠接班人的基本要求，落实到思政教育中去。在此背景下，将"国旗下"课程纳入校园思想文化建设并加以规范创新就显得尤为重要。

但从目前的整个状况来看，笔者发现许多学校在开展"国旗下"活动课时，阶段性的

---

① 作者简介：康红梅，四川省眉山市仁寿县文同实验小学德育主任，研究方向为少先队活动课程"国旗下"课程研究；陈静，四川省眉山市仁寿县文同实验小学优秀青年教师，四川省骨干教师，成都市区级特级教师、教学能手、优秀科研工作者。

主题紧密度不够，与学生生活的贴合度不够，学生参与度不足，教育的延伸性不够，学校、家庭、社会三方的教育力量融合得不够好。部分少先队活动课程的设计较少遵循少年儿童的需求，没有充分发挥少先队组织的功能，存在脱离"以学生的学习为本"的情况，以致课程体系不够完善、课程丰富性不够、可选择性不强、课程内涵不深、课程创新性不够。

因此，我们根据眉山市仁寿县文同实验小学自身发展的状态，对少先队"国旗下"活动课程进行了大胆改革和创新，开发了一套结合紧密、贴近生活、整合多方、内容丰富的思政教育课程体系。依据时节性、阶段性，涉及心理、卫生、习惯、传统文化、品质等多方面，不断完善和创新眉山市仁寿县文同实验小学育人体系。从课程上看，少先队活动课程是一个体系，要把握好少先队活动与学科课程之间的关系，处理好与相近课程、相关课程以及其他思政课程之间的辩证关系，强化少先队组织的支撑作用，结合不同课程、学段、学科特点，协同推进各类课程与少先队教育齐头并进。从目前眉山市仁寿县文同实验小学"国旗下"课程的创立、开展情况来看，其教育与实践意义显著。

首先，对教学参与者而言，通过"国旗下"课程的展开，可以让社会力量、校长、教师、学生、家长都反复参与到这个课程中来，校长、教师、家长、学生都成为学校思政教育工作的主体，参与的方式不局限于听演讲，也可以参与到讨论、对话、交流中来。发挥学生作为主体的主动性，变传统的说教方式为有互动的交流，同时课程的内容也与时俱进，能够更加符合学生的需要，与学生生活更加贴切，使学生能够更好地理解主题意义，从而获得更好的学习体验。

其次，对课程教学本身而言，"国旗下"课程的开展能够扩展学校思政教育工作的范围，使其工作的主体扩展到学生身边的每个人，在时间上不局限于周一早晨，而是延伸到整个周甚至延伸到整个月、整个学期，使学生接受"国旗下"课程的影响时间更久、更深入。这样一来，思政教育工作的范围得到拓展，学生随时随地都能接受到思想道德、品质素养的教育，思政教育工作的展开也更加全面。

二、课程的具体实施实施

"国旗下"课程，主要是利用学校既定的班会课和主题朝会进行。在一个教学年份中，上学期开设 15 节课，下学期开设 16 节课。着重聚焦"家国情怀、感恩意识、责任担当、自我成长"四个维度，每个维度不少于 4 个课时，与学校思政教育工作相结合，培养学生爱国、感恩、责任等优良的思想道德、品质素养。

（一）依托主题月，增加教育黏性

在此方面，必须根据学期不同月份，设计主题月活动，如：三月，与爱同行月；四月，经典诵读月；五月，心理健康月；六月，传统文化月；九月，习惯养成月；十月，童心爱国月；十一月，浓情感恩月；十二月，社会主义核心价值观月；由此依托主题月（如表1、表2），让每周每月主题教育紧密结合联系起来，从而增加了教育黏性。

表1　2022—2023学年度上学期"国旗下"主题教育活动规划表

序号	时间	活动主题	着重维度
1	9.5	第一周	开学典礼
2	9.12	第二周	心中有规矩，举手投足之间有分寸——有条理地进行人品教育
3	9.19	第三周	心无旁骛，宁静致远——品格教育专注
4	9.26	第四周	筑梦万家，共庆盛世中华——庆祝祖国母亲诞辰
5	10.10	第五周	凝心聚力，向党进军——我爱党
6	10.17	第六周	致敬红领巾——我爱少先队
7	10.24	第七周	事事用心，节节向上——我爱文同
8	10.31	第八周	聚的是一团火，散的是漫天星斗——我爱我的班集体
9	11.7	第九周	感恩有你，一路同行——感谢我的同学
10	11.14	第十周	师泽如光，虽微致远——感恩我的老师
11	11.21	第十一周	拳拳赤子心，遥遥白发牵——感恩我的父母
12	11.28	第十二周	常怀感恩，珍惜当下——感恩不知名的你
13	12.5	第十三周	与法同行，与你同在——法治
14	12.12	第十四周	以文明之风塑造文明之校——文明
15	12.19	第十五周	与善者交，其明如光——友善
16	12.26	第十六周	爱岗敬业，微小亦有大能量——敬业

表2　2022—2023学年度下学期"国旗下"主题教育活动规划表

序号	时间	活动主题	着重维度
1	2.26	第一周	以少年之名，点亮新的青春之歌——开学典礼
2	3.4	第二周	与爱同行，心系远方的你
3	3.11	第三周	爱自己，是被爱的开始
4	3.18	第四周	珍惜身边的爱，爱身边的人
5	3.25	第五周	守护自然痕迹——爱自然
6	4.1	第六周	红色故事主题
7	4.8	第七周	红色战役主题
8	4.15	第八周	红色歌曲主题
9	4.22	第九周	红色诗歌主题
10	4.29	第十周	红色经典主题
11	5.6	第十一周	闪闪发光的我——悦纳自我
12	5.13	第十二周	生如夏花而绚烂——生命教育
13	5.20	第十三周	拥抱情绪，心向未来——正确认识情绪
14	5.27	第十四周	挫折是坎更是梯——与挫折同行
15	6.3	第十五周	情系端午，弘扬传统文化
16	6.11	第十六周	以青春光芒，传承百年力量——非遗文化竹编
17	6.17	第十七周	认知节气底蕴，感知时间之书——夏至

（二）其次，紧扣德育主题，优化育人方式

1."国旗下"课程情境化。

情境德育主要表现为体现学生的主体性，符合教育的规律性，贴近生活，注重情感的陶冶，注重学生的主观教育，注重学生的情感教育。当学习者面对问题情境时，思考、情绪、想象和技能会同时发挥作用和产生互动效应，并推动系统和环境之间的互动，实现信息的交换。学校德育的主体是学生，一切为了学生的发展，所以教师需要创设的活动情境要联系实际生活，真正做到尊重学生的天性，把做人做事的道理转化为优秀的行为习惯，把少先队组织引导工作以实践活动的形式开展，以实际活动的形式，寓教于乐。

如针对防溺水教育，学校组织师生协同学校消防员，共同模拟溺水场景，现场实施救生教学，并告知安全事项；地震演练中，情景德育要借助符合学生年龄特点的内容和语言，要从学生的认知能力出发，观看地震影片，组织师生现场模拟地震真实情景、讲授地震自救措施、演练逃生路线等。

2. 丰富课程表演形式。

"国旗下"的传统发言，多是一两句旁白，缺少新意。提不起兴趣的同学们今年尝试了以提问的方式进行互动式自由发言；或采取多人演讲的方式。眉山市仁寿县文同实验小学在设计活动时，鼓励少先队员运用朗诵、歌唱、表演、情景剧等丰富多彩的形式，使之绘声绘色，寓教于乐，达到"以情育情"，注重情感陶冶。同时红领巾广播也作为小小宣传路径，帮助大家更好地理解教育德育活动。

3. 创新二维活动法，拓展课程实施路径。

我校"国旗下"主题活动由少先队队员代表、中队辅导员、大队辅导员、家长代表四方商定的形式开展。课程采用主题朝会的形式和主题班会的形式进行实施，分别从课堂外和课堂内进行德育渲染，让学生能够完全在德育的环境中学习和成长。

（1）主题朝会。从我们文同实验小学来看，借助每周一次的升旗仪式，让各中队全体人员以中队为单位，在"国旗下"主题教育活动中把家长代表请上舞台。少先队队员代表、中队辅导员、家长代表、大队辅导员，由中队辅导员指导完成展示形式的思考，并根据主题由学校考核组现场打分，每学期进行一次评比，对成绩优秀的中队给予表彰奖励。

（2）主题班会。主题班会是以政治启蒙、塑造少年儿童价值观为宗旨，以丰富的内容为载体，在课堂上开展的课程活动。让少先队员在真实的情境中学习、体会，在组织活动中获取知识，做到自我发展，课程内容要主题鲜明，富有实践特色。让少先队员在设计和实施《少先队活动全课目》的过程中融入少先队组织，在活动中亲身感受丰富多彩的内容，在组织上增强少先队员的归属感。明确班会活动主题，设置分类推进机制，各班在确定班会总主题时，以班级成员的实际成长为切入点，以教材内容为结合点，以社会典型为联系点，以学校特色活动为延伸点，以时代发展成果为创新点，结合我校特色或四川、眉山、仁寿等地的风土人情设置班会课程总主题。在此基础上，各年级有针对性地设立不同的目标，并结合少先队员反馈的意见，有针对性地设置不同的课程内容。

（三）结合学校特色，构建育人课堂

为全方位发挥"国旗下"主题教育活动课的育人效果，应当积极建构课堂活动与校外活动支点，形成校内外协同运作的合力。特色文化课堂活动因其独特的趣味性，向来是广受学生喜爱的活动形式，如将其作为联动的重要支点，则可发挥事半功倍的育人效果。眉山市仁寿县文同实验小学的具体做法是，以特色文化学堂为基础，以"小鹿精灵""文同红韵""快乐田园""非遗文化""竹编课堂""职业体验学堂"为活动资源，广泛开展少先队员喜欢和富有时代气息的主题教育实践活动，通过红色教育，实践体验，角色扮演，文化熏陶，礼仪感染，奖章激励，扩大少先队员的学习时间，丰富他们的学习经验，逐步助推少先队活动课程的特色形成。

三、结语

从眉山市仁寿县文同实验小学创新的"国旗下"主题教育活动的实践运行来看，教师在教学方式上采用了二维活动法，整合课堂内外，以主题朝会和班会为契机，打破了时间和空间的限制，提出了"教育不限课堂、德育不限课时"的口号。在内容上结合时事热点、安全教育、文化熏陶、国情家风等，精心设计主题月、主题周，将思想政治教育融入日常教学当中，在实践中把学生置于课程的核心地位，让他们在真实的活动场景中主动学习、积极创造，从而实现全面教育的目标。同时使学校少先队工作逐步向纵深推进，形成了团结向上的中队文化，培养了学生良好的道德品质，锻炼了一支专业化的辅导员队伍，同时也为家校合力提供了一个强有力的平台，凸显了文同实验小学"国旗下"课程的独具性和鲜明的思政育人特色。

育一树花开　绽满园芬芳

——眉山市第一小学构建"点、线、面、体"德育体系

叶富琴　喻海泉　黄　婷[①]

党的十八大报告把立德树人明确为教育的根本任务，党的二十大报告进一步强调教育是国之大计、党之大计，"培养什么人、怎样培养人、为谁培养人"是教育的根本问题。

四川省眉山市第一小学一直秉承"德育为先，五育融合"的办学宗旨，积极引导学生准确理解和把握社会主义核心价值观的深刻内涵和实践要求，以培养"健康、阳光、美丽、智慧"的现代小学生为育人使命，以"思政课堂，缤纷德育"为主阵地，依托"我是美丽智慧娃"系列主题教育活动，有效创设多维度育人平台，实施全方位育人，养成良好政治素质、道德品质、法治意识和行为习惯，形成积极健康的人格和良好心理品质，促进学生核心素养提升和全面发展。形成以学科教学为常用途径，以德育活动为基本载体，以少先队教育为主要阵地，以学校教育为主导，家庭教育和社会教育密切配合，形成"三位一体"教育合力的学校德育工作模式。

一、确立一个中心点——培根

"一个中心点"指的是以课堂教学为中心。教育部原部长陈宝生曾指出："课堂一端连接着学生，一端连接着民族的未来，教育改革只有进入到课堂层面，才能真正进入深水区，课堂不变，教育就不变，教育不变，学生就不变，课堂是教育发展的核心地带。"因此，我校始终抓住课堂教学这个主阵地，落实立德树人"为党育人，为国育才"的指导思想。

---

① 作者简介：叶富琴、喻海泉、黄婷，四川省眉山市第一小学教师。

（一）开齐开足各级各类课程

学科课堂是教育的主阵地，是培根铸魂的堡垒。眉山市第一小学严格按照国家要求开齐开足各级各类课程，尤其是思政教育课程和心理健康教育课程，校领导高度重视，严格把关。《道德与法治》课，一、二年级每周一节，三至六年级每周两节，另外三、五年级每周规定学习《习近平新时代中国特色社会主义思想学生读本》不少于一课时。学校有专职心理健康教师，每周开设一节心理健康教育课程，教师针对不同年龄设计有梯度、有实效的心理健康教学活动。

（二）维护学科自尊，创设"德育＋"课程

眉山市第一小学提出"尊重同事首先要尊重同事所教学科"以及"坚持专业自尊，反对学科歧视"等理念，要求每位教师都要用心备课、认真上课，任何人不得以任何理由挤占他人的课。如果因公或因私耽搁了课程，任课教师都必须提前或滞后换课。所有教师不得以任何理由剥夺任何一个学生上音、体、美等所谓的"副科"课程的权利。在这样的课程文化中，我们将德育融入每一门学科课堂，力求在落实学科知识点的同时，深挖学科教材中的德育元素，设计有趣、有效的教育活动，达成学科教学中的育人目标。

（三）创新德育课堂

德育课堂是教育的主旋律，是培根铸魂的保障。通过多年的探索和实践，眉山市第一小学总结出了德育课堂"三部曲"：

每周星期一升旗仪式后，一个班级的全体学生面向全校师生进行主题教育展演；星期三午会时间，全校师生观看红领巾电视节目；星期五班（队）会，各班进行主题班（队）会活动。

以上"三部曲"都围绕一个主题，分层开展：周一的主题教育活动重在营造氛围，德育处提前布置主题，展演班级教师根据主题策划活动方案，组织排练，最后呈现出集知识、教育、艺术等于一体的高质量节目；周三的红领巾电视台，重在深化主题，大队部围绕当周主题，充分利用"德育学堂"，选取学生感兴趣、易接受的内容进行整合、编辑，让教育主题扎根学生心田；周五的主题班（队）会，重在落实主题，这节课，每个班的学生都会在教师的带领下，对当周的主题教育进行反思、总结，这个过程既有自我反思，也有互评互助。

二、开展两条活动线——丰枝

树木要参天，需要根深干壮。学生要成人，需要无声滋养。我校始终坚持"活动育人"和"无声教育"，让纵横交错、丰富多彩的德育活动，成为学生成长的优质"土壤"。

（一）横线：每月一主题，月月有生长

每月有主题，每周有推进，年级有特色，班班有行动，这是多年来我校德育工作的主旨。

表1　十二个月主题安排表

上学年		主题	下学年		主题
2月	习惯	新的起点新的面貌	9月	品行	良好品行益于终身
3月	文明	文明之花处处绽放	10月	爱国	心系祖国强身健体
4月	阅读	读万卷书行万里路	11月	创新	敏于观察勇于创新
5月	艺术	生命之源艺术之美	12月	劳动	美在劳动慧在心灵
6月	童真	七色彩虹快乐童年	1月	超越	挑战自我超越自我
7、8月	实践	生活处处皆是课堂			

为将主题落到实处，让不同学段的孩子有不一样的体验和收获，德育处将活动细化到每个年级和每个周次。整个主题活动有规划、有实施、有总结、有表彰。

以4月的读书节为例：

一是主题教育活动层层推进。升旗仪式上"腹有诗书气自华，最是书香能致远"拉开读书节序幕；"书中的英雄故事""广泛阅读，收获多多"拓宽阅读的范围，增长学生见识；"我爱苏东坡"强化主题，加深学生对苏东坡的认识；"对话东坡，品味经典"升华主题，回顾总结。

二是年级组活动丰富多彩。一年级"读东坡诗，绘东坡诗"；二年级"读东坡词，书东坡词"；三年级"读东坡故事，讲东坡故事"；四年级"学东坡菜，做东坡菜"；五年级"读东坡传记，给东坡写信"；六年级"寻东坡足迹，绘东坡足迹"。

三是成果展示形式多样。不同年级、不同内容有不一样的展示方式，年级活动以书画、书信、足迹展和讲故事等形式呈现，亲子共读和学做东坡菜以公众号的形式呈现。

（二）纵线：每年一重点，年年有提升

为让六年的小学生活带给孩子们不一样的成长，德育处设计了一条纵向活动线，具体操作步骤：

一是定目标，编写三字歌。根据学校育人总目标"一小娃，知礼仪，讲文明，有礼貌。

重修身，能律己，品行好，志气高"，确定了每个年级的育人目标，编写出《一小智慧娃好品行三字歌》，各班在年级主任的带领下开展相应的主题班队活动，引领学生成长。

一年级：言行得体。走路轻，靠右行，坐立时，身体直。对话时，眼交流，耳倾听，有回应。……

二年级：自理合作。家务活，要学习，衣和物，放整齐。讲卫生，勤洗漱，惜用品，护公物。……

三年级：自律自信。守规则，能自律，今日事，今日毕。学习时，莫分心，做事情，条理清。……

四年级：诚信友善。讲真话，办实事，讲诚信，重品质。言语行，终一致，交往时，心坦诚。……

五年级：勤奋感恩。胤集萤，康映雪，水穿石，杵磨针。书山路，勤为径，善学习，有恒心。……

六年级：理想担当。青少年，有理想，为中华，勇担当。勤学习，善思考，敢创新，动手强。……

二是定主题，开展系列活动。根据年级主题，德育处设计了系列意义深远的活动：

一年级入学礼，增强仪式感，强化角色认知；

二年级护蛋行动，感知生命脆弱，增强自我保护意识；

三年级实践活动，磨炼意志，提升抗挫力；

四年级十岁成长礼，感受成长的酸甜苦辣，明白成长的真正意义；

五年级清明扫墓，忆英雄壮举，慰英烈灵魂，惜今日生活；

六年级参观三苏祠、召开毕业典礼，品悟"三苏"文化，回味小学生活，感恩一切遇见，展望可期未来。

六年的小学生活，六次仪式感满满的年级活动，一定会是孩子们童年生活中最难忘的记忆。

三、连接三个支撑面——茂叶

近年来，学校逐步形成了以"学校党支部—德育处—少先队大队部—年级组—班主任"为主体的学校育人网络；以"学校—家长委员会—家长"为主线的家校育人网络；以"学

271

校—社区—共建单位—校外辅导员"为主线的校区育人网络，全方位对学生实施教育。

（一）家校结合，携手共育

首先，坚持"三个一"活动：每学期召开一次校级家委会会议，组织一次家长全员学习，开展一次家长开放日活动。

开学初，召开校级家委会会议，沟通家校意见，达成育人共识，筹划家校活动。开学第四周，组织全体家长进行线下授课活动，就当下家长最困惑的问题进行探讨和学习。家长开放日活动一般安排在第二学月，家长们纷纷走进校园、走进教室，见证课堂的变化、感受运动的快乐，了解学校的理念和管理措施。

其次，成立家庭教育研究会。这是教师们自发组成的一个团队，每位教师都喜欢研究家庭教育，他们常定期或不定期地举办"智慧父母成长沙龙"，每一次活动针对不同年段，设计不同的家庭教育话题。每一期活动都带给家长不一样的收获。

最后，组建家长志愿者队伍。家长志愿者除了起到上传下达的桥梁作用，还协助学校做好校园周边环境的维护等工作，他们用实际行动诠释了榜样教育，证明了家校携手育人的力量。

（二）连接社会，全面育人

学校通过"走出去"和"请进来"两种方式，充分利用社会资源，拓宽育人渠道，实现全面育人目标。

首先，走出去，多渠道拓展校外德育实践基地，鼓励学生争当红领巾志愿者。校外实践基地是全校学生开展春（秋）季研学活动的地方，不同的基地提供不一样的研学方案，培养不一样的能力，达成不一样的育人效果。活动突出体验教育和养成教育，培养学生热爱自然的情感，提升学生自理能力、创新精神和实践能力。同时，鼓励红领巾志愿者参加了校外志愿活动，他们在湿地公园为路人摆凳送水，在"三苏"祠为游客讲"三苏"故事，去"缅怀革命先烈"的扫墓现场讲述英雄事迹，在眉山市《开学第一课》中，分享东坡文化……

其次，请进来。眉山市第一小学先后与交警、消防、部队、派出所、医院、心理协会等单位结成了德育教育共建单位，定期为学生开展形式多样的专题活动，提升教育质量。此外，邀请校外专业人才担任兴趣社团教师，学校合唱团邀请了四川音乐学院艺术教育系的优秀老师任教，民乐团邀请了成都川音大地综艺音乐进修学校的川音青年教师、研究生任教，戏曲社团邀请了眉山知名川剧艺术家任教……

四、搭建多维展示平台——绽放

为了体现学校"三全一正"（三全：全体学生、全过程、全方位；一正：真正发生）的教育理念，学校搭建多维展示台，让每一个孩子都有绽放的机会。

一是主题活动，全体露脸。每周升旗仪式的主题教育活动，各班同学都是全员参与。可以说，每期一次的主题教育活动，就是孩子们露脸的最佳时机。短短十分钟的展示，不仅体现每一个孩子的综合能力，还呈现这个团队的精神风貌。

二是全科育人，多元发展。学校通过一年一次的读书节、艺术节、体育节、科技节，以及一年一次的写字比赛、作文竞赛、计算能力竞赛、英语周活动等落实"全科育人、多元发展""以成功激励成功"的教育理念。

三是兴趣社团，百花齐放。学校开设 86 个兴趣社团课程，孩子们在丰富多彩的兴趣课中充分发展自己的特长，练就独具特色的本领，真正实现百花齐放。

五、实践效果

（一）学生综合素养全面提升

近年来，学校先后有 500 多名学生在省、市各级获奖，获得国家级奖的有 80 多人（次）。刘倩兰、冯思澈、李思瑾、王荷扉、卓汐聪等十多位同学分别获得了"全国优秀少先队员""全国平安行动好队员""宋庆龄奖学金"等荣誉称号。其中刘理慧同学于 2005 年被选为全国少代会代表，到北京出席了第五届全国少代会，受到胡锦涛等党和国家领导人的亲切接见。在"学宪法、讲宪法"活动中，获得省一、二、三等奖各 1 人次。陈思雅获省"红领巾奖章"个人四星章，李雨瞳作品《我把爸爸借给党》获省二等奖，学生作品《不朽》在 2022 年中华经典"诵读大赛"中获省一等奖，辜琰胭获市"眉山故事少年说"演讲比赛二等奖和最佳风采奖。

（二）教师专业能力大幅提升

上级主管部门组织的各类比赛中，学校有 300 余人次获奖；500 余人次外出送教或执教接待课。其中参加《品德与生活》《品德与社会》《道德与法治》以及主题队会赛课与展评活动，5 人获省一等奖，5 人获省二等奖，16 人获市一等奖，5 人获市二等奖；徐永军老师执教的《交通安全我能行》被评为部级精品课程；张佳琴老师的课件《消防安全我能行》被评为第二届全国中小学生"消防安全示范课"优秀课件；李鹏君老师执教的德育课堂《情绪管理》在眉山市教育教学研讨会上获得好评。

（三）推动学校迈上新台阶

学校先后获得第一批全国中小学"中华优秀文化艺术传承学校""四川省校风示范学校""四川省德育工作先进集体""四川省'小公民'道德建设示范基地"等五十多项荣誉称号。

师爱滋养学生成长

付娅梅[①]

爱学生是教师的天职，希望得到老师的爱是每一位学生的愿望。在班主任工作中，我始终贯穿一个"爱"字，以老师的耐心、细心真诚地去关爱每一位学生，把爱如同阳光照进每一位学生的心田，让师爱滋养学生成长。

一、用微笑传递爱

微笑，作为人的一种情感表达方式，具有巨大的潜在教育价值。对教育者而言，微笑是一种修养，是一种襟怀，是一种智慧。在课堂上，我提出问题时，总是用微笑等待孩子们的回答，减轻了孩子们的畏惧心理，孩子们发言也积极踊跃了；当孩子们做了错事，我用微笑去面对他们，心平气和去处理，问题很快得到解决。

每次接到一个新班时，开学的第一天，我都会对孩子们说："我是你们的老师，也是你们的朋友，谁愿意和我交朋友？"有些大胆的学生会举起手，我笑着走过去和他们击掌。顿时，教室里一片欢呼雀跃，学生们纷纷举起小手叫道："老师我和你击掌！"我微笑着一一和他们击掌。我看着脸上洋溢着喜悦的孩子们，又趁机说："朋友归朋友，但课堂上我是老师，对你们有纪律要求，你们能做到吗？"学生齐声回答："能！"开学第一天，我就用微笑，缩短了和孩子们的心距。

孩子们上自习课时，总避免不了有个别孩子要讲话，影响其他同学学习。有几次我在教室门口站了1分钟，讲话的孩子都不知道。当发现我时，那个孩子非常不好意思地低下了头，时而还抬起双眼偷偷地瞅我，我一直微笑地看着他。此时的孩子是那么的可爱，他

---

① 作者简介：付娅梅，四川省眉山市洪雅县致远小学教师。

已经意识到了自己的错误。课后，我才单独对他说，老师的微笑已原谅了你，相信你以后会遵守纪律，自觉学习。后来，那孩子上自习课时不再随便讲话了，还会主动提醒那些讲话的同学。

记得入职不久的我，曾经遇到一位叫小敏的学生，顽皮好强，经常惹是生非，动不动就出手打同学。后来我与小敏同学约定：在一周内，老师给你三次机会。你与同学发生冲突时，老师会以微笑处置三次，超过三次老师将不会再给你微笑，你得写检讨书。第一次，写字的时候，同桌不小心碰到小敏，他就使劲去撞同学的手，当我听到哭声，皱着眉头看向他时，看见他脸都红了，我立刻报以一个微笑。第二次，在教室外的走廊上，一个同学跑来撞到他，他马上给同学打过去，抬起头正好看见我，然后瞪着眼紧张地看着我，我脸上露出了笑容并朝他做出手势二。之后，我没有再发现过小敏打同学，也没有听到过同学说他打人了。就这样小敏同学慢慢地改正了爱出手打人的坏毛病。记得有一次他在日记中写道："我正在扫地，一个同学跑过来不小心撞到我，我举起拳头正想打过去，但想到与老师的约定，捏紧拳头，没有打出去，我终于控制住了自己。"看到小敏的转变，我仿佛获得了教育学生的金钥匙，用微笑帮助学生，传递对学生的爱，微笑胜过了指责与批评。之后我用微笑架起了与学生沟通的桥梁，帮助学生改正成长路上的不足。

二、用细心激起爱

教师是灵魂的工程师，肩负着育人的责任。教师只有了解每一位学生，才能更好地教书育人。要了解学生，教师就应时时、事事眼里有学生。学生感受到被关注、被爱，就会激发心中的爱。

在我刚接手上一届五年级学生不久的一节课上，我让学生说说自己的优点。当我把问题抛出，没想到教室里一片沉静。我不禁疑惑：这么简单的问题，为什么往常活跃的课堂变得鸦雀无声。足足有 2 分钟过去，没有孩子举手。我先请两位平常在班上活跃的孩子来说自己的优点，他们居然说不知道自己有什么优点。我又请班长来说，她也说不知道自己有什么优点。我很吃惊地说："你上课积极发言，每天作业一丝不苟地完成，这是爱学习的优点；你帮助同学讲题、帮生病同学打饭，这是乐于助人的优点；你管好自习纪律是为大家服务的优点。"接着我走到哪个孩子面前就说出他的优点，小刘字写得很好，小王尊敬老师，小周每次做值日很负责，小何热爱运动，小徐爱看课外书……没想到当我说出一名后进生的一大堆优点时，他居然趴在桌子上感动得哭了。

紧接着，有一些孩子也哭了，他们说读了四年书，今天才知道自己有优点，以前老师总说他们这不对那不是。后来，学生在作文中写道："谢谢您老师，您让我知道了什么是优点，我会发扬我的优点。""您才教我们不到一个月，就能说出我们这么多优点，您是关爱我们的老师。"

我没想到一次不经意的提问却给学生带来了这么大的心灵触动。老师的一言一行对学生是多么地重要呀！老师用心、细心去关爱学生，就会发现每一位学生的特点。老师要善于用学生自己的长处去唤醒他们，发掘出他们的潜能，让他们利用自己的长处帮助自己成长。

三、用责任架起爱

立德树人是教育的目标，也是教师的责任，作为教师的我们要以身作则，也一定要有爱心、耐心。教师的爱应当比父母之爱更博大、更无私。教师不仅要爱那些成绩优秀的孩子，还应把更多的爱送给那些自控力弱和学习上有困难的特殊孩子。

曾有一位贫困生小琴，性格特别内向，上下课总呆坐在座位上，既不出去活动，也不与同学交谈，学习接受能力弱，布置的作业不是少做就是做错。上课简单问题提问她，练习做错教她，她总是瞪着眼看着你，无论你怎么问她，她就是不开口说话，多问几遍她就哭。几次下来，我失去了信心，真想放弃，但教师的责任心不允许我这么做。

于是我采取措施：课间，我带着她与同学跳绳、做游戏；课余，我常找她聊天，及时了解她学习、生活上的困难；我在学习上帮助她、生活上关心她，送她学习文具、组织学生向她献爱心；学校开展的各项文体活动我都让她参加，并安排了一位学习优秀的同学与她同桌；课堂上我把最简单的问题留给小琴，让她感到学习的一点小成就，增强学习自信心；我及时捕捉到她的点滴进步大肆表扬，让她感到自己也有优点；我还常与她家长联系，教家长一些教育方法，让家长多与孩子聊天，关心孩子身心健康，不要只看成绩，要有耐心陪伴孩子成长，不要动不动就打骂孩子。

经过一起努力，小琴有了明显进步：课间休息时在操场上能看见她快乐活泼的影子，每天能按时完成作业，作业字迹工整了，作业质量也在渐渐提高。对于这类学生，老师不能急躁，也不能放弃，一定要有耐性，也许我们一句暖心的话就能改变学生。老师的爱会让学生树立起学习的信心，尽可能地去完成自己的学业。

四、用行动启迪爱

爱是最好的教育方式，爱是人间情感沟通的纽带，但爱不是一种与生俱来的能力，它必须通过学习、生活才能体会到。只有当学生切实感受到老师对他们的爱时，才会激发他对别人的爱、对集体的爱和为集体增光的情感。只有在老师充满爱心的启发下，学生的人格才会日益完善，聪明才智才会得到充分发挥。一次上自习课，学生们正在专心致志地做作业，我在讲台上批改作业，教室里静悄悄的。忽然，"哗"地一声，我抬头一看，小玉吐了一地。教室里一下子热闹起来，学生们有的站起来张望，有的互相议论，邻座的几位学生则皱着眉，捂住鼻子转过了身子。我快步走到小玉身边，拿出纸巾给小玉擦了擦嘴，轻轻问询她怎么了，随后就叫班长小琴扶她去漱口。自己马上拿起拖把清除呕吐物，那呕吐物散发出来的气味直冲我鼻子，几次使我差点要吐出来，但我仍若无其事地打扫着。

事后，我告诉学生，班集体是一个大家庭，要互帮互爱。当同学遇到困难时，你帮助了他，那么在你需要帮助时，他也会伸出援助之手。只要我为人人，才会有人人为我。我的行动感染了学生，我的话语启迪了学生。后来，一次课堂上，小红呕吐，当我正要起身走过去时，学生们已纷纷行动起来，有的递纸，有的轻轻拍背，有的拿扫帚，有的提簸箕，有的拿拖把去清除呕吐物。看见孩子们的行动，我非常欣慰。孩子们在爱的环境中也学会了爱，形成你关心我、我关心你，你帮我、我帮你的良好班风。

热爱学生是教师应该具备的职业道德。教师应以身作则，以德传德，把师爱洒给每一位学生，让爱如同甘霖滋养孩子，让每一位孩子在爱的环境中健康苗壮成长。这是立德树人最便捷、最有效的途径。

丰富课程教学资源，构建大德育课程体系

钱　静　马艳红[①]

课程论和教学论原理告诉我们，中小学的教育活动都应该有相应的课程体系做支撑，做到教育活动课程化。有了课程体系的支撑，教育活动才能取得实效。按照《中小学德育工作指南》的规定，从中小学德育工作的总目标可以看出，德育工作的内涵很丰富，而且德育工作的途径也应该是多元的。要实现德育工作的目标，需要丰富课程教学资源，构建大德育课程体系。小学义务教育阶段开设的道德与法治课是小学德育的核心课程，学校应该开好这门课程。任何学校和教师个人都不得挤占、挪用或者缩减课时，这是一项严肃的政治纪律和教学纪律。眉山市青神县实验小学在建设德育课程体系工作中，除了按照要求开好、上好道德与法治课外，还通过书香校园建设、经典诵读活动、仪式教育、革命传统教育、劳动实践活动、家校共育联盟等方式，构建了大德育课程体系，取得了较好的效果。

一、推进书香校园建设，涵养学生精神世界

读书是一种学习生活方式，也是一种精神追求。为了让读书成为每个孩子内心的渴求，学校深化书香校园建设，以"世界读书日"为契机，将每年的四月定为"读书月"。在读书月中，学校开展"五个一"活动：即一次读书积累本展评活动；一次读书卡或读书小报制作活动；一次读书展示活动；一次读书征文活动；评选一批书香少年、书香班级、书香家庭。读书月的各项活动从学生平时点滴积累到综合展示，从课内到家庭，从主题活动的开展到行为上的内化于心外化于行的提升，无不彰显着读书给学生带来的改变，真是腹有诗书气自华。书香校园的建设让学生从"要我读"到"我要读"，点燃学生阅读激情，树

---

① 作者简介: 钱静,四川省眉山市青神县实验小学,一级教师; 马艳红,四川省眉山市青神县实验小学,高级教师。

立文化自信。通过学校、师生、家长的共同努力，达到了学校有书卷气，学生有书生气，家庭有书香气。

二、创新经典诵读活动，丰富校园文化生活

文学经典是中华民族五千年悠久文化的积淀，是无数古人先贤智慧的结晶。为了让中华优秀传统文化植根于学生心中，眉山市青神县实验小学编写了校本课程《经典诵读手册》共 6 册，供全校各年级的学生使用。该手册将优秀传统文化和国学经典相融合，分别把适合小学生阅读的经典内容分解在各个年级，全体学生在经典的浸润下不断拔节生长。学校每周开设的一节经典诵读课，低年级以喜闻乐见的古诗词为主，教师将视频与朗诵、歌曲相结合，引导学生了解中华优秀传统文化，爱上诵读。高年级以"传统节日""边塞诗""送别诗""怀古诗""写景诗"等不同的主题入手，引领学生围绕主题进行诵读与赏析，让学生在博大精深的中华文化学习中滋养文化底蕴，增强文化自信。从古诗词中了解中华传统节日的习俗，挖掘德育教育元素，激发学生学习并传承中华优秀传统文化。此外，老师们还采取化整为零的做法，利用晨会、语文课前 5 分钟、课余时间鼓励学生进行诵读积累。教室里、走廊上，到处可见孩子们诵读的身影，他们徜徉在经典诗文的海洋里，浅唱低吟，形成了校园独特的风景线。班级的经典诵读展示台有"诵读园地"板块，张贴学生优秀的古诗文书法作品、读后感等内容，让学生获得读书的成就感。每年学校会开展经典诵读比赛活动，也让学生在活动中展示所学，得到锻炼。

三、重视仪式教育，留下心灵记忆

德国心理学家洛蕾利斯·辛格霍夫（Lorelies Singerhoff）在《我们为什么需要仪式》一书中指出："通过仪式内在的行为模式，人们能够培养对自我能力的信任。仪式可以作为增强个人安全感、自信心和增强个人认同感的手段。"仪式教育有助于塑造学生价值观，培育学生责任感，增强学生归属感，为学生留下更多的成长印记，促进学生品德发展。学校将各种仪式作为德育工作的课程教学资源。

（一）做好入学仪式，让新生拥有归属感

每年九月的开学季，学校都会为初入小学生活的一年级新生举行一次温馨而隆重的入学仪式。孩子在家长的陪同下，大手牵小手，着装整齐、精神抖擞地进入教师用心用情精

心布置的校园。家长、孩子一起走在红毯上，满满的幸福感在每一张脸上洋溢。大家在洁白的欢迎墙上签上名字代表着新生真正成为学校大家庭的一员。新入学的同学会在大队干部的带领下参观校园，熟悉校园环境，和父母拍摄一组风采照片留影。各班会根据《入学手册》开展小学生入学常规训练，让孩子能尽快适应学校生活，找到归属感，顺利完成幼小衔接。

（二）丰富入队仪式，让入队成为一份荣耀

每年的建队节，学校大队部都要为新队员举行隆重而简朴的入队仪式。入队前通过"七色光"电视台向新队员讲解社会主义核心价值观，组织一年级和六年级学生结对，由老队员面对面的向新队员介绍少先队的知识。组织一年级学生家长、优秀少先队员参加入队仪式，为新队员佩戴红领巾。邀请关工委领导为新队员讲英雄的故事，让每位队员牢记革命先辈的光荣传统，为自己成为一名少先队员而感到自豪。庄重的入队仪式，教育学生继承和发扬中国少年先锋队的光荣传统，凝聚学校少先队组织的力量，为学生的发展指明方向。

（三）创新学生毕业典礼，感恩母校扬帆远航

六年时光匆匆，毕业典礼既是学生对自己小学六年学习生活的回顾，也是感恩母校和对美好未来的展望。毕业生毕业典礼主要包括三项活动：一是全班同学毕业合影。每个同学都身穿博士服，头戴博士帽，留下阳光、自信、快乐的精彩画面。二是赠送毕业画册。学校将每个孩子在校六年的生活、学习、参加活动的照片收集整理，制作成精美的画册，在毕业典礼上赠送。每一张照片都带着幸福的回忆，同时也饱含着老师对学生满满的关爱和祝福。三是先由各班组织开展"感恩母校，扬帆起航""你好，未来"等毕业典礼，再挑选优质节目在全校进行展示，以感恩之心，将爱传承。

四、开展劳动实践，创造幸福生活

品德教育与劳动教育是相对独立的两类教育，同属于"五育"，是"五育"的两个组成部分。但是，劳动教育和品德教育是紧密联系的。劳动教育可以树立正确的劳动观念，积极的劳动精神，良好的劳动习惯和品质等劳动教育目标也是德育工作的目标。为此，学校积极开展劳动实践教育。

（一）校园劳动创造"绿色家园"

班级是学生在校学习生活的地方，为了营造良好的班级环境，学校每月都会进行一次

"最美班级"的评比活动。评比内容包括班级卫生、展示台、黑板报、图书角、盆栽区、桌椅摆放、卫生角、班级特色等方面。学校遵循"整洁、书香、绿意、美化、个性"的原则，公平公正地打分，按照得分高低评选出该月的最美班级并在周一的朝会上授牌。各班高度重视此项活动，班主任老师带领学生投入到活动当中。一面面班级文化墙熠熠生辉，一盆盆绿植生机盎然。朝气蓬勃的"雏鹰起飞"、充满自信的"班级公约"、拓展视野的"图书角"、展示成果的"班级展示台"、整洁的地面、闪亮的黑板、整齐的桌凳……无不彰显着劳动创造美。每年植树节来临之际，学校号召全体师生、家长积极开展"植绿、养绿、增绿、护绿"劳动活动，师生、家长用勤劳的双手为庭院添片绿。在大家的共同努力下，家庭、学校绿意盎然，生机勃勃。

（二）基地实践享受劳动喜悦

为了积极推进学校劳动教育课程开展，让学生体验沉浸式劳动教育，帮助学生树立正确的劳动观念，大队部积极组织并开展"我和种植园共成长"校外种植活动。学校将劳动实践基地以"责任田"的形式划分给各个班级。在这里，孩子们种上了自己喜欢的蔬菜，他们时刻关注着菜园里的情况。浇水、施肥、除草等一系列活动让他们体会到了不一样的快乐。在孩子们的精心照料下，蔬菜迎来了大丰收，劳动基地里充满了孩子们的欢声笑语，他们一边摘着自己亲手种下的新鲜蔬菜，一边开心地交谈着，脸上洋溢着幸福的笑容。劳动是生活的基础，也是幸福的源泉。从知识到实践，从活动到课程，从课本到生活，开展多样化的劳动实践教育，让孩子们在劳动中感悟生活，在劳动中收获真知。

（三）家庭劳动锻炼自理能力

学校以"爱劳动 能自理"为主题，依据各年级学生的年龄特征布置家庭劳动作业。各个年级的训练各有侧重。一年级有学习整理书包、洗碗筷、擦桌子等内容；二年级有学习快速系鞋带、扫地拖地、洗红领巾等内容；三年级有学习叠衣被、刷鞋子、整理书桌等内容；四年级有学习钉纽扣、洗衣服、煮饭炒菜等内容；五六年级学习整理房间、洗衣晒被、买菜做饭等内容。当学生在家里完成了相应的项目后，由家长评价打分，学校根据每学期学生劳动任务完成的情况，评选出"劳动小达人"，在散学典礼时进行表彰。

（四）劳动征文记录美好生活

"亲身实践知深浅，亲口尝梨知酸甜。"学生通过丰富的实践活动学会了一些劳动技能，掌握了一些劳动方法并在劳动中有了新的体验和感受。老师鼓励学生记录下来，完成一次心灵的升华。学生记录、整理、交流、分享，用文字表达内心的感受，记录劳动带给自己的乐趣和劳动的意义。

五、传承红色基因，继承革命传统

革命传统教育是德育工作的重要内容。眉山市青神县实验小学所在的县属于革命老区，具有丰富的红色教育资源。学校充分利用革命老区的地方资源，组织全体学生到红色西山开展研学活动。在红色西山广场，孩子们聆听西山起义的故事，瞻仰毛慈影等烈士遗像，开展"红歌大家唱""英雄故事我会讲""英雄人物我会画"等活动，孩子们通过听、看、讲、画等多种形式接受红色教育，传承红色精神，争做红色接班人。

县团委在眉山市青神县实验小学选出优秀的学生到红色西山党史学习教育基地参与红领巾志愿讲解员的学习和培训，赓续红色血脉，将红色精神发扬光大。学校还将红色影视教育引进课堂，创新爱国主义教育的课程形态。利用影视课时间，选取优秀的红色影视作品集体观看，促使学生了解历史、认识国情、开阔视野，增强文化自信，激发民族自信心和自豪感。开展青少年爱国主义教育，让爱国情感更加稳定而深厚。

六、家校齐心协力，构建共育联盟

家庭是学生生活的主要场所，也是品德教育的重要阵地。家庭是教育的第一个课堂，家长是孩子的第一任老师。家庭教育是德育工作不可或缺的课程教学资源。德育工作要取得实效，必须将家庭教育与学校教育有机结合。

（一）开设"家长学校大讲堂"

学校教师根据社会关注的热点、家教中的难点、学生中的困惑点，编写教案，制作PPT，录制视频，并通过学校公众号、班级微信群等网络设备向全校家长授课，让全体家长和学生一起学习、一起交流，为家校深度合作搭建桥梁。到目前为止已经开展了三期活动，主题分别是《话家风·传家训·立家规》《从古代家训中习品德修养》《陪伴是最好的教育》。"家长学校大讲堂"不仅能够传授家庭教育理念和方法，而且有效组织开展家庭教育指导服务和实践活动，形成家校合力，实现了真正意义上的学校与家长间的双向奔赴。

（二）举办"魅力父母进课堂"

家庭是学生成长的温馨港湾，家长和老师在教育中的互补是促进学生身心健康的重要途径。学校每学年开展一次"魅力父母进课堂"的活动，来自各行各业的家长走进校园，有医生、厨师、警察、消防员、烘焙师、保洁员等。家长志愿者结合自己的行业特点、技能特长、兴趣爱好等，为学生提供更多元化的学习资源，开拓孩子的眼界，丰富学生的见闻。活动中，家长们各显其能，尽展风采，课堂精彩不断，掌声连连。父母课堂结束，各年级安排学生分别以习作、绘画、诗歌、小报、演讲、唱歌等方式汇报自己听后的所思、所想、所感，学校大队部对活动中表现优秀的同学进行颁奖。这项活动打破了传统的教育模式，极大地丰富了学校的教育资源，为家校共育开辟了新的途径。

小学心理健康教育与思想品德教育融合育人的实践探究

莫 丹 左晶晶 张 宁[①]

2023 年 4 月 20 日，教育部等十七部门联合印发《全面加强和改进新时代学生心理健康工作专项行动计划（2023—2025 年）》（以下简称《行动计划》），明确提出要以德育心，要将学生心理健康教育贯穿德育思政工作全过程，融入教育教学、管理服务和学生成长各环节，纳入"三全育人"大格局。《行动计划》的印发，表明国家重视学生心理健康工作，指明了心理健康教育（以下简称"心育"）与思想品德教育（以下简称"德育"）融合育人的教育方向。因此，培养思想政治素质过硬、心理素质良好的时代新人，落实好立德树人根本任务，是重要且紧急的教育任务。学校，尤其是小学，要努力探索心理健康教育与思想品德教育相融合的育人路径，实现立德树人的目标。

一、小学心育与德育融合育人的可行性分析

心育与德育都是小学教育工作的重要内容，二者既相互独立，又存在着千丝万缕的联系。

心理健康教育是根据学生的生理、心理发展特点，运用有关心理教育方法和手段，培养学生良好的心理素质，促进学生身心全面、和谐发展和素质全面提高的教育活动。德育是学校对学生进行的思想教育、道德教育和心理品质教育的总称。德育是教育者根据一定社会或阶级的思想、政治准则和道德行为规范，有目的、有计划地对受教育者施加影响，培养他们良好的思想观念、道德品质和心理素质，使他们逐步形成符合一定社会或阶级要求的思想品德的教育活动。

---

① 作者简介：莫丹、左晶晶、张宁，四川省眉山市第一小学教师。

可见，心育和德育在内容上是交叉的关系，二者都有培养心理品质的任务，为二者融合育人奠定了天然的基础。同时，心育和德育在所追求的目标和价值理念上是重合的，二者均要帮助学生树立正确的世界观、人生观、价值观，帮助学生形成健全的人格，树立责任意识。

然而，心育与德育两者在育人路径上又有着不同，心育在于重视、尊重和信任学生，弱化教育者的指导作用，强调"助人自助"，教育者不直接给出建议和方法，而是启发和鼓励学生自己去发现问题、解决问题；德育主要采用说服教育，一般倾向于理论灌输、行为指导、榜样示范，教育者通常会以自己的要求去规范学生的思想和行为。众多研究和教育经验告诉我们，传统的德育方法容易造成学生"口服心不服"的状况。加之，现在小学生的心理成熟度普遍增长，自我意识发展日渐提前，致使传统德育方法的有效性有所减弱，因此，在小学德育中融入心育的教育方法，可提高德育的有效性。

另外，小学生受认知、智力等心理水平的限制，即使有老师引导，也很难全面分析清楚问题和找到解决问题的办法。在心育过程中融入德育，适当给出建议，有利于帮助学生分析问题和解决问题。由此可见，心育与德育在方法上互为补充，结合进行，可实现育人效果的最大化。

二、小学心育与德育融合育人的实施路径

新时代的德育理念与心育理念有很多相似之处。德育强调以人为本，认同和尊重学生的主体地位，重视学生的主观能动性，关注学生的个体差异，实行正面的灌输，这与人本主义心理学强调"关注人的自我成长与实现"的理念不谋而合。积极心理学既继承了人本主义心理学积极正面的人性观，又对其进行了创新和发展，主张关注人的优点而不是缺点，充分挖掘人的积极优势，近年来颇受教育工作者的推崇，笔者尝试将积极心理学理念融入德育工作中，取得了良好效果，主要体现为：

（一）理念融合，以遵循规律为要义

曾经的我们通常是使用传统"纠错"方法的老师，面对犯错误的孩子，我们总是板着脸，用严厉的语言去批评他们，看着学生低着头一言不发的样子，我们自以为这些教导都被他们认同、接受和改正了。直到有一次，笔者所经历的一次课程，证明这样的方法效果不大。

一次心理课上，纪律不好，有几个学生都在讲话，笔者想着"杀鸡儆猴"，于是就喊

一个离笔者最近的学生起立。这个学生是让各科老师都头疼的，违纪行为很多，经常被老师批评、被同学贴上标签，他自己也认同的"坏学生"，有时候他还会故意违纪来吸引关注。没想到，他居然不站起来，把头仰着，趾高气扬地大声反抗道："那么多人都在讲，凭什么只让我站？"

看他那架势，如果硬来，一定使笔者很难下台，但笔者又不可能让所有讲话的学生都站起来，怎么办呢？于是笔者迅速反应过来，回答他："警察去抓小偷的时候，小偷说你必须把所有小偷都抓到才能来抓我，有道理吗？"同学们都笑了。笔者接着说："让你起立是因为你上课讲话违纪了，这是对你的帮助，你站起来了，上课认真了，收获也多了，其他没被帮助的同学才应该遗憾。"或许是觉得笔者说的有道理，抑或是他的情绪稳定了一些，他还是不情愿地站了起来，但表情是不服气的。对这种有怨气的学生，最好的办法就是及时进行心理干预。

干预的过程就是进行一对一的面谈、交心，与学生进行亲切的交谈。笔者的经历如下：

面对按照约定而来，走进办公室的学生，笔者伸手指向沙发，温柔地说："我们坐下谈谈吧！"他略显惊讶、拘谨，迟疑了一下后坐了下来，眼睛向下。

笔者说："课堂上的那件事儿你是怎么想的呢？对我的处理方式满意吗？"他低着头，抠着手指，不语。

笔者又说："没事儿，我只是想知道你的真实想法，不是批评你，我想让我们相处得更愉快。刚开始我让你站起来，你为什么会是那样的反应呢？"

他带点儿委屈地小声说："那么多人都在讲话，你却只说我。"

笔者依旧温柔地说："我知道还有其他人也在说话，但是当时你离我最近，我确实也只看到了你。你是不是觉得我不喜欢你，所以针对你？"他继续沉默。

笔者接着说："如果你是我，你当时有更好的处理方法吗？"

他想了想，看了老师一眼，说："没有。"

笔者微笑着说："对，像这样看着我的眼睛说话多好，我喜欢看你明亮的眼睛。"他有点害羞地看我一眼，赶紧移开视线。

笔者接着说："虽然你当时不服气，但后来还是站起来了，我知道你是一个懂道理、尊重老师的好孩子。"他有点难为情，头又埋下去了。"你分析过你上课讲小话的原因吗？是觉得老师讲的不重要，不用听吗？"

他赶紧回答："不是的。"

"那是什么原因呢？"他沉默不语。

笔者补充说："明明不想做却控制不住，这其实是自控能力的问题。"他抬起头看向了老师的眼睛。

"自控能力不强不怪你，因为它主要靠后天培养，可能你没有接受过这样的训练，但是现在我可以帮助你提高自控力，你愿意挑战吗？"他脸红扑扑的，有点激动又有点紧张地看着老师，没有回答。"我相信你能做到，请你也相信我，我们一起试试吧！"

终于，他点了点头。

接下来笔者与他一起制订了《自控力养成计划》，并与他击掌明志。

过后，每一次上课之前，笔者都会跟他聊聊他的进步，课上也会想方设法表扬他。渐渐地，他与笔者越来越亲近，在学校看到笔者，也会跑过来打招呼，遇到问题会找笔者交流。就这样，在笔者的积极关注与鼓励下，他越来越能约束自己的行为，违纪次数变少，变得积极自信起来。

（二）**方法融合，以解决问题为导向**

德育侧重由外而内的理论灌输、道德规范和法纪约束，主张刚性的"原则与服从"，容易引起学生的阻抗心理，难以达成教育目标；心育侧重由内而外的体验、感悟、移情和个性的自我完善，主张"助人与自助"，如果完全依赖于学生的自主性和能力，难以迅速取得效果。

小学心理活动课以活动为主，主题贴近生活实际，所以学生很感兴趣，参与度很高。又因小学生天性活泼好动，处于言语能力高速发展时期，大多数都不爱倾听，而是爱表达，显得课堂纪律难以驾驭，糟糕的课堂纪律大大降低了教学效果。作为一名心理专业的教师，当面对学生违纪时，也会用极其猛烈的愤怒情绪和极大的声音威慑学生，迫使他们安静下来，在学生正襟危坐中展开教育。实践证明，这个方法会损耗教师的元气，且浪费很多教学时间，一旦重新开始组织上课，课堂纪律又会坏起来，时常无法完成教学任务。痛定思痛，我们决定尝试用心育与德育融合的方法来解决这个问题。

一是平等对话＋理性讨论，破课堂纪律难题。首先要明确教师跟学生是平等的地位，要尊重学生，相信他们有分析问题和解决问题的能力，在课堂上做到平等对话、理性讨论。对问题进行原因分析，提出解决方案。学生通过讨论辨析，分析清楚违反课堂纪律既损害了教师的身心健康，又降低了自己的学习效率。纪律糟糕的原因主要是自己自控能力不足，解决方案是增加提醒和暗示或增加他律。例如，将上课违纪人员名单交班主任处理、制定惩罚措施等，惩罚措施也由学生商议决定。最后将讨论形成的决议打印张贴，作为班级心理活动课公约。这个讨论虽然花去不少课堂教学时间，却能够取得较好的效果。

二是平等对话＋引导分析，破解个体教育难题。心理咨询的特点是"助人自助"，相信人的主观能动性，主张不直接给出建议，而是引导来访者自己"思变"。但是，对于能力水平有限的小学生来说，启发和引导往往无法让他们全面分析事件、找到解决办法。老师在对学生进行个体心理辅导时通常是先引导启发，再给学生恰当的时间，让他们自己思考，如果学生实在想不出来，老师再问询是否需要帮助，如果学生愿意，及时给出意见，再与学生商议改进，直到达成共识。这种在心育过程中融入德育的方法，直接帮助学生厘清问题，提出建议的心理辅导方式，能够更好地帮助学生解决实际问题。

总之，教学实践证明，将心育中的信任、积极支持等教育方法融入德育，不仅能够提高学生对老师的信任感，而且能够增进师生关系，加强德育效果。

（三）方式融合，以增强认同为目标

传统的德育课堂多以呈现案例加说教的方式进行，容易让学生产生"德育课就是讲大道理"的错误认识，难以获得学生的认同。心育课却提倡以活动的形式增加学生的体验感，联系生活实际，让学生在体验中去感悟、学习，实现教学目标。

为此，德育课可以借鉴心育课的上课方式，减少学生的阻抗心理，增强学生参与感和认同感。例如，《道德与法治》五年级下册第二单元"我们的公共生活"，其教学目标主要是提升学生的集体意识和牺牲奉献精神。这个单元的学习其实与现实生活的联系是非常紧密的，学生每天都生活在公共区域和集体之中，老师可以选择学生身边的真实故事作为案例，采用小品表演、价值观辨析等心育课的教学方法来进行教学，调动学生的积极性，落实教学内容，实现教学目标。

尽管现实主义心理学主张"价值中立"原则，即在心理咨询过程中不判断、不指导、不主动。但笔者认为在小学阶段的心育课程中有时应抛开这个原则，借鉴德育过程中的明确价值指向性，帮助正处于人生启蒙时期的小学生们，在现代信息技术发展所带来的巨大信息量中，分辨、判断信息的真伪和观点的正误，树立正确的世界观、人生观、价值观，确立正确的人生目标、价值方向。

所以，学校教育应该多给予他们积极明确的引领。例如，在心育课《生命的秘密》中，为了让学生了解到生命的脆弱，我举了新冠疫情的例子，并稍作延伸，既让学生看到我们国家体制的优势，是可以迅速调动一切社会资源，集中应对紧急事件，也让学生明白我们社会主义国家重视每一个公民的生命安全。

（四）活动融合，以互动体验为依托

小学的心育活动大多是依托德育活动来进行的，几乎所有的德育活动对学生的心理健康都有积极作用。例如，学生在二年级参加的"护蛋行动"，四年级时进行的"十岁成长礼"，每周一次的主题队会……通过这些活动，让学生感悟生命的精彩，回味自己的成长经历，体会父母养育的辛劳，学会感恩。学生与父母、老师一起互动，体验、分享成长的快乐与感动，为他们的童年生活留下值得珍藏的美好记忆。活动增强了学生的自信心与自尊心，让学生明确自己的责任与义务，进一步树立正确的人生观、价值观、道德观、法纪观，促进家庭的和谐与团结，促进学生的身心健康发展。

三、结语

综上所述，心育和德育都是小学教育的重要组成部分，二者有密切的联系，虽然不可互相取代，但是可以互为补充，融合育人。二者融合育人符合小学生心理发展与社会发展的要求。小学教育应该加强二者的融合育人功能，积极探寻二者融合育人的途径，推进落实立德树人根本任务，促进小学生形成正确的世界观、人生观、价值观和身心健全的人格，实现其个人综合素养的全面提升。

基于心育视角下的师生同参与，家校共进退

——以一堂特别的品格课为例

李熙琴 [①]

"培养什么人、怎样培养人、为谁培养人"，是新课标理念下教育工作者必须思考并回答的三大基本问题，这也是我们以习近平新时代中国特色社会主义思想为指导，落实立德树人根本任务所要明确的方向与目标。小学教育的主体对象就是小学生，关注他们的学习、身体及心理成长，三者缺一不可。孩子们良好的学习习惯、健康的心理素质与优秀的思想品格源于良好的家庭环境、学校环境、社会环境以及相应的人文教育构成的一系列社会关系。一旦脱离这些社会关系，小学生的品格教育之源就会因失去载体而枯萎、干涸。

作为一名小学教师，在我们的校园生活、课堂教育中，又该如何发现细节、挖掘亮点、润物无声呢？在小学阶段道德与法治课程教学中让孩子们以主人翁意识参与其中，随时发现问题、讨论问题、解决问题，你会发现不一样的精彩！

一、师生同参与，互动找契机

案例回顾：某周二午会上课铃响，笔者扫视全班一眼，发现班上少了两个同学，于是马上清查学生缺席原因。正在此时，A 同学和 B 同学急匆匆地跑进来。笔者马上询问迟到缘由，A 同学告诉笔者是午休起床排队迟了，被 B 同学恶作剧关在了晾台门外。他在晾台上大声喊叫惊动了老师，才被 B 同学开门放了出来，所以迟到了。当听到此处，我特意求证了 B 同学，得到了一样的答复。沉思了一会儿，我调整了课堂节奏，提出了几个问题让

---

① 作者简介：李熙琴，四川省眉山市眉山第一小学英语一级教师，四川省窦红霞名师工作室李熙琴眉山工作站站长。

学生讨论，并开展了一堂别开生面的道德与法治课程，集中于讨论小学生的道德素养与品德行为。

问题一：班上被 B 同学恶作剧捉弄过或被他欺负过的人举手？

问题二：如果没有班规校纪和家长老师的约束，你会怎么办？

针对问题一，全班同学齐刷刷地举手表示都被欺负过；

针对问题二，当着老师的面，几乎全班同学异口同声地回答："处罚他！"

待同学们对问题回答完毕后，笔者缓缓说道："大多数同学要求处罚 B 同学，但你们并没有激动得去打他，是吧？不过我还是听到有同学选择原谅他，有同学选择告诉老师，有同学选择容忍他，这是因为你们怕他吗？""不是，因为我们善良！""我们容忍他是因为我们是有规则意识的人！""我们原谅他是相信他会变好的，可他一而再，再而三地欺负人！"

这时 C 同学将手举得高高的，笔者请他发表自己的观点，只见他不慌不忙娓娓道来，"我们容忍 B 同学的坏习惯不是怕他，是因为我们都是遵纪守法、有礼貌讲文明的人，不与他斤斤计较。"

话一说完，有同学马上回应，"对！我们讲文明，不会与 B 同学计较。"顿时，全班同学反映积极。而此刻，B 同学感受到同学们对他前所未有地反击，一直低头默不作声。针对这一场景，通过与孩子们的互动与自我对比检查，笔者开始分析与思考 B 同学为什么要做这样的恶作剧，其行为背后到底存在什么样的原因，力求寻得解决问题的方式方法。

二、行为成因的探究

通过此案例，可以看出孩子们随着年龄的增长，有了对事物真善美的基本判断，同时也初步养成了相应的规则意识。可是仍有少数孩子无法控制自己的言行，管不住自己的手脚去捉弄别人、欺负别人，无视校纪、班规并反复违反，这些行为从侧面也反映出该学生的心理素质及心理健康存在问题。

一是心理认知偏差引起的行为结果。研究表明，学生心理素质由认知品质、个性品质和适应性（或适应能力）三个基本维度构成。学生心理健康水平以其心理素质为基础，反映其心理素质的水平。针对 B 同学的个案分析，该同学的心理健康发生了偏差，甚至有心理阴暗的一面。比如，他自己有一个所谓的私人账本，专门收录谁弄坏了他的东西，谁碰了他的胳膊，谁向老师告发了他，而且旁边还标注因为此事该同学欠他多少钱，等等。他的感受全来自自己对"好恶"的主观认知，任由自己的主观意识去评判客观事件的对错，并且固执地认为自己是对的，其他同学都是错的，而且是故意地仇视对待他，所以他要打击报复。加之 B 同学精力充沛、情绪高昂、自我感觉非常好，对其所做的事，从未感到有任何过错，也不认为对同学的伤害有任何痛苦或者难受，当然，也就对其不良行为没有任何道德上的自责和行为上的内疚。

二是家庭教育缺陷酝酿的行为。换个角度看待 B 同学行为背后的成因，既有心理成因，也有家庭教育因素。如，1.父母及长辈教育或管教不当，造成孩子缺乏自我约束与规则意识。从小，B 同学父母、爷爷奶奶就对他骄纵溺爱，即使打人犯错，大人也不及时纠正，反而听之任之，逐渐养成了许多坏习惯，心理认知也发生了偏差。2.生活经验缺乏，自控力较差，不知如何调节自己的情绪与行为。3.儿童好玩的天性促使孩子做出一些自然行为，忽略行为本身会带来不良后果，且放任不管。4.个人行为习惯缺少制约性及规范性，因此，经常受到老师的批评，造成自尊心长期受挫而采取摆烂状态，等等。教育心理学对此还有许多相关论证与阐述。

三、家校社区共联系，汇聚多元化关爱，形成心育化教育合力

"独木不成林"。根据对 B 同学的分析，我认为这需要学校、教师、家庭、父母将学生的心理素质培养与心理健康教育进行整合关注，将心理教育提上日程，与品行教育同时进行，并驾齐驱。

如果只是学校教育单方面努力，收效是非常低的。父母是孩子成长的首任老师，也是陪伴孩子时间最久、影响最深的人，所以家庭教育对孩子的影响不言而喻。孩子成长中的一切表现都是家庭教育的折射，因此，家校应该加强联系，为孩子的成长营造更加舒适、温馨的环境，而这一切的前提需要老师与家长具有同理心、耐心、爱心、共情力、执行力与持久力。只有老师与家长多阅读相关儿童心理与育儿知识书籍，多参看一些具体案例，结合孩子不同时期的表现给予多元化关爱、陪伴与疏导，孩子的性格与习惯才会渐入佳境。除此以外，社区也可多组织一些家庭教育培训，并利用周末与寒暑假组织孩子们多参加阅读打卡、户外亲子活动、中华经典故事与名著赏析、中华传统手工制作与非遗学习，等等。通过多元化的爱心汇聚与活动参与，孩子们会感受到身边的爱与关怀，在活动中传承到文

明与礼仪，在良好环境中培养出良好习惯。只有从心理上注重心育，在人格修养上才能筑牢品行教育。

四、结语

课堂上、校园内，学生品德回声不仅反映在日常师生之间，父母与孩子之间也时常伴有各自的回声。有的精彩绝伦，有的枯燥乏味；有的蓬勃向上，有的起伏不定。当老师与家长给予孩子们正能量，收到孩子们的回声便是积极与欢喜；当老师与家长给予孩子们负能量，收到的回声便是消极与失望。

对于小学教师而言，我们播出什么样的人格魅力与怎样的教育畅想，就能收获到孩子们相应的回声。播下一种心态，收获一种思想；播下一种思想，收获一种行动；播下一种行动，收获一种习惯；播下一种习惯，收获一种性格；播下一种性格，收获一种命运。

小学生心理健康教育与思政教育的融合探索

刘应海　辜于梅[①]

教育部和其他十六个相关部门联手制定并发布的《全方位提升及改善新世纪下学生的身心健康管理方案（2023—2025）》的目标是通过系统性的政策措施，来推动的中小学生的身心健康，这有助于引发社会各界对中小学生精神卫生问题的更多关注。因此，笔者认为在学校开展心理健康与思政教育的整体化构建过程中应遵照现代化管理的思路去操作，建立有效的协作体系，以实现各层面参与者的有效互动配合，让所有相关领域的人积极投入，形成一股强大的力量，[②]帮助小学生更深刻地了解自己，具备批判性思维和道德判断力，形成积极向上的人生观，全面提高小学生的综合素质。

一、小学心理健康教育与思政教育的内涵与外延

（一）小学心理健康的内涵与外延

1. 小学生心理健康教育的内涵

小学阶段心理健康的目标主要是培养学生积极健康的心理素质和行为习惯，帮助学生建立正确的认知方式。通过引导学生了解自己的优点、弱点以及影响情绪变化的因素，引导学生有效处理挑战和压力，提升自我控制和解决问题的能力。

2. 小学生心理健康教育的外延

小学阶段心理健康教育的外延覆盖了多个方面，旨在全面促进学生的心理健康发展和

---

① 作者简介：刘应海，四川省眉山市东辰小学，"五育融合"课程群建设探索主研人员，一级教师；辜于梅，四川省眉山市东辰小学，小学助教。

② 张彩云，陈建清.治理视域下推进大中小学思想政治教育一体化建设的关键点［J］.福建教育，2023（12）.

成长。在个体层面，心理健康教育包括了助力学生建立积极的自我认知和情感表达能力，培养自我控制和情绪管理技能，提高学生的自尊心和自信心，使他们具备应对各种情绪和压力的能力；在家庭层面，教师积极与家长沟通合作，共同关注学生的心理健康状况，向家长提供心理健康教育指导，帮助家长了解孩子的心理需求，共同营造积极的家庭氛围；社会层面是心理健康教育不可或缺的重要组成部分，通过与社区、媒体等多方合作，开展心理健康宣传活动，营造支持学生心理健康成长的社会氛围，为学生提供更广泛的心理健康教育资源和支持。

（二）小学思政教育的内涵与外延

1. 小学生思政教育的内涵

在当今社会，教育的本质不仅在于传授书本知识，更在于发展和塑造学生的品格，小学阶段正是思想、行为、性格养成的关键时期。[①] 正所谓教育兴则国兴，教育强则国强，国家想要发展，首先是教育。思政教育从字面上解释，先有思政，后有教育，在课程思政具体实施的过程中，要注重思政思想内容本身，在对内涵把握的情况下，再去融入教育。[②]

2. 小学生思政教育的外延

思政课程外延是指基于内容基础之上延伸出来的知识，不仅可以扩充学生的知识储备，也可以让学生通过课外知识和课程知识相互验证，加深对教材内容的理解和认识，小学生思政教育的外延要更加关注学生的认知发展，引导学生形成正确的思想观念，通过探究性学习、启发式教学等方式，激发学生的思维活力和创造力，培养他们良好的学习习惯和独立思考能力，通过开展各种实践活动，如社会小调研、环境保护、社区服务、公益活动、传统节日的传承活动等方式，不断促进小学生人格发展。

二、心理健康教育与思政教育相融合的现状

（一）小学心理健康教育与思政教育相融合的优势

1. 心理健康教育与思政教育的教育理念相似

现阶段，小学阶段的心理健康教育及思想政治教育在教学观念、目标、方法等多个方面都具有显著相似之处，我们已在此基础上将二者结合起来，实施全方位教育。对于小学

---

① 蒙斌. 思政课对小学生品格养成的影响与路径分析［J］. 教育学，2023（22）.
② 高敏. 基于新时代思政教育背景下的藏区小学开展思政教育的内容［J］. 教学与研究,2023（3）.

生来说，他们的思维模式和心智发育是学校的关注焦点，同时也是学校工作需要重点关注的领域。因此，我们能够培养出既有坚韧品质又具备优秀素养的人才，有能力应对挑战并且成为中国特色社会主义现代化建设的领导力量。[①]

2. 心理健康教育与思政教育的培养路径相同

心理健康教育与思政教育虽然有很多不同之处，但二者培养的路径是相同的，主要途径都是家庭教育、学校教育和社会教育相结合。小学生在家接受父母的言传身教，在学校接受系统的理论和实践知识，在社会中接受潜移默化的影响，形成了一个完整的闭环，达到育人的目标。[②]

（二）小学心理健康教育与思政教育相融合的不足

1. 心理健康教育与思政教育的融合层次比较浅

在传统的理念里，教学方法通常是将一堂课拆分为两个步骤进行，教师会先对学生进行思想政治教育，然后再进行心理健康教育。或者同一位教师，在不同的时间段内教授不同的内容。这样，虽然两者都有兼顾，但是在教学内容上关联程度比较低，没有做到真正的融合。

2. 心理健康教育与思政教育的教学方法不同

现阶段，心理健康教育与思政教育缺乏明确的融合目标和计划，融合的方法和手段相对单一，在实际的教学方法上，思政教育的组织方式较多，场地更广，经常性地通过日常宣传、"国旗下"讲话、主题活动、班会课等方式传递思想价值观念，总体上以潜移默化、润物无声的隐性方式影响学生。而心理健康教育更多是通过显性教育开展，通过课程、团辅、心理咨询等方式疏导学生，更具有个体针对性，如果二者可以有机结合，影响力会显著提升。[③]

3. 心理健康教育与思政教育在认知上有冲突

两者教学内容虽有相似的部分，但是归属于不同的学科，两者融合可能使学生感到困惑，不能很好的理解课程内容。家长可能对思政教育和心理健康教育的融合持保守态度，主要因为思政教育和心理健康教育内容差异较大，思政教育存在于社会意识形态内，部分

① 张澜，崔姜林.新形势下高校心理健康教育与思政教育的结合研究［J］.鄂州大学学报，2021（06）.
② 杨巧莲.小学生德育教育与心理健康教育的有效融合［J］.中小学教育，2023（20）.
③ 何璐.高校心理健康教育课程与思政课程融合探索［J］.时代教育，2022（09）.

学校和家长会担心思政教育内容可能受到主观色彩的引导，无法做到真正的独立，影响学生的个性化成长。

三、小学心理健康与思政教育协调发展的路径

（一）重视心理健康教育的普及，利用思政舆论来营造良好氛围

为了在小学阶段重视并普及心理健康教育，应充分利用思政舆论来营造良好的心理氛围。学校应制定详细的心理健康教育计划，确保将心理健康教育纳入日常教育教学内容之中，为师生提供系统化的心理素质培养。可以组织开展心理健康教育主题活动，如心理健康周、心理健康讲座、各种形式的心理团辅、体育竞赛等，通过形式多样的活动引导学生正确认识自身情绪和心理状态。建立心理咨询服务机制，设立具有学校特色的心理辅导中心，为学生提供必要的心理支持和指导。学校还应加强家校合作，邀请家长参与心理健康教育，共同关注学生的心理成长。

（二）加强心理健康课程与思政教育课程内容的有机结合

中共中央关于进一步加强和改进学校德育工作的若干意见中提到，德育工作者要走到学生中间，运用谈心和咨询等方式，引导他们处理学习、成才、择业、交友、健康、生活等方面的矛盾和问题，为小学生在长期学习生活中接受思想政治教育创造良好的心理基础。首先，通过对两者课程内容的梳理和整合，找出彼此之间的相关性和互补性，确保在设计课程时能够有机地融合心理健康教育和思政教育的核心理念。以眉山东辰小学为例，不仅在主题班会设计层面专门增加心理团辅版块，帮助班主任在进行思政教育时能很好的融入心理健康教育，同时也在规划心理健康课程中增加思政育人的内容，贯穿整个小学阶段，最大程度实现全员育人，全方位育人，做到心理健康与思政教育的有机结合。例如，心理老师在讲解个性心理等优良品质时，经常性借助我国历史中出现的各种爱国主义英雄、知识分子、科研人员、时代楷模等，通过真实人物的经典案例，形象的展现了乐观、坚韧、奉献等精神品质。

（三）加强教师培训，建立一支专业的教师队伍

对现有心理教师和思政教师进行定期的专业培训，提升其专业水平和综合素质。建立跨学科的交流机制，组织心理健康教师和思政教师一起，深入地分析教材中的内容，促进

二者的深度融合，使两个学科能够相互渗透、相互促进，保障学生的健康成长。[①] 有条件的情况下，可以共同研发适合本校的校本课程作为辅助材料。此外，通过参加专业研讨会、学术交流活动等形式，不断更新教师的知识储备和教学方法，使他们能够适应学生多样化的需求和教学环境的变化，不断增加心理老师的思政研究能力。思政研究能力首先表现为教师对自己的德育实践和周围发生的现象的反思能力并善于从中发现问题，解决问题。[②]

（四）扩大教育阵地，充分利用各种平台进行渗透

加强心理健康与思政教育的结合，很重要的条件是进一步扩大教育阵地。在网络高度发展的今天，建立在线学习平台是必不可少的一环。在线学习平台可以向学生提供丰富多样的心理健康教育和思政教育相结合的教育资源，包括视频课程、在线讲座、微视频、网络互动游戏等，激发学生的学习兴趣和积极性。也可以结合当下学生喜欢的社交媒体平台，开展线上主题讨论、心理测试、思政知识竞赛等活动，通过潜移默化的形式影响学生，有效扩大影响范围，让更多学生受益。

（五）加强家校合作，实现全方位育人

家校共育是融合心理健康教育与思政教育的有效途径。家校共育理念可以促进家长和教师的共同提升，让学生的发展成为关注重点。家长要树立正确的心理健康教育与思政教育相结合的现代育人理念，促进家校共育目标达成。[③] 各类学校可举行相关家庭聚会或者研讨会，聘请专业的心理学者、思想政治教育学者来讲解关于心理健康的理论及思想政治的教育方法，以此使家长们理解学校的教学观念和教学目的，提升他们对于心理健康教育和思想政治教育的认可程度和赞同感，倡导家校共同关注学生的心理健康和思想政治素质，共同承担起培养学生成为有道德、有智慧、身心健康发展的公民的使命。

四、结语

小学生心理健康课程与思政教育的融合是提升小学生综合素质教育的重要途径，具有重要的现实意义和深远的社会影响，虽然现阶段的融合还存在较多的困难和挑战，但也有很多机遇等待挖掘，我们将在本研究的基础上继续探索和实践，相信未来的融合将更加注

---

① 杨巧莲.德育教育与心理健康教育的有效融合［J］.中小学教育，2022（20）.
② 唐松林.论现代教师的德育素质［J］.教育探索，2000（10）.
③ 刘丽翠.家校共育视角下学生心理健康教育现状与促进策略［J］.科学咨询，2023（18）.

重学生的主体地位、跨学科整合以及现代科技手段的应用，更有利于推进中国素质教育的发展，最终实现心理健康与思政教育融合的新突破。①

---

① 刘兰香 . 小学生心理健康教育与品德教育融合路径探究［J］. 教育学文摘，2019（7）.

后 记

2019年3月18日，习近平总书记在全国学校思想政治理论课教师座谈会上讲道："我们党立志于中华民族千秋伟业，必须培养一代又一代拥护中国共产党领导和我国社会主义制度、立志为中国特色社会主义事业奋斗终身的有用人才。这就要求我们把下一代教育好、培养好，从学校抓起、从娃娃抓起。在大中小学循序渐进、螺旋上升地开设思政课非常必要，是培养一代又一代社会主义建设者和接班人的重要保障。"（《求是》2020年第17期）

5年来，根据习近平总书记"3·18"讲话精神，中共中央办公厅、国务院办公厅、中宣部、教育部先后印发了《关于深化新时代学校思想政治理论课改革创新的若干意见》《新时代学校思想政治理论课改革创新实施方案》，既体现了党和国家对于学校思政课一体化建设的高度重视，也为新时代我国学校思政课建设的改革和发展指明了方向。党的二十大报告中，又将"学校思政课一体化建设"提升为"学校思想政治教育一体化建设"。

2024年5月11日，总书记在对"学校思政课建设作出重要指示"中，再一次强调"新时代新征程上，思政课建设面临新形势新任务，必须有新气象新作为。要坚持以新时代中国特色社会主义思想为指导，全面贯彻党的教育方针，落实立德树人根本任务，坚持思政课建设与党的创新理论武装同步推进，构建以新时代中国特色社会主义思想为核心内容的课程教材体系，深入推进大中小学思想政治教育一体化建设。"（《人民日报2924年5月12日》）这就为新时代办好学校思政课强了基，立了标，也为我们探寻和研究大中小学思政课一体化建设的现实状况夯实了基础，确立了信心。

我国大中小学思想政治教育一体化建设，其主体思想源于习近平新时代中国特色社会主义思想的教育理论，核心是关于培养社会主义建设者和接班人的论述，其中，不乏人生价值理念、政治思想品格、理想人格精神的养育思想，以及合格接班人的培育、形成发展理论和实践路径探索。

为此，我们借助于"四川省大中小学思政课一体化共同体""四川省眉山市大中小学思政教育一体化研究中心"，特别是"四川省哲学社会科学高水平研究团队（四川大中小学思政教育一体化建设研究团队）"等研究平台，在四川省眉山市教育与体育局、四川大学锦江学院马克思主义学院的领导与主持下，立足区域大中小学思政教育一体化建设工作的实际，以习近平文化思想为引领，积极开展大中小学思政教育一体化的探索和实践，培育了一批示范学校、打造了一批精品课程。我们这本文集，就是基于区域大中小学思想政治教育一体化建设的理论与实践探索，结合每一位作者对其工作中所遇见的问题，从不同的研究视角给予了不同的思考和回答，尤其是集中于中小学的思政教育一体化建设的问题分析、实践探索、成就总结，目前少有成果呈现。本文集的出版，不仅具有积极的建设性意义，更具有开拓性和原创性价值。为了使本文集能更好地体现出大中小学各个学段问题的突出性，我们将所载的 64 篇文章分别以学段来编排，即分为《高校篇》《中学篇》《小学篇》。

老实说，大中小学思政教育一体化建设，是一项非常艰巨的育人工程。它最大的难处在于大中小学相互间的联系与沟通，要真正实现一体化，不仅是一个学术研究的问题，更是一个思想解放、政策保障、行政支持的问题，因此需要一个自上而下的总体布局，尤其是对中小学学段的问题，其中小学思政教育，特别是"思想政治理论课"建设方面，更需要深入的研究与思考。我们这本文集虽然对中小学学段的"思政教育"问题有所涉及，但总体上讨论、思考的并不十分深刻和细致，这还需要一个不断努力的过程。本文集的出版，不仅对进一步调动各成员单位的研究积极性具有鼓励与敦促的作用，而且对下一步研究工作的深入开展奠定了良好的基础。

本文集由阎钢、潘坤任主编，张会全、肖平、张红霞任副主编，四川大学锦江学院马克思主义学院的徐骄、张丹、葛倩、周巍副教授对文集的后期编辑、修改做了大量的工作。同时，本文集还受到四川大学锦江学院"四川省哲学社会科学高水平研究团队（四川大中小学思政教育一体化建设研究团队）""四川省眉山市大中小学思政教育一体化研究中心"和四川省眉山市东坡区苏祠中学、四川省眉山市第一小学的出版资助，以及中译出版社的大力支持，在此一并致谢。

最后，特别需要感谢卢黎歌教授，作为西安交通大学马克思主义学院教授，他不仅是阎钢教授多年的学术挚友，更是我国高校思想政治教育领域的知名学者、著名专家，曾任国务院学位委员会学科评议组成员、教育部社科学术委员会马克思主义学部委员、长江学者终审会专家组长、人力资源和社会保障部博士后管委会专家等，不吝为本《文集》作序，实是蓬荜增辉。

编　者

2024 年 10 月 10 日